行动者

公益项目设计、运营与组织管理手册

顾正品 ◇著

中国社会出版社
国家一级出版社 · 全国百佳图书出版单位

图书在版编目（CIP）数据

行动者：公益项目设计、运营与组织管理手册／顾正品著. -- 北京：中国社会出版社，2023.10（2025.7 重印）
ISBN 978-7-5087-6933-2

Ⅰ.①行… Ⅱ.①顾… Ⅲ.①慈善事业－项目管理－管理模式－研究－中国 Ⅳ.①D632.1

中国国家版本馆 CIP 数据核字（2023）第 170147 号

行动者：公益项目设计、运营与组织管理手册

责任编辑：李新涛
责任校对：孙武斌
装帧设计：王　强
出版发行：中国社会出版社
（北京市西城区二龙路甲 33 号　邮编 100032）
印刷装订：北京联兴盛业印刷股份有限公司
版　　次：2023 年 10 月第 1 版
印　　次：2025 年 7 月第 2 次印刷
开　　本：160mm × 230mm　1/16
字　　数：350 千字
印　　张：25.25
定　　价：80.00 元

序 言

PREFACE

从言说者到行动者：
社工专业价值观的立与行

印象中的正品犹如邻居家斯文的男孩。他提出让我写新书的序，实在不敢班门弄斧，但也不能拒绝，只能将我的感言抒发为荐。

实言之，之前我虽然也多次讲过项目设计、管理一类的课程，但为了写好推荐，将正品的《行动者——公益项目设计、运营与组织管理手册》一书认真研读，方悟到社工的专业价值观是一个人、一个群体、一个行业发展下去的根本理念。要使完美的理念成为客观事实，行动是关键。如果我们并没有在如何践行和实现理念上下功夫，而是停留在一般性的设计和传播上，把制定和传播变成了目的，那么那些用完美的辞藻、对称的语句构造出来的话语体系，就无法真正成为实现价值理想和理想价值的行动。

今天，正品此书正是做到了知行合一，不仅钻研理论，还把理论结合实践，在实际的工作中发挥了社工的专业价值。此书用“行动者”的行事态度贯穿始终，目的是希望促进大家的美好公益理想落地实施，为大家提供实际操作的各种可能性。

互联网时代，中国社会工作引介西方前沿理论和知识的能力越来越强，但社会工作实务研究却似乎离服务对象和社会工作者渐行渐远。当有感兴趣者让推荐一本社会工作实用工具书时，我们竟然发现可推荐的社会工作大众书籍并不多。现在，正品的《行动者——公益项目设计、运营与组织管理手册》一书的出版，让社工同行如沐春风，希望能与读到这本书的同行，一起将社工的专业价值观知行合一！

广东省社会工作协会副会长兼秘书长
聂蔚琳
2023 年 5 月 10 日于罗浮山

写在前面

从"同行者"到"行动者"

2019年底，写完《同行者：社工客创始人的十年行思录》最后的定稿，我终于舒了一口气，再也不用赶稿了。如果要出下一本书，10年之后再说吧。没想到一个月之后，新冠疫情突如其来，而且历时3年之久，至今对我们的健康危害都还没彻底结束……

这3年来，我跟大多数人一样，很少外出，每天几乎都是两点一线"家—办公室"。面对各种不确定的因素，总有一种莫名的焦虑，很多工作没办法按计划进行，不知道可以做些什么，我只好通过写写画画的方式来化解内心的焦虑。在这段时间里，我系统地梳理了个人对于公益项目、品牌建设、团队管理、组织发展等方面的实践总结及思考。

也许大家也看过类似的相关书籍，不过，从个人的探索经验出发，从公益项目设计讲到组织发展的可能不多。这本书的内容是对我个人从业14年经历系统性的探索、实践与反思。既然是从个人经验出发，难免有局限性，如有不妥之处，希望大家指正。期望在一个早起的清晨，一个空闲的午后，或者一个夜深人静的夜晚，当你随手翻开这本书时，它能够给你带来一些共鸣。

与此同时，看到《同行者：社工客创始人的十年行思录》也卖得差不多了。是的，目前阶段，个人还是比较俗气地定义出一本书的必要性，那就是要卖得出去，而不是一个自嗨的行为。一是检验这本书确实有大家愿意付费的价值（也许付费了，有些读者才会认真地翻一翻）；二是希望在这不确定的时期，这本书的收入可以为我所在的组织及个人带来一些微薄的补贴（显然，书是很难赚钱的，大多成本都放在了出版印刷上，有人买一本书 50 块钱会觉得贵，而买两杯奶茶则觉得没什么）。

与编辑老师协商后，确定书名为《行动者——公益项目设计、运营与组织管理手册》。“行动者”可以与上一本书“同行者”形成一个系列的概念，同时，个人认为“行动者”的态度与作风在实务领域十分重要，我们不仅要钻研理论，还要把理论结合实践，在实际的工作中发挥价值，做到知行合一。

记得在写《同行者：社工客创始人的十年行思录》时，有位老师问我：“你怎么不多写一些经历故事呢？这样更加动人。”当时，我并不太理解，于是解释道：“干货不是更好吗？自己经历的都太平凡了，没什么故事可以讲。”而这 3 年来，我似乎体会到了其中的意思。讲故事的写作方式更有温度，更有动人的力量。

因此，我尝试以故事的形式来写《行动者——公益项目设计、运营与组织管理手册》的一些篇章，希望可以给读者带来另一种体验。不过，我还是得承认，这本书还是写方法论的干货比较多，为了尽量避免枯燥感，我手绘了一些插图穿插其中。

本书以“行动者”的行事态度贯穿始终，为诸位读者提供实际操作的各种可能性，希望促进大家的美好公益理想落地实施。本书共有 7 章，分别从公益项目的调研与设计、公益项目的实施与运营、公益项目的成效与评估、公益项目的品牌建设与传播、团队沟通与合作、团队建设与管理、组织创新与发展几个方面展开分享，其中有思维模型实操工具，有个人行动过程的情感流露，也有数十个案例说明。

从个人实践经验出发，结合本土特色，希望本书可以给社会工作者、公益项目领导者、社会组织管理者等相关读者的工作带来独到的参考价值。

本书能够与你见面，感谢以下师长、朋友的支持：

中国社会出版社杨非主任、孙武斌老师、李新涛老师等；广东省社会工作协会副会长兼秘书长聂蔚琳；贵阳学院社会工作专业教师、实习实训教研室副主任李丹；深圳市妇女社会组织促进会秘书长、“项目臭皮匠”联合创始人张伟；益爱领路（北京）教育咨询有限公司联合创始人和首席执行官朱艾琳；深圳市南山区蛇口社区基金会秘书长曾淑玲；以及一路上，关注与支持正品的师长与朋友们。

顾正品

2023 年 7 月 17 日

目 录
CONTENTS

第一章　公益项目的调研与设计

第二章　公益项目的实施与运营

第五章 团队沟通与合作

第六章 团队建设与管理

第七章　组织创新与发展

第一章

公益项目的调研与设计

如何得到真需求？项目需求调查的5种方式

在一个项目开展之前，需求调查是我们必须要有的一个工作环节。如果我们在服务对象需求尚未清楚的情况下，就贸然立项开展工作，会使项目失去方向性与针对性。

如果没有需求调查，项目所回应的问题可能只存在于我们的臆想之中，或者回应的需求不是刚需，所谓的痛点无关痛痒，犹如隔靴搔痒，解决不了实际的问题。

我们不知道从哪开始，该做什么，该做多少，该做多久，哪些环节要有侧重……项目成效评估也就无从说起，最后导致资源浪费。

大多数情况下，项目方进行需求调查，是为了验证以下两个问题：

服务对象的实际需求 = 你预判的需求？

服务对象希望的解决方案 = 你要提供的解决方案？

如何开展项目的需求调查从而得出真需求，我们可以通过以下方法，进行探索。

❶ 问卷调查法

问卷调查法，可能是我们在需求调查中用得最多的方法之一，是通过制定详细周密的问卷，邀请调查对象根据自身实际情况回答以收集资料的方法。调研人员借助问卷对社会活动过程进行准确、具体的测定，并应用社会学统计方法进行量的描述和分析，获取所需要的调查资料。

问卷调查法的优点在于可以低成本大规模地发放问卷，适合大批量常规类、打分类的调查类目。比如人口普查、社区服务满意度调查等。而在较为深入的问题或需求调查上，问卷调查则不太适合。

开展问卷调查，为确保调查的有效性，有几个要点需要注意。

随机抽样与系统抽样

随机抽样，就是调查对象总体中每个部分都有同等被抽中的可能，是一种完全依照机会均等的原则进行的抽样调查。比如，抽签是常见的随机抽样的一种方式。

系统抽样，又称等距抽样。举个例子，如果我们要调查一个社区居民的需求，我们可以将房号进行编号，从 1 号编到 100 号，然后分成 1—10 号、11—20 号、21—30 号……91—100 号 10 组。在这 10 组中，第 1 组抽 6 号家庭进行调查，第 2 组抽 16 号家庭，第 3 组抽 26 号家庭……第 10 组抽 96 号家庭。

封闭式问题与开放式问题

问卷设计是问卷调查法的重要环节。问题的设计需要有针对性，而且要站在调查对象的角度来表达，尽量做到简单明了，通俗易懂。

为了便于调查对象回答，我们一般采取封闭式的问题，这样可以降低难度，提升调查对象的参与性。

而封闭式问题也有局限性，它会限定调查对象在预设的范围内作出选择，调查对象的潜在需求有可能被隐藏。因此，我们也可以适当设置“开放式问题”，以便了解调查对象更多的需求。

选项的穷尽性与排他性

问卷设计中，选项也需要经过系统化的设计，而不是头脑一热地随意安排，要考虑两个要点：穷尽性与排他性。否则调查对象会觉得莫名其妙，或者模棱两可而无从下手。这也是调查员新手需要特别注意的问题。

比如，有个问题“请问您现在的薪酬水平是多少？”有以下几个选项：

A. 1000—3000 元　　B. 3000—5000 元

C. 5000—8000 元　　D. 8000—10000 元

大家发现有什么问题吗？是的，以上选项同时违反了“穷尽性与排他性”，其一，薪酬 1000 元以下，或者 10000 元以上的人没有在选项之中；其二，薪酬 3000 元、5000 元、8000 元的人，他们不知道选哪个选项。

以上例子只是简单的说明，无论什么类型的问题，选项的穷尽性与排他性都需要仔细考量，才能确保调查的有效性。

❷ 访谈调查法

访谈调查法，是访问员通过与调查对象进行交谈，收集口头资料的一种调查方法。就形式而言，可分为面对面访谈、电话访谈、网络即时通信访谈（微信 /QQ）等；就人数而言，可分为个别访谈、小组访谈。

访谈调查法的优点在于，访谈双方可以更加直接互动交流，更能建立参与调查双方的信任感，访问员可以深入了解受访者的深层次的想法与需求。同时，双方可以通过神情、动作、语言、情绪等方面，捕捉到更多的信息。

缺点在于，访谈需要花费较多精力与时间，访问员需要具备专业的访谈技巧，防止跑题或者卷入无休止的讨论中。而且后期，访问员需要将纷繁复杂的资料整理出适合的内容，也是一个挑战。

❸ 文献调查法

文献调查法，是对我们现有的相关文献进行分析研究的一种方法。它是一种间接的非介入式的社会调查方法。

文献调查，有一种“考古”的感觉。从现有的文献中，通过对比分析，总结规律，为接下来项目的开展提供参考指引。

比如，若要开展一个“产后抑郁症支持计划”项目，我们可以通过文献调查法，对现有的关于产后抑郁症防治理论与手法的文献进行分析，为当前项目的需求调查与开展奠定理论基础。

文献调查法的优点在于它可以突破时间与空间的限制，对古今中外的文献进行调查分析，而且省时省力，这也是所有的调查方法中成本最低的。

缺点在于，现有的文献都是过往的视角与总结，难以在此时此刻发现新的内容。

在大多数的情况下，我们都是使用以上 3 种方法进行需求调研。如果条件允许的情况下，下面 2 种方法也值得尝试一下。

❹ 观察调查法

观察调查法，即调查员主要观察调查对象的行为、态度和情感的变化情况，并不通过提问或者交流而系统地记录人、物体或者事件的行为模式的过程。

比如，有个项目组在调查农村留守老人需求的过程中，发现农村老人识字率低，问卷调查法受到阻碍，加上老人平时羞于表达，访谈法也进行得不太顺利，这时，可以尝试运用观察调查法，从老人日常的行为特征、情绪变化等方面收集一些信息。

观察调查法的优点在于可以直接得到第一手资料，更加真实客观，避免主观性因素影响。

缺点在于只能观察到一些表面现象和行为，难以反映深入的内心活动，而且需要投入的时间长，成本高。

❺ 田野调查法

田野调查法，又叫实地调查或现场研究。这个方法与观察调查法有点像，不过它更进一步，调查员不仅是观察的旁观者，还要成为现场的当事人。作个比喻，如果我们想要知道种田的滋味，与其在田埂看着别人种田，不如自己下田里试试来得直接。

比如，有个扶贫项目，调查员需要了解当地的历史、文化、资源、当地人的内心想法以及社会关系。

调查员使用田野调查法，与当地人同吃、同住、同劳动，用第一视角去看、去听、去触摸、去感受、去表达……这样可以了解到更加真实的、感同身受的内容，避免理论脱离实际。原本项目组以为当地人可以以种植业脱贫，结果发现他们对发展旅游业更有兴趣。

田野调查法的优点在于可以通过第一视角，感受调查对象的处境，分析遇到的问题，发掘资源，从而得出更为独特且深入的内容。

缺点在于，田野调查极其耗费精力，相对于其他调查方法，调查员卷入最深，这就要注意避免移情与反移情的情况出现，否则容易导致主观性偏向。

以上 5 种需求调查的方式，各有优点及其局限性。哪种方法更加适合你，取决于你所开展项目的实际场景。

大批量常规类、打分类的调查项目适合于问卷调查法；想了解个体或小组深层次的想法与需求，可选择访谈调查法；成本受限，时间紧迫的项目，可选择文献调查法；为避免数据虚假或调查对象的伪装性，观察调查法可以作为一个有力补充；最后，如果你想更近距离感受调查对象的处境，以当事人的视角发掘需求，田野调查法是个不错的选择。

一图读懂：开展项目需求调查的 5 种方式

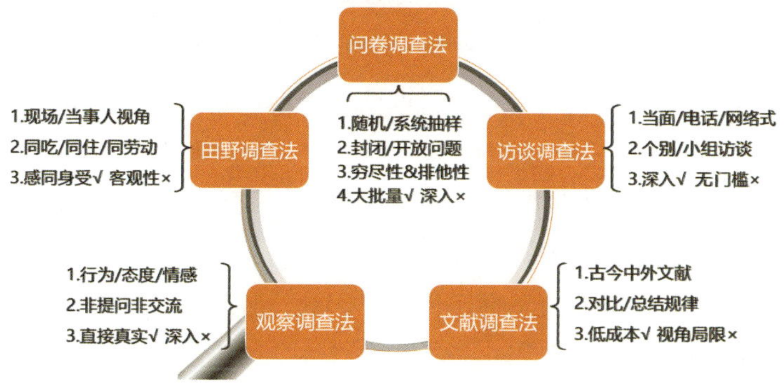

如何订立有效的项目目标？制订目标的 5 个维度

做项目是一个较为抽象的过程，如果没有目的、目标的指引，项目工作开展就没有方向性，团队也将如同迷失在荒野之中。

最重要的，我们要弄清楚“目的”与“目标”这两个词的区别。

“目的”比较抽象，是某种行为活动的普遍性的、统一性的、终极性的宗旨或方针。

“目标”则比较具体，是某种行为活动的特殊性的、个别化的、阶段性的追求或指标。

在做项目的过程中，我们一般基于解决某个社会问题，或满足某种人群的需求而立项。

项目目的是指项目团队在一定时期内计划达到的预期成果。项目目标是指为了达到这个项目目的的具体指标。

用一个直接的比喻，做项目的过程，就像我们要去一个目的地，从起点到终点的过程。我们知道了为何出发，但也需要知道到达什么地方。

目的是我们预期到达的终点，虽然看不到，但心有所向，而目标则是路上的路标，需要清晰可见，以便我们知道方向与距离。

举个例子，假如我们要做一个“独居长者居家安全改善计划”的项目。

项目目的可以是较为抽象、终极性的宗旨：独居长者的居家安全，事故率下降 60%。

一目了然，这个项目的终极性宗旨确实有意义，也能打动评委与大众。不过，怎样才能促使“事故率下降 60%”呢？我们需要思考项目工作需要做些什么，哪些关键要素发挥了作用，因此，我们需要建立项目目标，明确操作过程的具体指标。

项目目标为阶段性、个别化的指标。这个项目可以订立以下目标：

· 独居长者居家安全意识提升 60%；

· 协助独居长者排查 10 种常见的居家安全隐患并掌握应对措施；

· 独居长者的居家环境及设备改善 80%。

那么，如何订立一个项目的目标呢？在到达遥远的终点前，我们需要做好关键性的路标，指引我们更好地前行。

常见的目标管理原则有“SMART”原则[1]：

S（Specific）：目标必须是具体的、特定的工作指标。

M（Measurable）：目标必须是可以衡量的、数量化或者行为化的。

A（Attainable）：目标必须是可以达到的、在付出努力的情况下可以实现的。

R（Relevant）：目标要与目的、其他目标具有一定的相关性。

T（Time-bound）：目标必须具有明确的截止期限。

❶ S（Specific）：目标是具体的

怎样的目标才是具体的，或者什么程度的目标才是具体的呢？有一个检测“何为具体目标”的标准，即看到这个目标，你能够清楚明了自己要做

[1] “SMART”原则主要应用在目标管理工作上。“SMART”分别代表了 5 个单词的首字母，也是目标管理的 5 大原则，也被称为目标管理的 5 个维度。

什么，亦即项目目标一确定，项目具体的操作方案也基本成形。这就是具体。

比如，上文提到的目标“协助独居长者排查 10 种常见的居家安全隐患并掌握应对措施”，有这个目标，我们基本清楚项目要做什么。

项目组可以上门家访，协助长者以清单式的方法（清单上至少有 10 项）逐一排查居家安全隐患，同时当面告知，并做示范，让长者掌握应对措施。

这个目标的具体性体现在，项目组可以明确完成每一个指令、每一个具体的行动，从而达到项目目的。

❷ M（Measurable）：目标是可以衡量的

日常在使用导航软件时，我们经常会听到一些诸如“前行 500 米处左转”“距下一个路口 1000 米”等的指示语，这些量化的呈现，可以帮助我们识别距离目的地还有多少距离，我们目前的进程如何，做到真正的“心里有数”。

比如上文提到的“独居长者居家安全意识提升 60%”，“独居长者的居家环境及设备改善 80%”，这些都是目标量化的体现。原本“意识提升”“环境改善”都是较为抽象的概念，但我们可以通过“实验前后测设计”，得出目标量化的成效。

在项目工作开始前，我们可以先对独居长者的居家安全意识进行测试，记录现状。项目工作结束后，再次对他们的居家安全意识进行测试，记录量化的成果。对比前后两次的成果数据，我们一般可以看出项目工作是否有成效。

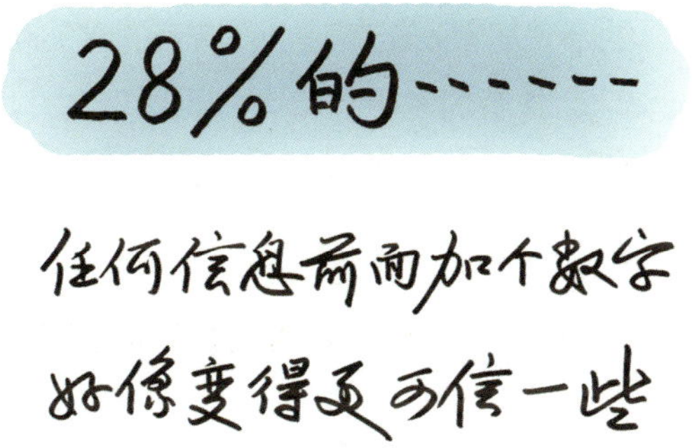

❸ A（Attainable）：目标是可以达到的

目标如果订立得遥不可及，会让人望而却步。如同路标的最佳效果也是在视线的范围之内，不然就会失去指引的实质作用。

俗话也说，目标最好是在我们跳起来够得着的地方。这是一种比较形象的说法，如果目标不努力就能够着，项目工作无法发挥效用。如果目标做出很多努力都够不着，一则成效无法评估，二则未免令人失望。

比如，上文提到的目标“协助独居长者排查 10 种常见的居家安全隐患并掌握应对措施”，经过评估，这个目标具有可实现性，是可以达到的。

我们可以列出常见的居家安全隐患清单，分别从用电安全、食品安全、药品安全、防跌倒环境安全、防骗防偷安全等维度展开。而这些工作也在项目人员及长者能力范围之内，因此具备可实现性。

❹ R（Relevant）：目标要具有相关性

这里的相关性主要表现在两方面：一是我们所订立的目标要跟终极的目的（宗旨）是相关的，确保项目工作一脉相承；二是各个目标之间要存在一定的相关性，确保项目工作环环相扣。

目标的相关性主要是为了防止目标偏离项目的原本宗旨。我曾在创投大赛上看到有一些项目书，项目目标间没有相关性，只是把自认为好的东西生搬硬套上去。

比如，同样做“独居长者居家安全改善计划”的项目，有些项目方会把“增强养生技巧”等目标放到项目书中，他们认为长者就应该要学会养生，但是“养生技巧”真的跟“居家安全”这个宗旨目的有关联吗？值得商榷。

而据相关调查统计，长者居家事故率有相当比例与“居家环境及设备”有关，因此，目标“独居长者的居家环境及设备改善 80%”的设定是关键的且有必要的。

❺ T（Time-bound）：目标要有明确的截止期限

这个容易理解，项目本身就有期限性的特点，因此项目目标也有同样的特点。基于项目期限性这个基本前提，项目目标要在项目周期内完成，否则项目成效难以评估。

比如，“独居长者居家安全改善计划”这个项目的周期为 1 年，那么项目目标实现的截止期限也应在 1 年之内，或者更短。

比如项目前期（1—3 月），项目组可以通过个别面谈、讲座等形式促使长者提升安全意识。

项目中期（4—8 月），项目组可以通过家访、个案管理的方法促使长者排查家中安全隐患并掌握相关应对措施。

项目中后期（6—12 月），项目组可以通过资源整合、提供支持等方式改善长者的居家环境及设备。

这样一来，项目组既可以清楚地跟进各阶段的项目工作，也可以很方便地做好项目的目标管理。

当然，任何的原则或者工具都有其局限性，因此，我们也不必教条主义地使用“SMART”原则。

未来充满不确定，也代表着新的可能性。不要被既定的东西限制住我们的想象与潜能。我们要在掌握目标管理原则核心精神的基础上灵活应用。

一图读懂：订立一个有效的项目目标

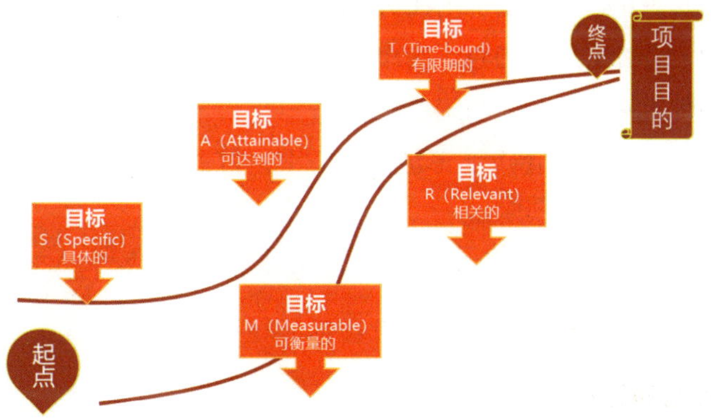

如何制订中长期规划？战略规划六部曲了解一下

战略（strategy）一词最早是军事方面的概念，指将领指挥军队作战的谋略。

基于生存与发展的需要，战略是一种从全局考虑谋划实现整体目标的规划，战术是实现战略的手段。想实现战略胜利，有时候往往要牺牲部分利益。

战略是一种长远的规划，是远大的目标，往往规划战略、制定战略、用于实现战略的目标的时间比较长。因此，项目战略，应基于项目发展的需要，从全局考虑能够有效实现项目目标的规划。

战略规划并不是为了应付检查的形式化的材料，而是真正有效指导我们工作开展的利器。简单来说，战略是做正确的事，战术是把事情做正确，而做正确的事，比把事情做正确，明显重要得多。

我根据个人的探索与实践，总结出以下项目战略逻辑推演思路（6步法）：

· 某一社会问题（通过调研来识别）；

· 项目存在的机会（基于内在价值观与外在需求立项）；

· 项目的使命（回归初心，使命驱动）；

· 项目的战略（取舍、布局、规划）；

· 业务组合 & 产品模型（形成解决方案，打造 MVP）；

· 预见的成效（描绘愿景）。

为了更加直观地展现，下面以新媒体平台“社工客”实际操作的经验作为例子说明，以供参考。

❶ 战略的起点

首先，我们先从源头出发。我们为什么要做这个项目 / 事情，为什么要制定战略，为了解决什么问题，或者达到什么目的。这也是我们所做项

目 / 事情战略规划的起点。

德鲁克[1]说，组织是社会的器官，它的使命就是为了解决社会问题。因此，也可以说，项目战略规划，是为了有效解决某一社会问题。对于这些问题或需求的识别，我们需要做相关调研的工作，或者是设身处地地感受与洞察。

比如，“社工客”主创团队都是一线社工出身，对于当前行业的困境及需要感同身受。因此，我们希望在解决“国内社工职业化进程慢、社会认知度低、自我认同感弱、行业流失率高”这些问题上有一些行动。

❷ 立项的机会

换个角度看，上面那些问题也正好为项目立项提供了机会。为解决社工行业的这些困境，我们便发起了“社工客”新媒体平台建设项目，希望通过新媒体的形式，传播社工与社工相关服务，从而提升社工社会知晓度，增强社工自我认同感。

那么，问题又来了，为什么我们将新媒体平台作为立项的形式，新媒体平台为什么能够回应以上的那些行业困境，这取决以下 5 个要素的影响。

我方所强

我们所擅长的地方在哪？在做哪个领域的工作时得心应手？我们核心能力所带来的社会价值是什么？“社工客”主创主要从一线成长起来，有丰富的一线经验和较强的共情能力，同时掌握一定的新媒体技能，可以有效助力社会工作资讯的传播。

对象所需

项目要立足服务对象需求，回应社会问题。社工群体急需社会的了解与认同，社会大众也希望得到更多的社工服务资讯。而新媒体平台的内容传播，在某种程度上，可以解决社会工作信息传播渠道匮乏、社会知晓度低等问题。

对手所弱

我们现在所做的很多项目，大部分机构也在做。战略的规划不在于一

---

[1] 彼得 · 德鲁克（Peter F.Drucker，1909—2005 年），被誉为“现代管理学之父”。其著作影响了数代追求创新以及最佳管理实践的学者和管理者。

定要打败对手，而在于弥补不足与空白。当前全国的社工机构已颇有规模，仅是深圳市就有294家[1]，大部分社工机构主要在做直接性的服务，相对较少提供行业支持性的服务，工作重点也不在新媒体运营上。这恰好是“社工客”可发挥的空间。

以上三点，是“社工客”新媒体平台可立项的人和因素。

资源所配

项目落地，需要人、财、物（技术）等方面资源的支持。最近几年，随着移动互联网的发展，5G 移动通信技术的普及，新媒体处于高速发展的阶段，通过这些技术杠杆，可以有效地解决社会工作行业面对的资源配置问题。这是“社工客”新媒体平台可立项的地利因素。

政策所向

政策及行业动态影响项目的发展，即我们要在合适的时间做合适的事情。民政部指出，2021 年我国社会工作专业人才需求已达到 160 万。而据最新官方统计数据[2]，截至2021年底，全国持证社会工作者共计73.7万人，且 2022 年社工考试报名人数跃升至 89 万。由此可见，目前社工人才供求相差悬殊，社会工作行业发展也存在大量的需求。这是“社工客”新媒体平台可立项及发展的天时因素。

[1] 2022 年，深圳市社会工作者协会公布的行业数据。

[2] 来自民政部门户网站公布的《2021 年民政事业发展统计公报》数据统计。

❸ 项目的使命

使命是一个组织迷失方向时的指南针，动力不足时的发动机。使命可以指引项目明确服务对象，制订战略规划，落实具体行动。

我经过总结梳理，得出有效表达使命的几个要点：

· 明确描述服务对象；

· 立足于准确的需求；

· 表明“利他”的精神；

· 申明要达到的成果；

· 表达要简短有力；

· 定期检视有效性。

基于以上要点，“社工客”团队经过讨论，梳理出来了项目的使命：助力百万社工成长。

❹ 战略的落实

在“助力百万社工成长”使命的指引下，明确战略落实的方向及形式。“助力百万社工成长”，总体上来讲，可以分为两个战略方向：一是通过线下学习的形式；二是通过线上学习的形式。

第一个“线下学习”的战略方向，这是传统的做法，也是大多数组织的选择。《哈佛商业评论》里曾经提到：“战略的相反面也必须是一个战略。”也就是说，战略的本质是一种取舍，作出选择。制定战略意味着你要放弃一些东西。如果什么都想要，那就不叫战略了。什么都想要，往往顾此失彼，最后导致全盘皆输。

结合自身优势及以上的分析，“社工客”团队选择了第二个战略方向，将战略确定为：构建社工线上互动与成长的平台。方向确定之后，团队根据自身优势及资源，便可以制定较为详细的战略推进时间表。

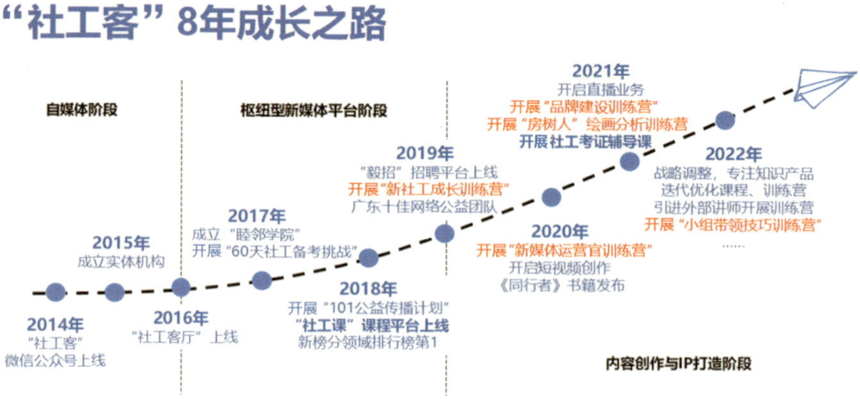

"社工客"的三个战略阶段

❺ 业务的模型

战略方向及时间表确定之后，有很多具体的工作需要推进，其中最为重要的是确定"业务模型"。战略规划得再好，关键还是要具体的业务来落实，否则，战略也会成为一纸空谈。

在业务模型构建的过程中，可以应用产品设计的思维。其中 MVP[1]（Minimum Viable Product）的概念值得借鉴，中文翻译为"最小可行性产品"。

MVP 是指以最低成本尽可能展现核心概念的产品策略，即指用最快、最简明的方式建立一个可用的产品原型，这个原型要表达出产品最终想要的效果，先"跑起来"，然后通过迭代来完善细节。

MVP 的核心精神是，"先跑起来再说"。实践是检验真理的标准，而不是整天闭门造车，否则，自己花了很多力气造出来的东西，结果是过时的，或者是不适用的。

"社工客"团队经过不断的探索实践，结合用户的真实反馈，在踩过不

[1] Minimum Viable Product，简称 MVP，意为最小可行性产品。这是一种产品开发的策略。该策略的基本想法是，快速地构建出符合产品预期功能的最小功能集合，这个最小集合所包含的功能足以满足产品部署的要求并能够检验有关客户与产品交互的关键假设。

少坑后，最终确定主要的业务模型为“个性化专业课程（文字/音频/视频）+ 互动社群 + 打卡练习”。这个业务模型目前还在不断优化迭代中。

⑥ 预见的成效

战略规划系列工作的最后一步，即描绘预见的成效。我们从“某一社会问题”出发，寻找“项目存在的机会”，召唤出“项目的使命/目标”，接着推导出“项目战略的规划”，确定“业务模型”，这些操作之后，我们可以预见一下成效。

预见成效的主要意义及作用是对内激励团队，对外获取公信。我们要付出很多努力去完成一个项目，过程中会有很多挑战和挫折，如果有彼岸的憧憬与期待，这个项目实施之后的美好画面，能够激发起大家内心前进的动力。

比如，“社工客”新媒体平台践行“助力百万社工成长”的使命，最终希望的是“促进社工成为创造社会价值的社群 IP”，这也是组织以及项目的愿景。

最后，我们也可以借用项目战略逻辑推演思路（6 步法）来解读“蓝信封”这个案例：

“蓝信封”是一个留守儿童书信陪伴项目，通过大学生志愿者和留守儿童的一对一书信来往的方式，为留守儿童提供心理陪伴服务，满足留守儿童心理感情倾诉的需求。其战略落实逻辑推演如下：

· 某一社会问题（调研）：留守儿童缺乏心理关爱与陪伴；

· 项目存在的机会（立项）：发起“蓝信封”行动；

· 项目的使命（初心）：陪伴留守儿童健康快乐成长；

· 项目的战略（规划）：构建志愿者与留守儿童间长期朋辈心灵交流的平台；

· 业务产品模型（解决方案）：志愿者和留守儿童一对一写信的陪伴方式；

· 预见的成效（愿景）：让留守儿童拥有平等的心理关爱和情感倾诉机会。

一图读懂：“社工客”项目战略逻辑推演思路

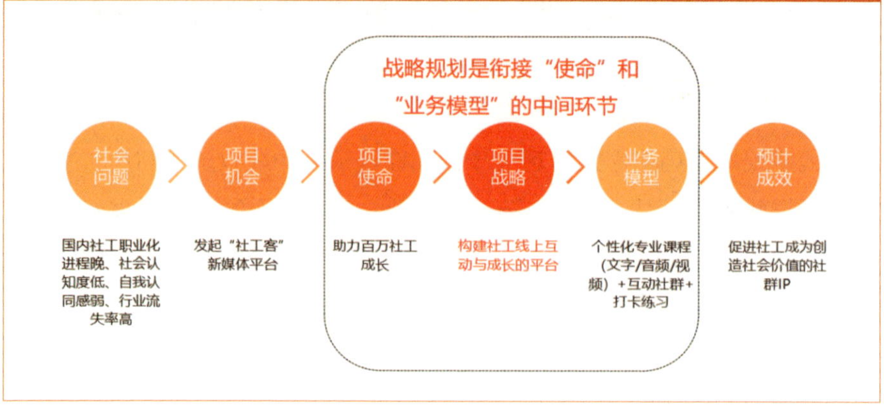

公益是免费的吗？公益项目预算怎么做？

小白是新进入公益行业的新人。在大学的时候，他就热心公益，在课余时间参加学校社团组织的公益活动。小白说，他从小受父母的影响，平时喜欢乐于助人，在帮助别人的过程中，自己也收获快乐。

现在公益的氛围越来越好，做公益已不是少部分人的事情，几乎成为大多数人的生活方式。大学毕业后，小白如愿以偿，进入一家公益机构，成为一名职业公益人。

职业公益人，即将公益工作作为自己的职业，从中领取薪酬。“既可以做好事，又可以拿薪酬。这是多好的一份工作啊。”这是小白入行前的看法，同时也是很多人的看法。

然而，实际却面临不少的挑战。做公益，不是单靠一腔热情就可以做好，还需要理性的思维与有效的行动才可以持续。

小白的热情与干劲，同事们很是喜欢。领导也觉得小白是棵好苗子，专门交代资深前辈老王多带带他。老王算是行业的“老司机”了，也有良好的口碑，他带新人，从不一味地打鸡血，而是强调理性克制行事。他常说，细水长流才能做可持续的公益，这一点深受业界同行的认可。

小白很庆幸入行就能遇到这样的师傅，避免一开始就用力过猛，热情燃尽，而能够在理想与现实之间找到平衡。

有一次，老王看到一名服务对象向小白寻求帮助，小白毫不犹豫地从口袋里掏钱给对方。过后，老王提醒，建议不要这样做，应该先做好评估，再制订合理的解决方案。

开始时，小白不认同，他觉得做公益就是做好事，不用想那么多。后来，服务对象直接向小白要钱的情况陆续不断，小白招架不住。终于明白了老王提及的“可持续的公益”的含义。

❶ 公益是免费的吗？

这一次，小白打算请教老王一个困扰已久的问题：公益是免费的吗？

“你觉得呢？”老王先不着急回答，反问小白。

“不是一直说免费吗？我看到很多宣传都是这样，本活动免费参与、免费领取等说法，而且服务对象确实也没有付费呢。”小白理直气壮地说。

“这样的说法不太合理。”

“怎么说呢？”

“很多机构为了吸引服务对象参与，才会这么说，但是会有误导的倾向。”

“哦，是吗？有什么不妥呢？”小白好奇地追问。

“每个公益项目都是有成本的。比如，工作人员的薪酬。”

“如果这个项目不设工作人员的薪酬呢？”

“嗯，确实也有这样的情况，全部资源都直接到服务对象的手上。但要考虑一个前提，项目是否可持续发展。比如‘支教’，短时间内，老师可以不领取薪酬，不过从长远考虑，老师的生计问题也要解决，因此，‘支教’需要很多人来接力。”

“哦，确实也是。如果把公益作为长远事业，自己的生计有保障是前提。”小白不禁感叹道。

“是的，公益项目做得好，确实需要很多有志之士爱心的无偿投入。但是这个无偿投入也是有成本的，一般表现为隐性成本，只是大家一般注意不到。”

老王把目光转到小白身上，接着说，“比如，像你这样的大学应届毕业生，一般薪酬是一个月 5000 元左右，你现在参与的公益项目每个月的隐性成本就是 5000 元。”

“这样看，就算是无偿的志愿者也是有投入成本的呢，所以，公益不能简单称为‘免费’。”小白好像明白了一些。

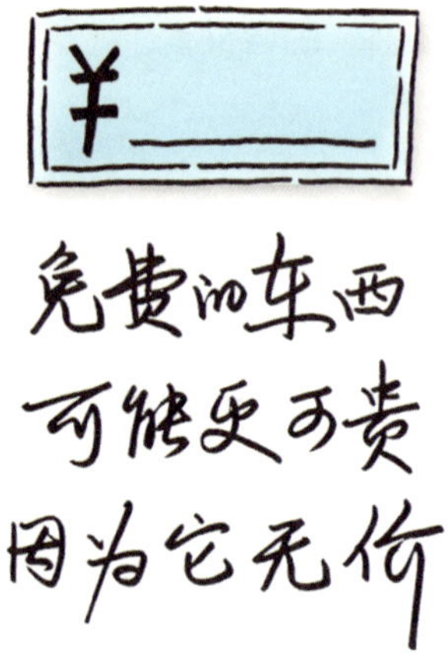

“是的，可以这么说。公益活动‘免费’，这样的字眼对于服务对象来说，还说得过去，因为他们确实没有付费。但是，我也不建议常用，这样会引起前面所说的误导。”

“会有什么误导呢？”小白接着问。

“第一，公益活动是‘免费’的，这样的说法多了，服务对象可能会觉得天下真的有‘免费的午餐’，久而久之就会形成惰性，觉得既然都有免费的东西，那我就不用再努力了！

“第二，这样的说法也会引起公众的理解偏差，资助方可能无法理解公益项目中的隐性成本，把人力成本武断地剔除，无理地把项目经费压低，影响项目的可持续发展。”老王一脸认真，还略带几分惆怅。

“之前还真没留意到有这样的问题，那应该怎么办？”小白满脸疑惑。

“如果可以，做一些倡导吧。公益活动不是真正的免费，而是有人已经为你付费了。这层意思要表达出来。个人建议是把‘公益活动是免费的’调整为‘该公益项目由 ××× 资助，本次活动不收取任何费用’。这样既能表明资助单位，又能吸引真正有需要的服务对象参与。”老王提出个人的见解。

“哦，原来这样。不过……”小白欲言又止。

❷ 公益活动要谨防资源浪费

“你还有其他疑问吗？”

“有时，我发现有些服务对象不太珍惜免费的东西，导致浪费。”小白有点无奈。

“你观察得很细致，公益活动如果稍不留意，就会导致浪费。经济学家弗里德曼[1]说，花钱办事有四种情况：第一种是花自己的钱给自己办事，既讲节约又讲效果；第二种是花自己的钱给别人办事，只讲节约不讲效果；第三种是花别人的钱给自己办事，只讲效果不讲节约；第四种是花别人的钱给别人办事，不讲节约也不讲效果。你觉得公益活动是哪一种呢？”

“……”信息量有点大，小白好像一时没消化过来。

老王见状，喝了口水，继续补充说：“我分别举个例子吧，在公益项目中，一般会存在三角关系：服务对象、执行机构与资助方。首先，服务对象接受公益的服务或者物资，受到第三种情况‘花别人的钱给自己办事，只讲效果不讲节约’的诱惑，所以服务对象通常会来者不拒，因为又不用自己花钱，多多益善。

“接着看公益项目的执行机构，他们是花资助方的钱，给服务对象办事，容易陷入第四种情况‘花别人的钱给别人办事，不讲节约也不讲效果’的陷阱。

“再来看资助方，他们一般属于第二种情况‘花自己的钱给别人办事，

---

[1] 米尔顿·弗里德曼（Milton Friedman，1912—2006 年），著名经济学家，1976 年诺贝尔经济学奖得主。被誉为 20 世纪最具影响力的经济学家及学者之一。

只讲节约不讲效果’，所以他们恨不得一块钱花出两块钱的效果。现在你能理解了吗？”

“等等，我有点晕，这真是像剪不断理还乱的三角关系……”小白苦笑道。

“所以说嘛，可持续的公益不仅需要爱心热情，还需要理性克制。服务对象、执行机构与资助方都需要有清醒的认识，避免上面提到的诱惑引诱。”老王语重心长。

“怎样才能避免掉进陷阱呢？”小白继续追问。

❸ 如何把公益的钱用好？

老王沉默半刻，接着说：“外靠监督机制，内靠公德心。最重要的是公德心。”

“嗯。”小白好像明白了老王的意思。

“那么，公益项目怎么花钱才合适呢？”小白接着问。

“这是个好问题，是值得业界深入研究的课题。它可能也没有统一的标准，一般的做法是参考资助方或评估方的要求。相对来说，如果把‘资金成本’降低，这个预算计划会有一定的公信力与竞争力。”

看到小白急切的表情，老王接着说：“我们回归到公益事业的宗旨，即从社会公众的福祉和利益出发，募集及优化配置社会资源（包含且不限于人财物等方面的资源），投入公益事业，解决某个社会问题，或者满足某个群体的需要。所以，公益项目在做预算时，最好做到资源的优化配置。”

老王举例：“比如，我们要做一个关爱留守儿童心理的公益项目，如果我们聘请资深的心理咨询师给孩子提供服务，把高昂的心理咨询报价写进计划书，可能会遭到大家的考问，这不是公益项目吗，怎么会有这么高的收费。其他的商业机构也会说，如果是这样收费，我也可以做呢！”

“是啊，这样跟商业机构的做法好像没什么区别了。”小白点点头。

“那么，我们应该怎么做？公益项目的做法一般是发动公益的感召力，募集社会资源，可以招募适合的志愿者来担任心理咨询方面的工作，这样可以降低项目的资金成本。”

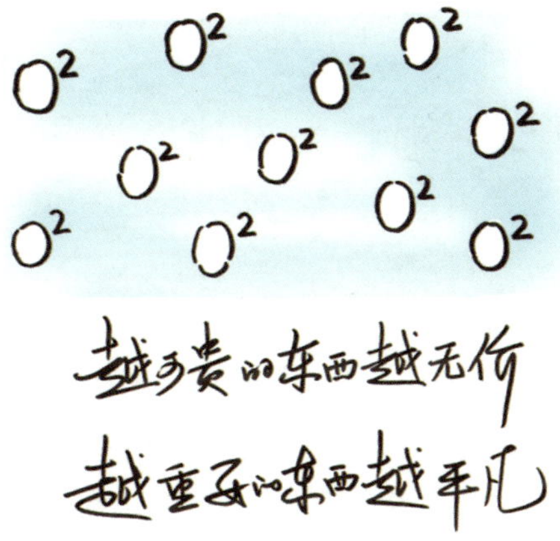

“哦，原来是这样，所以有人把志愿服务称为公益服务。”小白补充道。

“是的，人们在做公益时，常说的‘有钱出钱，有力出力’就是这个意思。你在公益项目书中如果能够写明本项目已募集到多少资源（人财物等方面的公益支持），也能有力证明你可以把这个项目落地做成。”

“嗯，如果我募集不到资源呢？公益项目需要考虑的预算还包括哪些？”小白问。

老王看到小白如此认真，整理了一下思路后回答：“一般来说，公益项目的预算有这几方面：第一，业务活动费。开展项目具体业务活动过程中的开支，比如工作人员劳务费、志愿者补贴、物料费等。

“第二，行政管理费。项目实施过程中涉及的行政管理费，比如办公场租、办公耗材费、水电物业费等均摊支出。这几年，大家逐渐有共识，公益项目可设管理费，一般在 10% 左右。

“第三，税费。根据国家规定的税率申报即可。有些机构可申请免税资格，具体可参考当地相关的税务政策。”

老王最后总结：“总的来说，公益项目的预算要遵守‘结合实际，优化配置’的原则。结合实际是指，所有的人力支出与物料预算要参考当地的水平；优化配置是指需要整合社会资源，降低成本，让项目具有公信力与竞争力。”

“不容易啊，原来做公益还有这么多学问！”小白不禁感叹道。

“是呢，我说的不一定对，供你参考。”

公益项目“好看又能打”？设计思维三部曲

设计思维，最早来自工业设计领域，即如何把产品做得“好看又能打”。产品设计，涉及产品性能、工艺美学以及用户交互体验等。后来也被互联网公司套用，设计一个软件、一个游戏、一个 App……也叫产品设计。

这几年，公益界也兴起一个概念：公益项目产品化设计。一个较为抽象的公益项目是否也可以像一款产品一样，可以被触摸、可架构、可优化、可测评……

这也是我感兴趣的地方，以下是我这几年来的一些探索与实践，供各位参考。

❶ 何为产品？何为项目？

产品

是以公共利益为宗旨，能够供给市场，被人们使用和消费，并能够满足人们某种需求的东西，包括有形的物品，无形的服务、组织、观念或它们的组合。

项目

是以公共利益为宗旨，一系列相互联系并相互作用的，为实现一个或几个特定目标的，有一定预算的，需在特定的时限内完成的工作（产品、服务或成果）。

由此可知，产品是项目分类中的一种。

❷ 公益项目如何产品化设计

产品设计中的几个误区

· 问题回应错了（需求不是刚需、痛点无关痛痒）；

· 解决方案错了（需求找对了，但是方案不能解决问题）；

· 自我陶醉，闭门造车（不与服务对象接触，自以为了解一切）；

· 完美主义，过早优化（核心功能还没做好，却开始追求细节的完美）；

· 瞎操心，过早扩张（产品模型未经打磨，却开始考虑规模化）。

产品设计三部曲

第一步：需求探索

探索出真需要、痛点，打造 MVP（最小可行性产品），验证完可行性后，再考虑进行规模化推广的尝试。

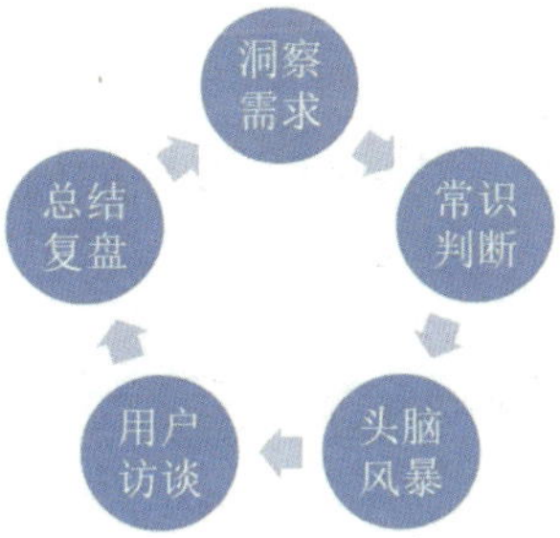

洞察需求—常识判断—头脑风暴—用户访谈—总结复盘。

洞察需求：与服务对象活成一体，观察他们的日常，了解其心理、行为模式以及周边的环境（田野调查、感同身受）。

常识判断：基于常识，判断问题是不是痛点，是否有意愿解决这个问题，是否有能力解决这个问题。

头脑风暴：项目人员在轻松的气氛中以会议形式进行讨论，积极思考，畅所欲言，多倾听、非批判、鼓励组员充分发表看法。

用户访谈：

· 面对面访谈最优，电话访问、网络交流次之（面对面访谈可以看到对方的神情及动作，这也是一种交流）；

· 深入访谈用开放题，验证问题用选择题（如“如果这款产品售价 20 元，可以接受吗”）；

· 不要迷信问卷调查（问卷只适合大批量打分类的项目）；

· 乙方心态（“您的意见对我们的服务改善很重要”）。

· 总结复盘：服务对象的实际需求 = 你预判的需求？服务对象希望的解决方案 = 你要提供的解决方案？

如果不是，继续下面的步骤：需求探索—用户验证。

第二步：打造 MVP

最小可行性产品（MinimumViable Product）：

最小可行性产品是指以最低成本尽可能展现核心概念的产品策略，即用最快、最简明的方式建立一个可用的产品原型，这个原型要表达出产品最终想要的效果，然后通过迭代来完善细节（如图所示）。

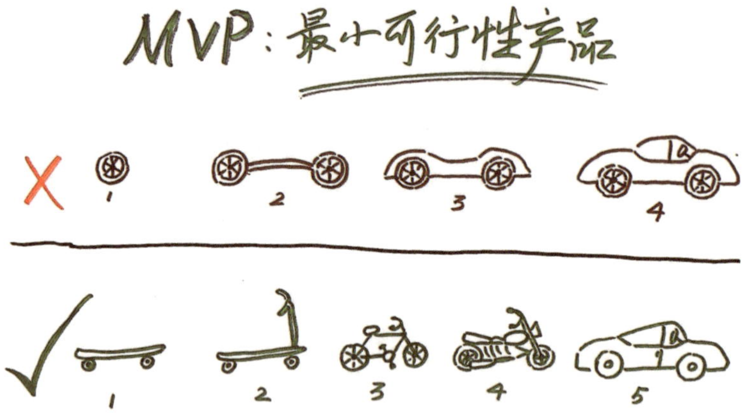

所以 MVP，就是产品先要快速地运转起来，可以跑完一个最小的闭环（最小的目标）。

步骤：

· 画精益创业[1]商业画布：先绘制商业画布，明确客户、产品、市场；

[1] 《精益创业》由美国作家埃里克·莱斯编写，全书描述了一些关于创业、创新和产品的理念。

画商业画布

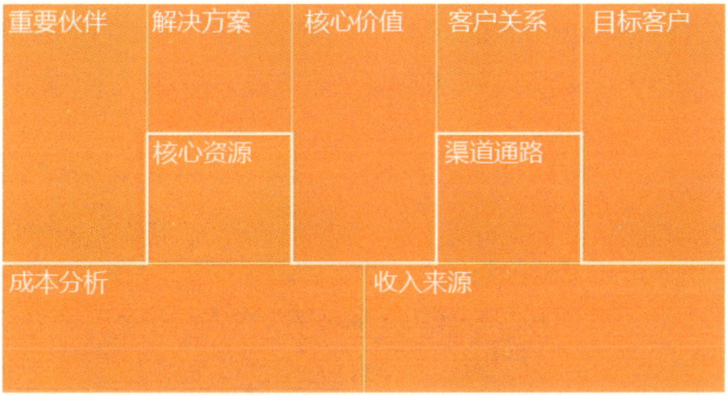

· 用户访谈：用精益创业商业画布（计划书）去咨询用户、资方的意见（三种用户访谈的方法：面对面访谈、互联网访谈、问卷调研）；

· 做出产品模型：根据商业画布做出产品模型；

· 产品测试：寻找种子用户，进行产品测试。

第三步：规模化推广

· 自媒体：微信、微博、短视频、直播等；

· 营销广告：户外广告、互联网广告、电视广告、分众传媒；

· 宣讲会：高校宣讲会、行业大会、比赛及其他活动；

· 地推：落地推广、产品体验活动等。

❸ 产品运营与优化迭代

产品运营的四大策略（4P 理论[1]）

产品（Product）：注重开发的功能，要求产品有独特的卖点，把产品的功能诉求放在第一位。

价格（Price）：根据不同的市场定位，制定不同的价格策略，产品的

[1] 1960 年，美国密歇根州立大学的杰罗姆·麦卡锡教授在其《基础营销》一书中将营销的要素一般性地概括为四类，即 4P，分别为产品（Product）、价格（Price）、渠道（Place）、推广（Promotion）。

定价依据是产品的品牌策略。

渠道（Place）：产品从生产方流转到消费者手上的全过程中所经历的各个环节和推动力量之和。

推广（Promotion）：品牌宣传（广告）、公关、促销等一系列的营销行为。

案例

可乐生命（ColaLife）。可口可乐强大的配送网络＋治疗腹泻的盒子。

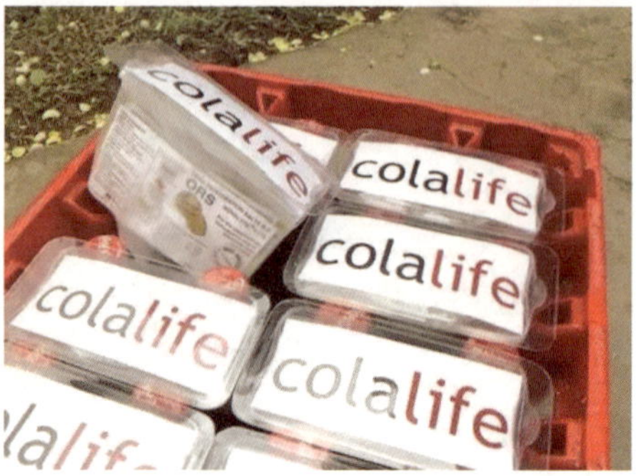

这个故事得从1988年说起，那一年，英国国际援助人员西蒙·贝瑞（Simon Berry）在非洲大陆赞比亚边远地区开展工作，他将当地两组看似毫不相关的现象不经意地联系到一起。

一是当地的家庭很贫困，许多因病死亡的儿童染上的是完全可以预防的疾病，比如腹泻引起的脱水，但往往因为药物不足而死亡；二是在这些经济极不发达的田间地头，你总能有办法买到一瓶可口可乐。

身为一项英国援助计划技术执行官员的贝瑞，对这两组现象展开了大胆的联想——可口可乐强大的配送网络是否能够被用来向边远地区投放最基本的、但却有可能挽救生命的药品？

20年过后，在多方力量的配合下，贝瑞和妻子珍妮（Jane）终于开始回答这个多年以来的设想，他们的解题方式是建立了一家独立的非营利机构——可乐生命（ColaLife）。

他们的做法是利用可口可乐的配送渠道搭运所谓的“社会化产品”——

防脱水的口服液、补锌营养片、水质净化片，在发展中国家承担起向最后几公里路进发的使命，从而挽救当地儿童的生命。

接下来，我用 4P 理论来解读一下这个案例：

产品（Product） 药品盒子的创意设计。

药品盒子包括可乐生命抗腹泻套餐：可乐生命套装信息及零售指导、量杯盖子（肥皂盒）及肥皂、量杯（容器）、锌营养剂、口服盐补充液。

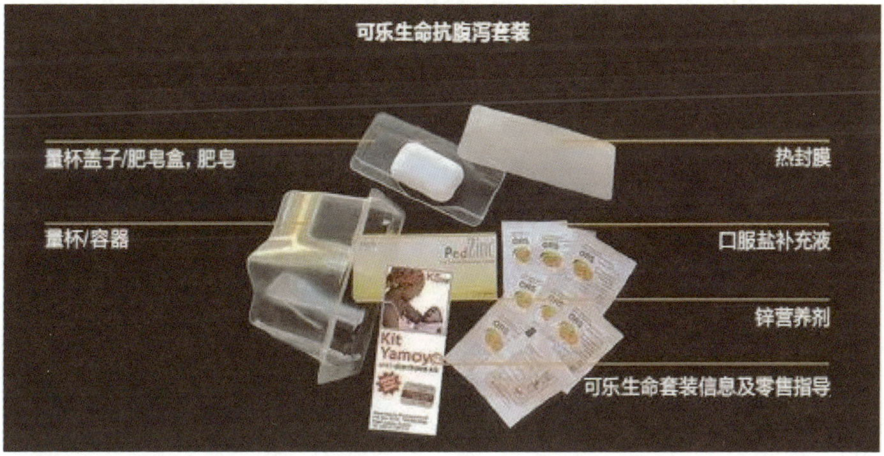

渠道（Place） 寄生于可口可乐强大的配送网络、多方合作伙伴。在可乐的箱子里，两排的可乐之间插入药品盒子，相当于为这个药品盒子搭了个便车。

启示：找到合作空间以及共赢的合作模式。合理利用空余空间，利润无损，共赢的合作模式最基本的前提是不能损伤对方的利益。

价格（Price） 降低成本，让普通家庭可以消费。

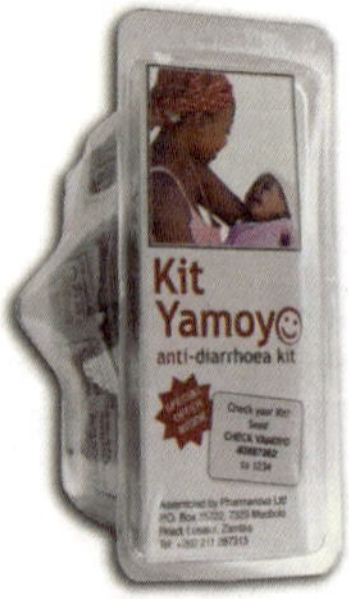

定价 0.91 美元 / 盒（接近药品套装成本价出售），同时远低于物流配送费 2.45 美元 / 盒（物流费用平均数）。

推广（Promotion） 社交媒体的传播，让关心的人参与其中。

贝瑞决定把这一“可口可乐创意”放在 Facebook 上，并作出承诺，当粉丝达到 1000 位时就去联系可口可乐公司。

贝瑞还于 2010 年 9 月前往法国，用骑自行车的方式募款，募到 6000 多英镑，并在可乐生命的网站上同步进行汇报。

ColaLife成功的要素（4P）

- **产品（Product）** 药品盒子的创意设计
- **渠道（Place）** 寄生于可口可乐强大的配送网络、多方合作伙伴
- **价格（Price）** 降低成本，让普通家庭可以消费
- **推广（Promotion）** 社交媒体的传播，让关心的人参与其中

产品 VAKD 四维度优化设计

VAKD，也叫表象系统取向。在产品设计中要结合 VAKD 四个维度优化设计：视觉设计、听觉设计（slogan）、感觉设计、自觉（理智）设计。

下面，我将最近专门为社工设计的“小蓝本”作为案例为各位展开讲解。

小蓝本的VAKD四个维度优化设计

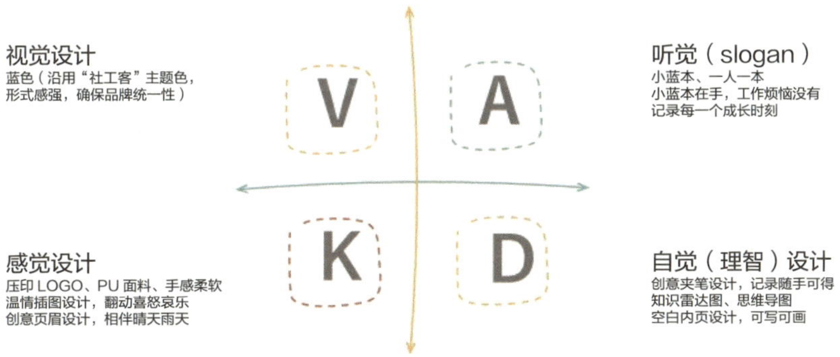

小蓝本的VAKD四个维度设计-V

蓝色（沿用“社工客”主题色，形式感强，确保品牌统一性）

视觉V 主色调为蓝色，彰显干练高效风格。同时沿用“社工客”主题色，形式感强，确保品牌统一性。

小蓝本的VAKD四个维度设计-K

感觉K 封面采用压印LOGO、PU面料，手感柔软，满足细节控的挑剔要求。

小蓝本的VAKD四个维度设计-K

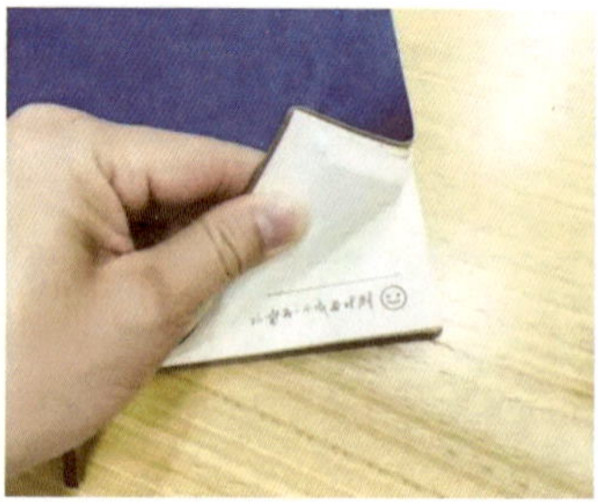

感性K 温情原创设计，翻动喜怒哀乐。闲暇之余，翻动动画，情感跃然纸上。

小蓝本的VAKD四个维度设计-D

理性D 创意夹笔设计，记录随手可得。解决“外出带笔记本，但忘了带笔”的痛点。

小蓝本的VAKD四个维度设计-D

理性D 用什么理论，这里有知识雷达图。解决“大多数社工在写方案时，找不到合适理论”的痛点。

小蓝本的VAKD四个维度设计-D

理性D 工作没有思路？这里有超全思维导图。解决“社工在开展个案、小组及社区工作时，没有思路”的痛点。

小蓝本的VAKD四个维度设计-D

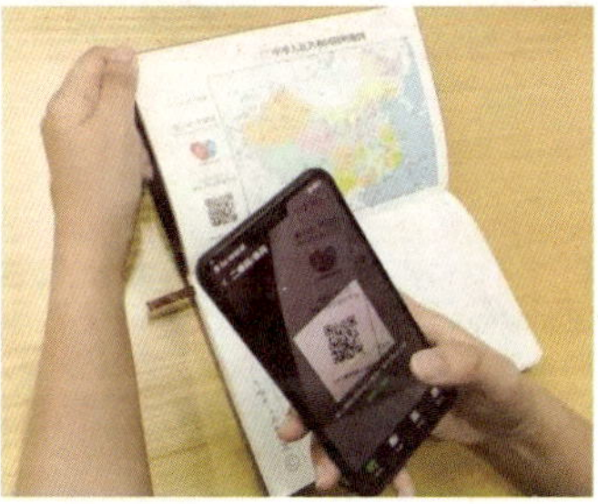

理性D 扫码一下，与全国公益职业同步。让人才找到合适的机构，让机构找到优秀的人才。

小蓝本的VAKD四个维度设计-A

听觉A 社工一人一本，小蓝本在手，工作烦恼没有。slogan押韵，情景化，便于口口相传。

我们在设计产品、项目，甚至是设计一个活动时，都可以套用 VAKD 四维进行优化及迭代，分别从视觉（V）、听觉（A）、感觉（K）、理性（D）等维度满足不同人的需求。

最后，跟诸位分享“好设计的 10 个原则”[1]（Apple 公司看重的设计理念）：

好的设计，是创新的。

好的设计，让产品实用。

好的设计，是美观的。

好的设计，让产品更易懂。

好的设计，不会引人注目。

好的设计，是诚实的。

好的设计，是持久的。

好的设计，在乎每一个细节。

好的设计，是环保的。

好的设计，是尽可能少的设计。

一图读懂：“好看又能打”的公益项目

[1] 20 世纪 70 年代末期，德国工业设计之父迪特·拉姆斯（Dieter Rams）所定义的“好设计的 10 个原则”（Ten principles for good design），一直以来，为业界推崇。

写好一个公益项目方案书的 10 个操作指引

在开展公益项目工作前，项目团队一般需要撰写项目方案，便于详细阐明所面对的社会议题，拟订的解决方案及所需资源。

制订方案之后，工作人员把它打印出来，拿着方案去跟资助方、合作方洽谈，或者参与公益创投大赛，递交给相关的评委。

我根据多年公益项目设计与运营经验，以及参与项目评审的观察，发现大家在撰写项目方案时，一般会遇到一些共性问题，因此在这里汇总了其中的注意事项，供大家参考。

首先，我们先了解一下公益项目的定义。业界的一般共识，公益项目是以公共利益为宗旨，为实现一个或几个特定目标的、有一定预算的、需在特定的时限内完成的一系列相互联系并且相互作用工作（产品、服务或成果）。由此可见，项目管理是一项有目的性、时限性并且侧重成果导向的工作。

❶ 项目名称

名称作为一个项目的门面，重要性不可忽视。好名称的要求是简明扼要地表明项目所要做的事情，表达性要优于文学性。即不要卖弄文采，重点要表达清楚。

比如，下面两个项目名称，你觉得哪个更好？

· “激发少年活力，共创美好社区”青少年环保 DIY 项目；

· “小魔法师”青少年环保 DIY 项目。

估计你会选择第二个，因为它更简明扼要地表达出项目的重点。不过，在我们的实际工作中，很多人会不自觉地选择第一种做法，不知道为什么，名称前面一定要有一个修饰的“对联”。感觉这样更好看或者好听？或者能够满足主办方对仗工整的形式要求？

其实，这都是自以为是的做法。“激发少年活力，共创美好社区”只是一个主题，它适合出现的形式是打在横幅上，挂在活动现场，但它不适合作为项目名称。

我认为，一个好的项目名称，起码经得起5年时间的考验。即5年之内，项目名称不用改就能很好地表达项目的重点。名称一旦形成，就不要轻易改动，改动就会导致品牌资产流失，好不容易在工作中建立起一定的知名度，一改名大家就得重新再认识了。

那么，拟定项目名称是否有相关的规则？我总结了一个的项目名称参考句式，分享给大家：

象征词（小魔法师）+ 对象（青少年）+ 服务形式（环保 DIY）

“象征词”可以把抽象的项目理念或架构形象化，“对象”可以准确表明项目的服务对象，“服务形式”可以表明项目是做什么的，怎么做的，这样有关项目的重要信息就能够一目了然。

❷ 项目简介

方案书的开头一般会有一栏“项目简介”，简要介绍项目的情况。一般要求是300字以内，对计划实施的项目进行概括性描述。

对于项目的描述，我们想说的总有千言万语，要归纳（删减）到300字以内，就感觉像割自己肉般痛苦。这也情有可原，因为每一个字都是自己的心血，蕴含着个人的情感，实在不愿意割舍。

为了减少这种“纠结”的痛苦，我建议重新写一个简介，这样可能来得更加轻松，同样地，我总结了一个“一句话介绍项目”的句式，供大家参考：

（项目名称）运用（特色理念 / 模式 / 方法 / 工具），为（精准的服务对象）提供（产品 / 服务描述），解决（问题描述）/ 满足（需求描述）。

例子：“小魔法师”青少年环保 DIY 项目，运用环保的理念，DIY 手工的手法，为L社区10—15岁青少年提供趣味性与积极性相结合的学习生活方式，一定程度上解决青少年网络成瘾的问题，满足青少年积极参与社会实践，提升综合素质的需求。

❸ 项目实施背景

项目背景主要是为了阐明项目缘起，我们为什么要做这个项目，基于什么社会议题。项目须交代的背景可大可小，取决于本项目所关注的社会议题的大小以及预期解决的程度。

可以分别从宏观（国家）、中观（市）、微观（社区）三层次展开，具体情况视项目大小而定。

❹ 受益人群

受益人群一般分为直接受益人、间接受益人。顾名思义，直接受益人是指项目的直接服务对象。比如，物资派发的直接对象、面谈辅导的对象、讲座或活动的参与者等。

间接受益人是指由于项目的实施，可能受到影响的人群（不一定直接接受过服务），比如，直接受益人的亲属及相关的人群。

❺ 项目目标

制定项目目标是撰写项目方案的重要环节。明确的项目目标确定之后，项目工作人员基本知道自己要做些什么工作。目标的订立可参考“SMART”原则：

· Specific 目标必须是具体的，是具体可感知的工作指标，切忌抽象的概念；

· Measurable 目标必须是可以衡量的，可数量化或者行为化；

· Attainable 目标必须是可以达到的，在付出努力的情况下可以实现；

· Relevant 目标必须与项目主题相关，与项目工作宗旨相关联；

· Time-bound 目标必须具有明确的截止期限，一般以项目周期为期限。

举例：

· 项目结项后，90% 以上的居民对新型冠状病毒感染防治知识的知晓度有所提高；

· 95% 的参与者清楚病毒传播的 3 个以上途径和有关的自我保护知识。

❻ 项目产出与成效

“项目产出”与“项目成效”这两个概念常见于项目设计与项目管理的过程中，一不留意，两者极易混淆。

“项目产出”的视角是从工作人员出发。通常，我们把项目的直接交付物叫作“产出”，产出一般是有形的，看得见、摸得着、可衡量的。

比如，“我们做了 30 场活动”“20 场培训”“150 份手册”，还有类似“服务提供小时数”“参与者服务次数”等，这些都是“项目产出”，是项目组直接交付给服务对象或资助方的东西。但这些是否有成效，还得另说。

“成效”是“产出”经过转化的成果。因此，“成效”比“产出”需要多走一程，“产出”的这些东西需要转化，才能成为“成效”，不然它们就仅仅是“产出”而已。

比如，我们确实做了 150 份项目手册，也发了出去，但是服务对象完全没看，或者看了但没什么收获。因此，项目手册没有发挥价值，这些“产出”就没有转化成“成效”。

“项目成效”的视角是从服务对象出发，一般是指服务对象是否得到新知识，技能是否提高，行为是否改正，身体状况是否改善，社会地位是否变化，态度或价值观是否改变等。

❼ 项目实施计划

这部分内容主要列明项目团队为了实现项目目标，所要开展项目工作的计划安排。一般有以下内容，统称“5W1H”。

When，活动时间：确定项目活动开展的时间段，便于做好项目进度管理。

Where，活动地点：项目活动将在哪里进行，户外还是室内，线上还是线下。

Who，活动人员：一列明工作负责人，便于责任到人；二列明服务对象，便于组织开展。

Which，活动目标：项目活动回应的是哪个项目目标，目标要符合项目工作的逻辑性要求。

What，活动物资：列明项目活动所需的物资，便于做好初步预算。

How，活动形式：项目活动将以怎样的方式开展，派发物资还是讲座、探访等。

由于这一部分涉及的内容较多，可设计成“甘特图”或其他表格的形式，使层次分明，逻辑清晰。

❽ 项目创新性体现

评委一般还会考核项目的创新性，即针对这个社会议题，项目团队为问题的解决是否提出新的视角及解决方案。

创新性具体体现为理念创新、模式创新、手法创新或工具创新等。

比如，“助人自助”的创新理念，不仅要帮助服务对象，还要协助其学会自我帮助。“五社联动”的创新模式，是指通过社区、社会工作者、社区社会组织、社区志愿者、社区公益慈善资源互相联动来解决社会问题。“历奇辅导”的创新手法，区别于传统讲座式的教学方式。“防疫工具包”的创新工具，为社区防疫提供一整套的解决方案等。

❾ 项目风险管理与控制

项目风险存在于公益项目实施管理的整个流程中，关于风险应对一般有以下 5 种策略方法：

规避风险：改变项目计划来消除特定风险事件的威胁。比如，原本项目计划覆盖多市区开展，为避免不可控因素影响，调整为某一个或重点区域开展。

分担风险：把风险转移给能够承担风险的第三方。比如，购买保险，包括项目活动参与者的人身意外保险、场地意外险等。

对冲风险：利用两个因素的负相关关系，通过对冲来抹平风险的波动。比如，原本项目活动的组织、开展以及回访都是以面对面线下的形式开展，而由于疫情影响，项目组也可以开拓线上的形式。虽然线下开展的成效更好，不过，开拓线上形式可以对冲一些风险。

降低风险：减少不利的风险事件的可能性，或者把影响结果控制在一个可以接受的范围。比如，提前演练。通过彩排、演练的方式，借助内部流程或行动，将不良事件发生的可能性降低到可接受的程度，以控制风险。

接受风险：正面接受风险的冲击，做好应对的相关准备及措施。

⑩ 项目预算

一般来说，公益项目的预算有以下几个方面：

业务活动费：开展项目具体业务活动过程中的开支，比如工作人员劳务费、志愿者补贴、物料费等。

行政管理费：项目实施过程中涉及的行政管理费，比如办公场租、办公耗材费、水电物业费等均摊支出。这几年，公益项目一般可设 10% 左右的管理费。

税费：根据国家规定的税率申报即可，有些机构可申请免税资格，具体可参考当地相关的税务政策。

总的来说，公益项目的预算要遵循“结合实际，优化配置”的原则。结合实际是指，所有的人力支出与物料预算要参考当地的水平以及实际所需；优化配置是指需要整合社会资源，降低成本，让项目具有公信力与竞争力，促进优化第三次分配。

一图读懂：公益项目方案书的 10 个要点

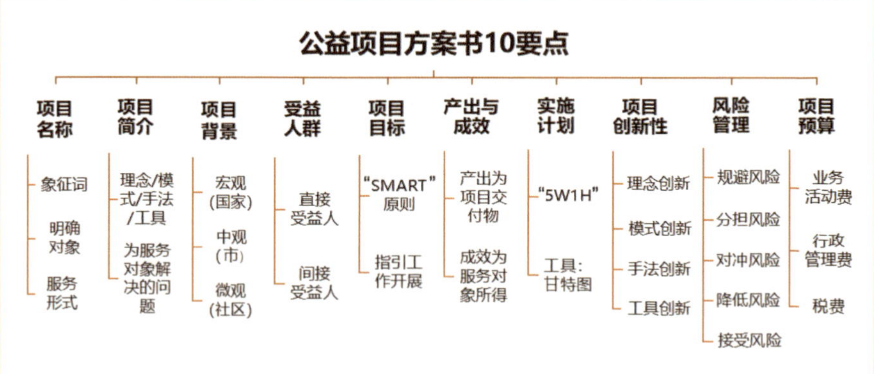

如何设计一场活动的“峰终体验”？

参加一场活动，或者一次培训后，我们会形成一些参与体验的感受。也许在这个过程中，有很多环节很多内容，不过，自己印象深刻的往往是其中一两个重要的时刻，以及活动结束时的感受。

我们为什么只对重要时刻以及结束这两个节点感受深刻？有位专家就此课题进行过研究，最后得出一个“峰终定律”。

这位专家就是 2002 年诺贝尔经济学奖的得主——心理学家丹尼尔·卡尼曼（Kahneman），他指出，我们的体验记忆是由两个因素决定：高峰和结束时的感觉。无论是好的不好的，我们感受最深的那刻，将会定性我们对这次体验的印象。

整个过程中其他部分的好与不好、时间长短，对体验的记忆好像都没太大影响。

也许，你跟我一样纳闷，其他环节我们都真实地体验过呀，怎么就没有什么印象了呢？

我们每天都在接收着无数的信息，认知上会有选择，否则，整个人就会因为信息过载而瘫痪。因此，我们的意识有一个筛选机制，有意无意地选择留下重要的信息。

“峰终定律”实际上讲的是一种认知上的偏见，它会影响人们对过去事物的记忆。在过去发生的事物中，特别好或者特别糟糕的时刻，以及结束的时刻更容易被人们记住。人们记忆中对事物的体验也往往决定于正向或负向的峰值和结束时的感觉，而不是平均值。

❶ “峰终定律”的几个重要时刻

“峰终定律”有几个重要的时刻。

转变时刻：是指一个新阶段的开始或结束时刻，是转变、转折的开始。

其可能是经历过高峰（正峰值）转向走低的转折。比如，经过一段努力，参与者完成了第一个任务，兴奋不已，接着出现懈怠，情绪开始慢慢低落。

也可能是经历过低谷（负峰值）转向走高的转折。比如，遇到不好玩的环节，参与者觉得无聊，带领者重新调动气氛，大家的情绪又开始高涨起来。

高峰时刻：是指某个阶段让人情绪最高涨的那个时刻。如上面所说的，参与者完成了第一个任务，兴奋不已的时候。

低谷时刻：是指某个阶段让人情绪最低落的那个时刻。比如，参与者遇到挫折，没有动力，出现负面的情绪的时候。

最终时刻：是指活动最终结束的时刻。

抓住关键时刻的机会点，往往能让效果放大，给人留下深刻记忆。

我们的情绪是波动的，时好时差。我们的能量也有高有低，能量高会激发正面的情绪，能量低会激发负面的情绪。除非特别需要（比如，活动需要参与者体验挫折），一般而言，一场让人体验良好的活动，策划者与带领者需要尽力创造高峰时刻，尽量避免参与者出现“负峰值”体验，至少不能以“负峰值”作为收尾，不然在他/她的记忆里就留下了负面的感觉。但也要注意，长时间保持高能量状态人的精力会耗竭，需要适当休息恢复。

因此，作为活动的策划者及带领者，需要打造良好的“峰终体验”，促进参与者有所收获并给予好评。

❷ 营造“峰终体验”的几个重要因素

“社工客”线上训练营就是参考了“峰终定律”，希望给学员营造良好的“峰终体验”。详见下图：

“社工客”线上训练营“峰终体验”时间线

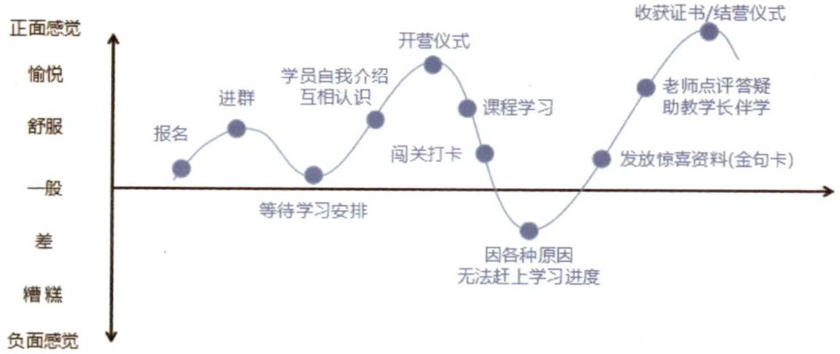

《行为设计学：打造峰值体验》一书中提到，构成“峰值体验”的因素有 4 个。

欣喜：超越以往的体验，让人感觉到专注、享受、惊喜、兴奋不已，有一种丰盈的愉悦感在心中流淌。例如，参与者玩了一个之前没玩过的新奇游戏，或者经历一个有意思的环节等活动，这些游戏或活动自带峰值体验。

认知：当人们恍然意识到自己的能或不能时，那种醒悟、狂喜、厌恶、挫败的情绪，让人铭记于心。例如，参与者听到一个新的观点，醍醐灌顶，或者经历一次挫败，意识到自己的渺小。

荣耀：在展现勇气、获得认可、战胜挑战的那个时刻，人们内心会自发产生一种自信和自豪感。例如，参与者作为小组代表，分享本小组的观点，由于表现出色，得到全场参与者的掌声。

连接：和他人一起经历痛苦、实现目标、共同庆祝时，人们会感觉彼此关系更进一步。比如，小组在完成某一个任务时，意见不一，后又遭遇失败，组员们都情绪低落。后来，经过大家的互相磨合以及团队合作，最终胜利完成任务。每个成员都以自己是团队的一员而自豪，彼此关系变得紧密。

❸ 如何营造“峰终体验”？

下面，以开展一场亲子活动为例，做一个示范。

提升欣喜感

有以下几种做法。

第一，营造多元感官感受。

《心经》[1] 里提到的“眼耳鼻舌身意”指通过眼识、耳识、鼻识、舌识、身识、意识六识来获取信息。

每个人所侧重的地方不同，就会产生不同的需求及表达。有人看重视觉，有人侧重听觉，有人关注嗅觉，有人偏重味觉，有人倚重感觉，也有人着重意识（某种程度上也可理解为理性）。作为活动的策划者与带领者，最好这些方面都要考虑到。

视觉上，活动的 PPT 设计要美观一些，活动现场的布置要兼顾美感，同时考虑参与者是否统一服饰“亲子装”等。

听觉上，现场要播放适合亲子的背景音乐。工作人员跟孩子说话时，语调要亲和一些。

嗅觉上，活动现场可以考虑使用鲜花的花香、香熏等，以使大家心情愉悦。

味觉上，活动现场可以设置下午茶，准备适当的甜点、饮料、水果，以补充能量。

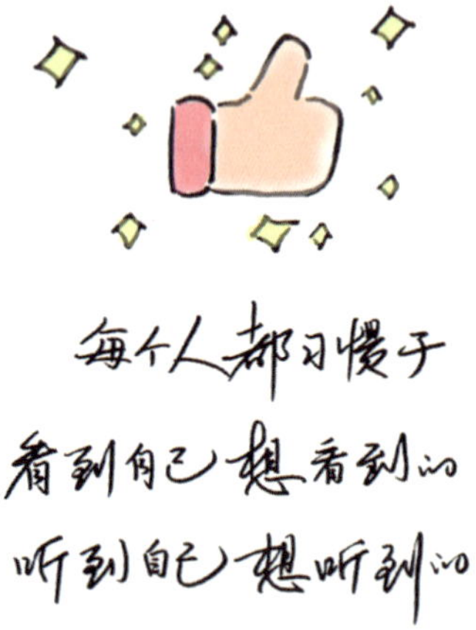

[1] 《般若波罗蜜多心经》简称《心经》。

感觉上，确保活动现场环境光线充足，空气流动，温度适宜；环境有一定的私密性，避免干扰；同时，带领者需引导大家彼此认识、熟悉，营造活动的安全感。

意识（理性）上，确保活动现场有足够的干货输出，即有相应的知识点，让大家有所收获与领悟。

第二，增加刺激性。营造适当的紧张感与氛围感。

比如，A 家庭亲子与 B 家庭亲子进行拼积木比赛。

第三，打破常规，创造惊喜。

比如，在活动中，设置一个环节“孩子给爸妈的一封信”，引导孩子说出一些心里话，这封信事先由孩子先写好，交由带领者保管，爸妈不知情，然后，由孩子现场交给爸妈。而有愿意分享的参与者，可以现场读信，带给大家不同的感受。

提升认知

提升认知也可以带来高峰体验。

首先，提供新知识。大家来参与活动，特别是参与培训，除了玩得开心，还是希望能够收获新知识，丰富自己的知识储备。

比如，活动环节设计中，有“触发亲子矛盾的 6 个因素”“促进亲子沟通的 10 大技巧”等知识点的讲解。

其次，创造新视角。协助拓宽参与者的认知边界，眼界宽了，问题就小了。或者换个视角看问题，获得不同的体会与感悟。

比如，设计亲子互换角色情景扮演，孩子从爸妈的视角看看“孩子不按时完成作业的感受”，爸妈从孩子的视角看看“作业没按时完成，背后有什么原因”。

打造荣耀感

打造荣耀感是营造高峰体验的经常做法。

第一，给予称赞与鼓励。几乎每个人都希望自己的价值被看到与被关注，带领者及时给予称赞、鼓励，会给参与者带来信心。比如，在活动中，带领者发现某个孩子或者家长的良好表现，现场给予鼓励及表扬。也许他 / 她从来没被任何人认可过，而有此刻现场所有人给予的肯定，他 /

她会备受鼓舞。

第二，认可其付出及成就。无论是过往的成就，还是现场的付出，参与者希望大家看到。比如，在分组活动中，某个孩子担任小组长，他 / 她做事认真，尽心尽力为大家提供服务，带领者可引导所有组员表达感谢。这也可以给其他参与者带来示范的效果。

第三，留住高光时刻。在参与者最荣光的时刻，让聚光灯打在他 / 她的身上。比如，现场有个比较内向的孩子，他从来都不敢在众人面前说话，而这次他站在大家面前，完成了自己的第一次公开演讲。此时，带领者要给予及时鼓励，也可以让现场的摄影师拍照，留住他此时的高光时刻。

促进建立连接

建立连接可以让参与者产生更多的记忆触点。

首先，自我的连接。参加活动的目的之一是促进自我成长。带领者需要引导大家打开自己，去经历不同的体验。在活动中，爸爸妈妈和孩子们可能会经历很多宝贵时刻，或者人生中的第一次。比如，活动中，通过“自我画像”，还有他人反馈，参与者可以逐渐了解自我，认识自我，也清楚自己在活动前后的不同改变。

其次，人与人之间的连接。即参与者之间的连接。比如，活动中，通过亲子之间的关系促进，家庭之间的交流合作，通过关系建立、维系与促进，参与者会感受到多方的支持，而不是自己独自一人面对问题。在之后的人生中，在这次活动中认识的那几个人也许会让大家一直印象深刻。

最后，还有人与活动之间的连接。即参与者需求与活动意义之间的连接。大家花时间来参加活动，是为了满足自身的某些需要，因此，良好的活动设计、活动目的要紧贴参与者的需求。

本次亲子活动，爸爸妈妈和孩子们过来参加活动，他们最初的需求还是希望促进亲子关系，而不是仅仅放松压力、交几个朋友、玩得开心就可以了。最终，还是要回归活动的主题意义中。比如，临近活动结束时，带领者可引导参与者分享参与活动的心得，思考在亲子关系上，大家在活动前后有什么变化、收获等。

最后，可以设计一个富有仪式感的 happy ending。比如，爸爸妈妈们是否可以给孩子写的那封信回信，记录下此时此刻的心得与感悟，为此次活动留下一个美好的最终体验。

一图读懂：亲子活动的“峰终体验”

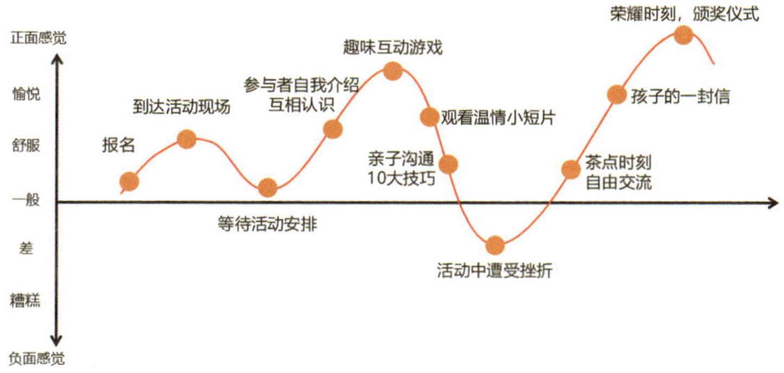

开展团体活动时，我们为什么要玩游戏？

在小组工作 / 团体活动中，活动策划、组织或带领者为了活动的丰富性与趣味性，一般都会在活动过程中穿插游戏环节。

很多朋友问及“活动中，为什么要玩游戏”，之前我也有同样的疑惑，也跟同行一起探讨过，得到以下一些回答：

“小组活动不就是玩游戏吗”“我也不知道为什么，看到别人都是这样做的，应该没错吧”“方案书里的第一个环节就是热身游戏啊，不然我都不知道开头怎么写”……

“玩游戏”仿佛成了我们开展小组工作 / 团体活动约定俗成的工作模式，我们却很少思考：在活动中，为什么要玩游戏？如何玩好游戏？玩游戏要达到什么效果？

如果以上问题未经思考，“玩游戏”可能成为我们程式化的工作，我们所开展的团体活动可能会有“低智化”倾向，也会遭人质疑“他们做活动，就是玩玩游戏而已，没什么专业性的！”

❶ 为什么要“玩游戏”

不要为了“游戏”而玩游戏，因为“人”才玩游戏。一群人，原本互不认识，大家来参加这个活动，抱有期待，又有拘束。想多认识一些朋友，但不知道别人是如何看自己的，面对陌生的人，陌生的环境，难免焦虑与不安。

在这种情况下，第一，可以利用游戏热身。团体互动的游戏一般会有肢体的动作，这样可以让参与者的身体活动起来，大家也可通过互相的模仿学习，避免无事可做的尴尬，现场的氛围也随着大家的动作活跃了起来。参与者也可以通过肢体的活动，从而影响意识，做好活动参与的准备。

第二，游戏可以转移紧张感。玩游戏，可以把人与人互动的紧张感转移到虚拟场景或道具实物上，让参与者觉得做错了也不要紧，没有实际的损失，这是一个游戏。

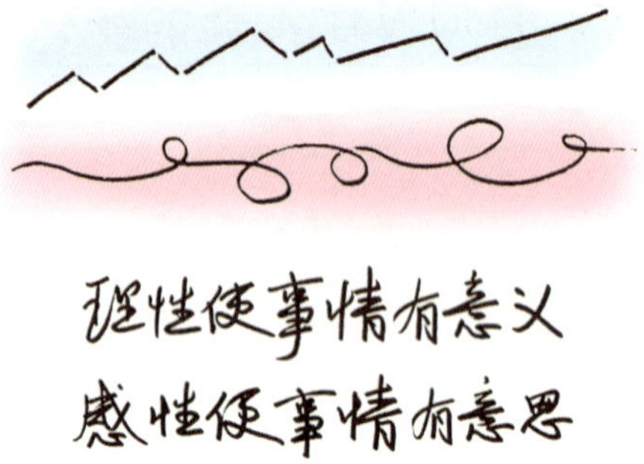

第三，游戏可以促进人际互动。活动过程中，为让大家体验互相交流与团队合作的乐趣，我们可以通过互相认识游戏或团队合作游戏环节，让大家参与其中，游戏化的活动流程设计会让参与者感到趣味性。

第四，“玩游戏”不是必需的。正如前面所说，不要为了“游戏”而玩游戏。如果此时参与者的准备程度与现场的活动氛围，已经达到活动主题开展的效果，“玩游戏”就不需要教条式地进行了。

❷ 如何玩好游戏

作为带领者，清楚上述“玩游戏的目的”之后，接下来，活动带领者要修炼另一门功课：“如何玩好游戏”。如果带领者觉得，这是一个玩玩而已的游戏，随便应付就好，那么，参与者也会随便应付。

因此，带领者要重视提升带领玩游戏的技能，这也是专业性与职业性的表现。

首先，根据不同的活动环节，选择或设计适合的游戏。从而起到“铺垫主题”，甚至“深化主题”的作用。否则，游戏与活动主题毫无关系，岂不是大家玩了个“寂寞”。

一般的团体活动会涉及以下几种游戏。

破冰热身游戏：活动开始时，大家互相不熟悉，内心焦虑不安，行为拘谨，彼此间仿佛有一条冰河，彼此不敢逾越半步，现场氛围犹如寒冬。这时适合选择破冰热身游戏，先让大家热身，把场暖起来。经典的破冰热身游戏有雨点协奏曲、时钟摇摆、松鼠和大树等。

互相认识游戏：热身过后，带领者也可以通过游戏，引导参与者互相认识，以便大家更好地交流与合作。经典的互相认识游戏有名字接龙、生日排序、一元五角等。

沟通交流游戏：适合在促进参与者沟通交流的环节中开展，游戏的趣味性一定程度上可以消减参与者的紧张感。经典的沟通交流游戏有以讹传讹、果园菜园动物园、你画我猜等。

团队合作游戏：活动进展到中后期，大家已经彼此熟悉，而且有较为亲密的关系，团队合作游戏可以更加激发大家的凝聚力。经典的团队合作游戏有一元五角、巧解千千结、无敌风火轮等。

其次，提升游戏带领技能。在不同的活动环节，在选择合适的游戏之后，接下来就要考验带领者的游戏带领能力了。以下几个要点，值得注意。

解说规则：考虑到活动现场环境的影响，带领者在解说游戏规则时，要注意言简意赅，条理清晰，最好使用短句，分要点说明，让参与者一听就懂。所有规则解说完之后，再小结一次，然后问大家是否有其他疑问，之后给予统一解答。双向沟通也能促进信息传达的准确性。

示范效果：也许带领者解说得已经很清楚了，也解答完大家的疑问。但是大家好像还是一头雾水。怎么办？这时，带领者可以先来一次亲身示范。通过示范的效果，一可以让参与者更加直观地了解游戏规则，二可以缓解参与者的紧张感。

语言符号：带领者可根据不同的参与者，使用不同的语言及非语言符号，传递能量与信息。比如，参与者如果是年轻人，带领者的语速、动作可以明快一点；如果是长者，带领者的语速、动作则要放慢一些，让长者可以跟上节奏。同时，在此过程，带领者的神情要释放正面、鼓励的信号，让参与者感到关注与支持。善用肢体语言，提升感染力，同时让人感到身体力行的力量。

引导分享：游戏环节过后的分享，带领者可以适当运用引导技巧，让参与者可以自如地分享此刻的心得，促进大家互相交流，从而达到升华主题的效果。

具体可参考“4F 原则”：英国学者罗贵荣（Roger Greenaway）提出“动态回顾循环”（Active Reviewing Cycle）的引导技巧，也称“动态引导反思法”，归纳出四个“F”的提问重点，即 Facts（事实）、Feelings（感受、体会）、Findings（发现）、Future use（未来的运用）。

❸ 玩游戏要达到什么效果

我们在带领活动的过程中，希望玩游戏能达到什么效果呢？肯定不会是想被人吐槽：“玩游戏？太幼稚了吧”“他们就是玩玩游戏，不专业啊”……

我们生活在现实的世界里，游戏一般不能马上带来实际性的效果。不过它创造出来的虚拟场景，让我们可以暂时逃离现实的规范与压力，去体验新的可能性。比如，奥林匹克运动会，Olympic Games，其寓意就是一场盛大的体育游戏盛会。参与者在这里遵循一定的游戏规则，追求“更快、更高、更强”的体育精神，并享受其中的快乐。

只要“玩具”足够有趣，大人们也能找回孩童时的乐趣。之前，我们同事做过一场社区活动：绘制社区地图。按照常规计划，这可能又要变成小孩的涂鸦游戏。后来同事脑洞大开，把地图扩大 10 倍，让大家一起来画 50 平方米的社区地图，没想到把孩子的爸爸妈妈也吸引过来了……（如下图所示）

在团体活动中，玩完游戏之后，我们希望看到什么场景呢？这个问题，我们不妨自问一下，也许我们可以看到不同的画面，参与者有激动人心的，也有若有所思的，有开怀大笑的，也有眼闪泪花的……

这些画面也许是我们平时所忽略的，却也需要珍视的。此刻，大家都如此一致地感受着当下。

一图读懂：开展团体活动时，如何玩游戏？

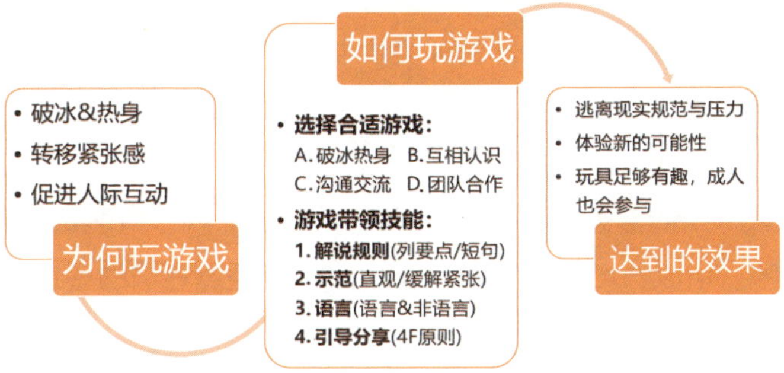

垃圾如何有效分类？关于垃圾分类的4个环节

垃圾分类，是我们这几年谈论得比较多的一个议题。既然都是垃圾，一并处理就好了，为什么还要大费周章地分类呢？

这涉及环境污染和资源浪费的问题。有句话是这么说的，“垃圾是放错地方的资源”。如果放错了地方，就会产生资源浪费，更严重的是造成环境污染。

农业社会中所产生的垃圾，几乎都可以降解，化为泥土，回归自然，保持生态系统平衡。18世纪60年代的工业革命以来，人类社会飞速发展，迎来丰富的物质生活的同时，也带来极大的环境污染。

❶ 垃圾分类的重要性

垃圾分类的目的是提高垃圾的资源价值和经济价值，减少垃圾处理量和处理设备的使用，降低处理成本，减少土地资源的消耗，具有社会、经济、生态等几方面的效益。

据有关科学分析，一节一号电池烂在地里，能使1平方米的土壤长期失去可用价值，可能长达几十年都无法恢复。一粒纽扣电池可使600吨水受到污染，相当于一个人一生的饮水量。

我们日常所用的普通干电池都含有汞、锰、镉、铅、锌等各种金属物质，废旧电池被遗弃后，电池的外壳会慢慢腐蚀，其中的汞及重金属物质就会渗透于土壤、污染地下水，进而进入鱼类、农作物中，破坏人类的生存环境，间接威胁到人类的健康。

重金属污染的最大特点是它在自然界不能降解，只能通过净化作用，将污染消除。所以，废旧电池是有害垃圾，要经过适当的处理才能避免环境污染。

1905年，塑料作为一种新材料被一位化学家发明出来之后，这种新材料做成的东西成本低且实用，给我们的生活带来极大的便利，不过也造成了全球的“白色污染”。一个塑料瓶的降解需要 100 年以上。许多塑料瓶由聚对苯二甲酸乙二醇酯（PET）制成，这些石油化学制品难以被生物降解，在自然状态下降解的时间甚至高达 500 年以上。

包装袋、一次性餐具、塑料瓶等塑料制品使用后被弃置成为固体废物，随意乱丢乱扔后，难以降解处理，给生态环境造成极大污染。不过塑料是可回收垃圾，回收后可以加工重复使用。

因此，垃圾分类对于经济社会的发展具有十分重要的意义。

❷ 垃圾分类如何有效进行？

垃圾分类，一般是指将垃圾按一定规定或标准分类储存、投放和搬运，从而使之转变成公共资源等一系列活动的总称。

如何做好这些工作？垃圾分类看起来简单，但好像又没那么容易。什么是可回收垃圾，什么是有害垃圾，有的人可能不太清楚，上海甚至还采取了“干垃圾”“湿垃圾”的分法，更让人傻傻分不清。

如何有效推动垃圾分类政策落地操作，社会各界花了不少心思，在这里我们可以把垃圾分类的流程拆解一下。

居民分类环节

这个环节是基本前提，回想一下，我们自己在做分类时，是否遇到来自意识与认知上的挑战。比如，每当自己要处理纷繁复杂的垃圾时，意识上受惯性的影响，心里有十万个不愿意，同时在垃圾的分类知识认知上，也充满困扰，不知道怎么分又懒得学习。

解决这一步的关键在于，我们要提升环保的意识与认知，真正深刻体会与理解环保的重要性，通过互联网、电视、广播、报刊等公众传媒与公共活动空间的宣导，把环保的行为落实到工作与生活的点点滴滴中，这个过程需要时间的沉淀。

现实中，某个重要事件也可引起对公共卫生的广泛关注与全民科普。比如，新冠疫情推动大家对戴口罩的认识及普遍接受。

投放环节

这是关键又让大家比较头疼的环节，不仅居民为如何合理投放而烦恼，主管部门也为引导居民合理投放而提出各种解决方案，涌现出很多创新的做法：有手法创新，居民不用自己投放，主管部门专门派人来收取；有模式创新，居民担任监督员，自己的社区自己作主；也有工具创新，在社区安置智能投放箱，高效识别垃圾分类与投放；等等。

回收环节

投放完就是回收环节了，我一度担心，我们好不容易在社区把垃圾分好类，回收时，会不会又把所有垃圾都整到一起。所以，垃圾分类问题需要的是全链条的解决方案。

环保再生环节

前面也有说“垃圾是放错地方的资源”，我们处理好有害垃圾之后，其他垃圾的环保再生也是重要的内容，常见的废旧纸皮、废铁、塑料瓶等物品，都是可环保再生的资源。

比如，被回收的塑料瓶被清洗干净后，瓶盖、瓶身和外包装塑料纸分离，塑料切片、抽丝、冷却集丝，生成纱线，最终可以织成面料，可以做成衣服或其他布品。

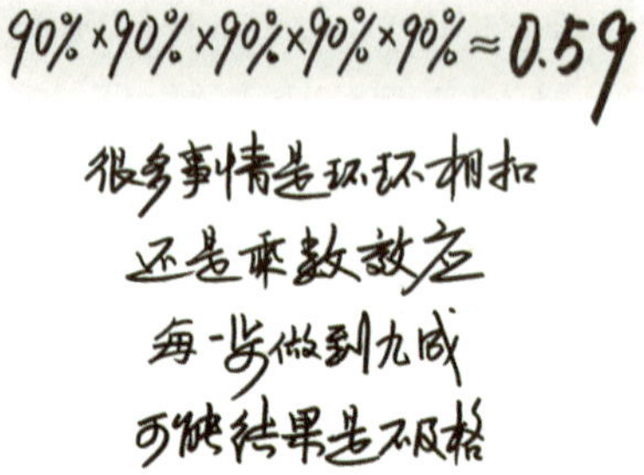

❸ 垃圾分类如何避免内卷化

当下，我们都在谈论垃圾分类，政府部门出台各种政策，三令五申，社区为完成上级下达的指标也使出浑身解数，社会组织与社区居民群策群力，积极参与，有些企业也看到了其中的商机，纷纷加入……为避免垃圾分类内卷化发展，有以下几个问题值得注意。

解决一个问题，不会衍生出另一个问题

环保其实是个有难度的工作，总的来说，就是人们要控制自己的欲望，以防消耗不必要的资源与能量。平时，我们在谈环保时，一般是说这个事情没有造成环境污染，耗能低，或者使用的是新能源。严格来讲，这还不够。

我们要评估做这个事情的总成本是否降低。比如，冲洗干净回收的塑料瓶进行再利用，初看起来，这是很环保的行为啊，但是冲洗的过程中，如果没有优化方案，所用到的水量及其他耗能超过这个塑料瓶的价值，则会造成资源浪费，衍生出另一个问题。

善用大爷大妈的积极性，优化人力资源参与

垃圾分类的过程比较烦琐，特别在初始阶段，大家还没完全适应，需要大量的人力做宣讲、倡导、监督以及协助等方面的工作。这些人力如果由年轻人担任，他们不一定对这个“脏活累活”感兴趣，而且需要较高的人工成本，可能导致另一种浪费。大爷大妈是社区活动的主力军，也是社区垃圾初步分拣的能手，采用合理的机制，积极引导他们参与，在人力资源上可能是个优化的配置。

全民意识的提升，全民参与，自愿性的行为

垃圾分类最终理想的效果应该是全民环保意识提升与行动落实，这是全民参与，不需要别人督促，自主自愿的行动。环境的保护，不是一个人或者一部分人做了很多，而是每个人多做一点点。因此，日常环保知识的普及，环保行为的倡导至关重要。

我对 8 年前在外地旅游时的一幕记忆深刻。在游玩景点后，导游将饮用水发给大家，当时天气比较炎热，很多人一饮而尽，正当有人想把空瓶子随手一扔时，导游叫停，她教了大家一个动作，把空瓶子从底往上挤压翻卷直到瓶颈，然后盖上盖子，一个空塑料瓶子就变成了小小的一坨，然后导游引导大家投放到专门的袋子里。

这一刻，没人觉得这是刻意的说教，或者是略有冒犯的监督，看得出大家都能感受到乐趣以及这个行动的意义。

这个场景是我觉得垃圾分类最好的示范，很多人都有环保的意识，只是需要合理地唤醒，环保这件事，不是一个人的事情，而是我们所有人的事情。它可以成为一种新的风尚，健康环保的生活方式。

一图读懂：关于“垃圾分类”的几个要点

第二章

公益项目的实施与运营

如何打动资方？做好项目路演的 10 个秘诀

平时，我们在很多场合需要进行现场分享，比如项目路演活动、工作汇报会、行业交流活动，等等。

如何做好一次现场分享，是分享者需要考虑的问题，也许有人因此紧张不已，有人为此反复练习，做不少准备……而每一次现场分享都是一次新挑战，就算已经熟知所有内容，面对不同场合，不同氛围，不同观众，就会导致不同效果。

可能每一次，我们都做不少准备，现场感觉良好，但事后回想，毛病多多，还是可以挑出不少可以改进的地方。这也是项目路演令人紧张，让人着迷的地方。就像有人问球王贝利[1]："你踢进了那么多球，最喜欢的是哪一个？"他回答说："下一个。"

接下来我们一起探讨一下，做一场有意思的现场分享演讲，需要注意哪些事情。

❶ 这是一场 show

首先，为消除紧张，我们要合理看待这次分享。这不是人生仅有的一次演出，而只是其中一次在舞台上自我展现的机会。

其次，我们可以学会享受舞台，在舞台上展现自己的职业素养与工作成效。这场 show 是为了让更多人看见我们的工作价值，没有人比我们更熟悉自己要分享的内容。所以，尽情地去打动大众吧。

最后，如果我们已经尽力，但还是搞砸了。没关系，至少我们努力过，这只是人生中无数舞台中的一场演出，我们还有很多机会，下次改进就好。

[1] 贝利，巴西著名足球运动员，司职前锋，曾被国际足联誉为"球王"。

❷ 熟悉内容

作为分享者，我们必须十分熟悉要分享的内容，尽力做到烂熟于心。不过我们并非专业的演讲人，很难记得住演讲稿上的每个字。

我们可以通过列提纲“123”的方式，协助梳理与记忆内容。

比如，“影响项目成功的要素”主题演讲，一级提纲可以归纳成 3 个要点“天时，地利，人和”，而二级提纲又可以归纳成 3 个要点，比如“天时”要素归纳为“年的维度，月的维度，日的维度”。如此类推。

“123”要点记忆法，既便于梳理内容要点，也便于系统性记忆。

此外，也可运用我之前总结的“一句话介绍项目”句式：

（项目名称）运用（特色理念 / 模式 / 方法 / 工具），为（精准的服务对象）提供（产品 / 服务描述），解决（问题描述）/ 满足（需求描述）。

比如，“独居长者居家安全改善计划”项目的一句话介绍，可以这样描述：

独居长者居家安全改善计划运用长者居家安全工具包，为 60 岁及以上的独居长者提供用电安全、防跌安全、食品安全、药品安全等服务方案，解决他们独居的居家安全问题。

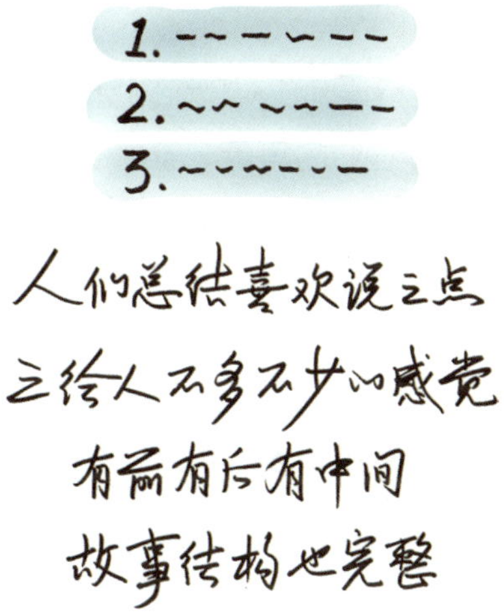

项目路演时，往往只有几分钟时间，我们可以用“一句话介绍项目”句式开头，十几秒钟让公众知晓项目的情况。

领导专家过来参访，问起“项目是做什么的”时，用“一句话介绍项目”句式介绍，可以帮助缓解突击检查的紧张。

❸ 做好“编导演”

我们有了很好的内容，也烂熟于心。现在到了关键的一步：如何把这些内容呈现出来，让人觉得有料又有趣。这涉及一门功夫，关于编、导、演的功夫。

就像一本好的小说，如果落在差劲的编剧、导演和演员的手上，很难拍出好的电影。

编剧的工作

如何安排演出的各个要素。比如，人物什么时候出场，需要什么场景，如何编排故事情节更好看……

换成演讲的场景，“编”的功夫在于，我们在规定的时间内，要呈现什么内容，如何将 PPT 或演讲稿的内容编排得更精彩。

比如，我们在做项目路演时，应该把重点放在项目做法与项目成效上，切忌项目背景就讲半天。

导演的工作

架起编剧与演员的连接桥梁，让演员可以呈现出剧本要表达的东西。

在我们日常的工作中，导演的角色一般由督导或者上级主管担任，他们的职责是引导分享者恰如其分地表达出既定内容，比如引导分享者应对自如，根据既定的 PPT ／演讲稿分享，在节奏把握上得当等。

演员的工作

专业的演员首先得修炼自己的基本功，比如“说学逗唱”“唱念做打”等。而此处作为演员的分享者则需要在表达能力、应变能力等方面下功夫。

❹ 修炼同理心

在表演上，有一种说法，叫作“真听真看真感受”[1]。有人可以照着剧本演，台词、站位、动作、神情都做到位了，但却无法打动观众。这是因为演员进行的是教条式表演，观众觉得很假。

更有甚者，现场发生的情况，比如观众的情绪变化，突发情况，演员好像视而不见，像走过场一样继续自己的台词与动作，这就是为了“演完收工”。

一位好的演员，需要真正在听对手戏演员所说的话，真正在听现场观众的回应、真正在看现场发生的情况、真正在感受对方的心情与心声以及现场的氛围……因此，演员的表演也会反映真实，而非是古板的教条式表演。

同理，一个能打动观众的分享者，不仅要讲得好，其共情能力与同理心也应很好。可能同样的内容，我们都讲了很多次，但面对不同的场合，不同的观众，也需要做到“真听真看真感受”：真正在听观众的回应，了解他们背后的需求与问题；真正在看观众，能用眼神与他们进行有效交流。

[1] 表演上的一种技巧。比如，强调演员之间的真实对话，不是你背你的台词，我背我的台词，而是真正听到、看到、感受到对方所表达的立场与态度，借助真实的交流达到表演的真实效果。

一个能打动观众的分享者，不会对现场的情况视而不见，如果看到有观众开始打哈欠，那分享者就应该要调整接下来的内容或者节奏。分享者要真正感受现场的氛围，让自己的心与观众的心在同一频道上共鸣。

⑤ “戏保人，人保戏”

在戏剧上，老一辈表演艺术家经常会提到一句行话“戏保人，人保戏”。

“戏保人”的大概意思是，有一个很好的剧本，也在很好的剧场演出过，这次起用一名新演员来演，只要这个演员的演技达到及格线，这也是一场好演出。即这场戏保住了这名演员。

而“人保戏”的大概意思是，原本的剧本不咋地，但由一位特别厉害的演员来演，这也是一场好演出。即这位演员保住了这场戏。

这句戏剧行话，也能给我们一些启发。如果分享者经验尚浅，可以采取“戏保人”的策略。在现场分享之前，由主管或督导协助，先要做好内容铺排，无论逻辑性还是故事性都打磨过关，然后做好彩排演练，不断改进。这个策略一定程度上可以确保这次分享不至于搞砸，属于尽量以“充分的准备”弥补分享者的不足。

如果分享者经验丰富，可以采取“人保戏”的策略。如果我们觉得本次要分享的主题及内容一般，那么可以让厉害的人充当分享者的角色，分享者能够以个人的能力弥补“内容上的不足”。

⑥ 理性与感性

在分享的过程中，如果是纯理性的讲解，可能就变成了学术研讨会，对现场的观众而言，未免门槛过高。而如果是纯感性的分享，又容易成为个人的吐槽大会，讲的人和听的人都觉得挺爽，但最后没人记得住讲了什么。

来听分享会的观众，一般不是图一乐，而是希望得到一些有营养的内容。因此，做好一次现场分享，最好兼顾理性与感性。

理性：讲道理、摆事实，注重逻辑性，列数据图表，最后总结方法论。

感性：讲故事、撩情绪，注重艺术性，上图片音乐，最后引发共鸣感。

比如，乔布斯在 MacBook Air 发布会上，首先罗列了这款产品的种种数据，接着从一个文件袋里抽出了一台 MacBook Air，这一幕堪称行为艺术，向观众直观地传达了这款产品的“轻薄”性能。

❼ 培养幽默感

幽默感可以快速拉近分享者与观众的距离，同时可以化解现场的紧张气氛。

试想一下，一般的现场是不是这样：听众对接下来发生的事情一无所知，他们都是带着疑惑与焦虑在等待……

好不容易等到一个家伙走上讲台，这个家伙却以为自己很牛，喋喋不休地说着自己的各种看法，底下的观众心中冒出各种声音：“他说的太多了”“他说的比唱的好听”“他这样说不太对吧”……然后心不耐烦，无比抗拒。

而幽默感可以在一定程度上缓解以上尴尬，调节现场氛围，让人会心一笑，引起大家倾听的兴趣。观众也许觉得“这家伙有点意思”“他没有讲一些枯燥的大道理”“我想听听他接下来说点什么”……

此外，分享者也可以采取自黑或自嘲的方式，提升自己的亲和力。高大权威的形象让人敬而远之，而分享者用自黑或自嘲把自己的身份降低，观众的心理可能出现以下反转：“切！这家伙也不是很牛呀”“这家伙毛病也很多”“这家伙比我还糟糕？！”“这家伙谦虚了”……所以，敢于自黑或自嘲的人，必定有一定的自信与智慧。

❽ 把握节奏感

节奏感也是一场分享中重要的要素。就像演奏一场交响乐，有时节奏慢，有时节奏快。

当观众精神抖擞时，节奏可以明快一些；当观众陷入沉思时，节奏可以舒缓一点。

讲话时，注意抑扬顿挫，否则就像催眠曲，节奏平稳，让人昏昏欲睡。

同时善用排比句，犹如激扬频密的鼓点，让人振奋，备受鼓舞。

⑨ 善用非语言符号

除了良好的语言表达，一次有感染力的分享，分享者在非语言符号运用上也应比较恰当。

比如，身体语言。站姿是否看起来比较自如自信，走位是否恰当自然，手部动作是否在激扬时动作幅度大，在情感舒缓时动作幅度小。

比如，表情。是否从一而终维持一个刻板的表情，还是与现场的观众同频，观众欢乐时也自然欢笑，思考时也严肃认真。

⑩ 留住成功的经验

最后一点，一定要记住自己曾经的成功经历，记住那次高峰体验。因为在之后应对不同挑战时，它都会给我们信心，让我们重新找回那种良好的感觉。

而一次次的成功经验也会不断加固我们的信心，优秀的分享者都是在不断的尝试中磨炼出来的，不断地尝试吧，你总会拥有出彩的那一次。

一图读懂：做好一次现场分享演讲 10 要点

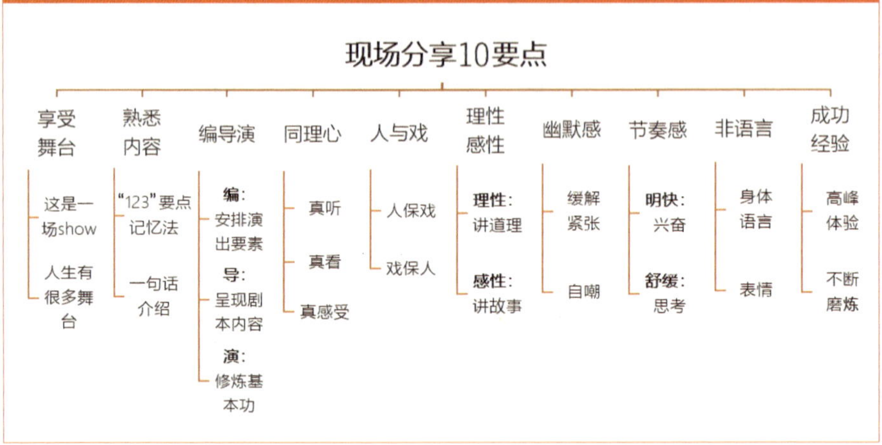

如何做好一个公益项目？项目成功的 5 个要素

平时，我在在跟一些同行交流时，发现在做项目时常会遇到一些问题：自己不知道做什么项目？现在社会上也有很多资源，我是广撒网式试试运气，还是有的放矢地投其所好？我们团队到底做什么项目才是好项目？那么，今天我们一起来探讨一下影响项目成功的因素。

❶ 我方所强

首先，我们要思考清楚的第一个因素：我方所强。我们所擅长的地方在哪？自己在做哪个领域工作时得心应手？“我方所强”可以来自以下几方面。

自身天赋

自己原本就擅长做这方面工作。比如小张个性外向，活泼好动，那么他可能擅长做户外拓展类的项目；小王善于总结，口才了得，那么他可能擅长做培训类项目。

团队基因

这个“团队基因”是指几个主创成员行事风格的公约数。回想一下，我们在搭团队做第一单业务时做的是什么？做这个业务过程中所形成的能力及素质可能就会成为团队的基因。以后的业务拓展，多少会有最初的影子，这也会成为团队最核心的竞争力。

比如，A 团队在做第一单业务时，以整合资源手法获得了成功，“整合资源”这个基因也会沿用在其他业务上；B 团队擅长设计项目，他们在其他业务上的项目设计也会不错。

专业能力

团队中成员分别有什么专业背景，是否持有职业资格证书，虽然这不一定能代表什么，但起码是一个职业化的敲门砖。比如小张团队要做素质拓展类项目，团队里如有历奇辅导师，或者素质拓展师相关的持证者，项目可操作性的说服力会增强。

❷ 对象所需

我们也常说，项目要立足需求，从服务对象出发。而什么需求才是对象真正所需呢？

马斯洛需求层次理论指出，人的需要由生理的需要、安全的需要、归属与爱的需要、尊重的需要、自我实现的需要五个层次构成，依次由较低层次到较高层次发展。

一般特征是，越是低层次的需求，越是刚性需求，数量越大，潜力越大；越是高层次的需求，越是弹性需求，数量越少。

第一个层次：生理的需求。人要生存，起码要满足生理上的需求，吃饱穿暖。因此，早期的公益项目大多是送食品、送衣服。比如“免费午餐”[1]公益项目让乡村贫困地区孩子免于饥饿，健康成长。它解决的是服务对象的刚性需要，而且需求数量大，所产生的社会影响力也大。

随着社会发展，政策支持，乡村贫困地区孩子的温饱问题得到较好解决，也有不少机构开始关注孩子的其他需求。父母常年在外打工，留守在家的爷爷奶奶与孩子存在代际的隔阂，“归属与爱的需要”无法得到很好满足。

因此，“蓝信封”[2]公益项目应运而生。从留守儿童心理倾诉需求出发，“蓝信封”通过志愿者和留守儿童一对一写信的书信陪伴的方式，构建志愿者与留守儿童间的长期朋辈心灵交流的平台，引导留守儿童健康快乐地成长，同时关注青年人在参与过程中的自我成长，并倡导社会对留守儿童的正确认识和广泛关注。

---

[1] 免费午餐是 2011 年 4 月 2 日，由记者邓飞联合 500 名记者、国内数十家主流媒体和中国社会福利基金会发起的免费午餐基金公募计划。致力于帮助中国儿童免于饥饿，健康成长。

[2] 蓝信封留守儿童关爱中心是一家专注于乡村儿童心理陪伴领域的专业公益机构。机构创始于 2008 年，并于 2012 年在广州市海珠区民政局正式注册为社会服务机构。

服务对象的需求呈多元且动态发展，我们需要以敏锐的视角洞察到服务对象需要解决的需求，以免“供需不匹配”的窘境出现。

我们也常问，这个项目是雪中送炭，还是锦上添花？契合服务对象需求的就是雪中送炭，与服务对象需求不相符的就是锦上添花。当我们厘清这些需求，也许就不会出现“一个孩子苦笑着说，我已经有五六个书包，不要再送了”的笑话。

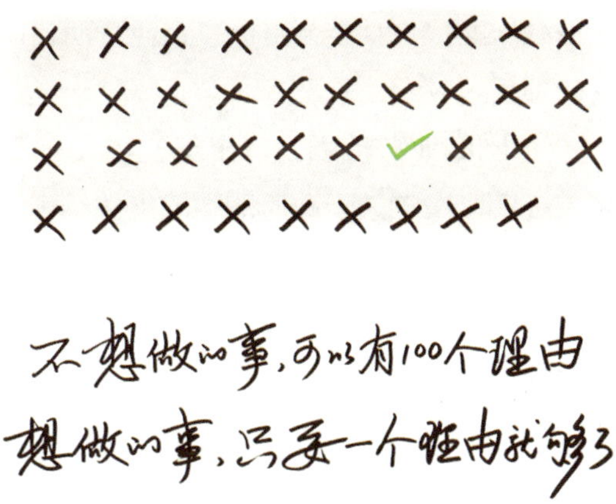

❸ 资源所配

一颗种子，需要土壤、水分、阳光等条件，才会生根发芽生长。一个项目落地实施，少不了社会的各种支持。

人的支持

这个项目是否有关键人士的支持。比如，项目成员的意愿与能力是否可以撑起这个项目；是否有相关部门及单位的支持者，他是否可以提供资源助力项目落地；还有本项目是否可以感召一定的志愿者参与，推动项目发展。

资金的支持

这个项目的启动资金是多少，如何做好资金有效分配，这笔资金从哪来，还有如何确保项目可持续的现金流。

物的支持

本项目落地需要的场地、物理空间、设备、工具、物资等。同时，如遇不可控因素，如何推动项目按计划进展，比如，遇到疫情，线下活动无法开展，如何通过合适的方式进行。

❹ 政策所向

这里的“政策所向”，特指资助方的政策所向。我们需要分析项目的资助方是谁，是来自政府购买、基金会资助、企业赞助，还是社会捐赠。

关于政府购买的项目

政府每个部门有不同的业务范围，每个年度也会有不同的工作重点。项目方可以通过相关部门印发的关于政府购买的文件，了解其需求及动向。此类型项目对项目方的一般要求有：具有公信力的资质、程序的合法性、项目服务内容符合该部门的业务方向等。

关于基金会资助的项目

每个公益基金会均有其独特使命及其专注的领域。比如，壹基金专注于灾害救助、儿童关怀与发展、公益支持与创新三大领域。如果项目方想获得壹基金的资助，那么项目服务内容首先要与以上三大领域相关。此类型项目对项目方的一般要求有：双方的信任关系与互动、较强的业务能力、项目落地的可操作性等。

关于企业赞助的项目

企业赞助某个公益项目，一般基于以下需求：履行企业社会责任、树立良好的公共形象、追求可持续发展战略等。作为项目方需要深入了解企业的业务及其履行企业社会责任的动向，寻找结合点。

比如，有一个“凌晨四点的校园”公益项目[1]，倡导在校的同学做一件事：在一天的凌晨 4 点早起，看看凌晨 4 点的校园是怎样的。同学们这时发现，虽然还是凌晨，但已经有很多人在岗位上工作：宿管中心的大

[1] 北辰青年和太平洋咖啡联合发起“凌晨四点为校园守夜人送咖啡”行动，在全国各地已经有 500 多所高校、800 多支团队、超过 20000 人参与。

姐还在值班；清洁工人也开始打扫校园道路；食堂里的叔叔阿姨开始准备早餐……

同学们可以做些什么呢？好像也做不了什么。不过此时，如果同学们上前说声“辛苦了”，同时送上一杯热茶或咖啡，至少能为校园守夜站岗的人们带去一丝温暖吧，让他们感觉到他们的付出是受到关注与认可的。因此，项目方找星巴克等企业合作，寻求赞助，说明项目的意义，也许会获得一定支持。

此类型项目对项目方的一般要求有：契合资助方的需求、较强的业务能力、项目实施的成效与社会影响力等。

关于社会捐赠的项目

如果项目要公开募捐，机构要具备公募资格，或者是为具有公募资格的机构进行募捐。因为是公开募捐，所以项目的基本信息要清晰透明，让公众明了项目的服务对象、内容、形式以及项目实施方的信息。

作为项目方，要开诚布公地阐述自己所做的事情，解决了什么社会问题；这个问题是否急切，解决方案如何，达到的成效如何。这样捐赠者才会觉得自己的捐赠有价值，有助于解决该社会问题。

此类型项目对项目方的一般要求有：具有公信力的资质、公开透明的流程、项目的成效性等。

❺ 对手所弱

要做好一个项目，还要考虑一个因素：对手所弱。我们现在所做的项目，是不是很多机构也在做，我们做得不错，别的机构做得也不赖。这在需求不饱和，以及资源充足的情况下，问题不大。但如果需求已饱和，供大于求，我们就要想办法化解。

错位竞争

即有哪些地方是竞争对手没做到位的呢？比如很多机构都在关注留守儿童，有些机构特别擅长整合资源，为留守儿童募集了很多物资；而我们擅长做心理辅导与支持，所以我们可以从心理层面切入。

持续创新

随着社会的发展或社会突发事件会衍生出新的社会需求，而目前社会上尚未有机构提供相关的服务，那我们可以考虑弥补这一块空白。

比如，前几年由于新冠疫情的影响，很多孩子无法按时上学，留滞家里无所事事，很多亲子问题以及家庭问题突发，此时，我们是否可以针对这些孩子的需求，创新服务手法，提供适合的解决方案。

扬长避短

了解对手所弱，最重要的不是把对手打败，而是做到知己知彼，避免恶性竞争，资源浪费。对于组织自身而言，更重要的是了解并发挥自己所长，规避自己所短，甚至可以彼此合作，一起合力解决社会问题，一起走上可持续发展之路。

总结一下，影响一个项目成功的 5 个要素：我方所强、对象所需、资源所配、政策所向、对手所弱。我们可以去分析当前社会上做得比较成功的项目，验证其是否有以上一两个因素，当然如果五者都具备，那么这个项目应该很“能打”。

一图读懂：影响项目成功的 5 个要素

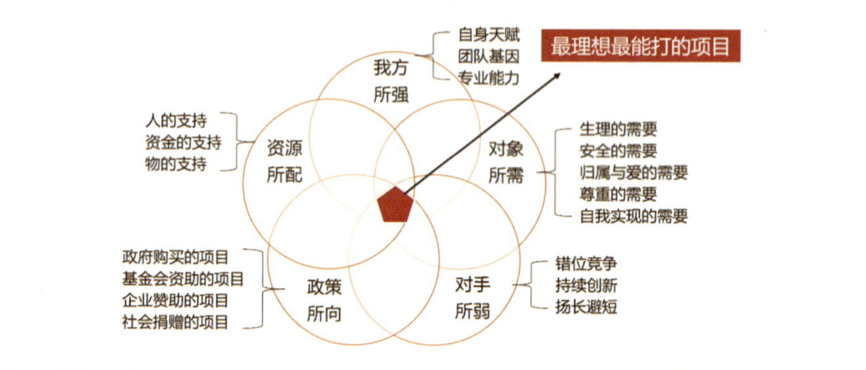

从 1 到 n，一个项目如何做到 10 倍速增长？

一个项目从设计到落地实施，并取得一定的成效，完成项目工作的闭环，这是项目从 0 到 1 的过程，也是埃里克在《精益创业》里提到的打造 MVP（Minimum Viable Product，最小可行性产品）的过程，即用最小的成本和最有效的方式，把产品快速推向用户，然后基于用户的反馈快速迭代。

在 0 到 1 的过程中，当项目已被验证可行，且运营成熟，接下来，我们可能就要开始思考增长的问题：如何从 1 到 n，或者是业界所说的“项目规模化”。

项目并非一定都要规模化，“小而美”也是可以的，一直只做一件事情并做到极致，这也很好，人们称之为“匠人精神”。

是“小而美”，还是“规模化”，这取决于负责人对项目的定位与规划。

那么，如果一个项目要规模化增长（俗话所说的“做大做强”），我们是否有可操作的路径，促进项目“从 1 到 n”发展？可以有的，不过在此之前，我们需要做好一些准备，下面以“独居长者居家安全改善计划”项目作为范例演示。

项目成功实施一个周期后，证明项目具备可操作性与成效性。项目团队经过不断分析总结，做到了“设备标准化”，比如扶手、防滑垫以及平安铃等常用设备选购与安装的标准化，避免了重新建模，提升了工作效率。

此外，他们还做到了“服务体系化”。比如，从需求调研、安装过程，再到跟进评估，他们都有清单式的体系，优化了服务的流程。

最后他们形成了项目独有的产品包和服务包。他们已经做好了项目“从 1 到 n”的准备，接下来可以从以下几方面进行“规模化”的尝试。

❶ 频次增加

项目“从 1 到 n”规模化的常用做法是把项目的频次增加，从两个方面入手：

时间上的频次增加

主要是指对项目时间颗粒度的优化，提升工作效率，单位时间内的服务次数或服务数量。

比如，原本“独居长者居家安全改善计划”项目为 1 位长者服务的周期是 3 个月，后来经过项目团队的总结复盘，迭代升级，服务周期优化成 1 个月，项目频次从原本的 1 年 4 次（个）增加为 1 年 12 次（个）。因此，项目服务数量的规模增加了 3 倍。

空间上的频次增加

这个项目在 A 社区实施后，效果不错，而其他社区也有独居长者存在同样的需求，那么，可以考虑在 B 社区、C 社区、D 社区等开始实施，从 A 城市，到 B 城市、C 城市、D 城市……从 A 省、B 省、C 省、D 省……如此类推，在空间上进行拓展，项目可以得到成倍数的增长。

最后，原本该项目 1 年在 1 个社区只能为 4 位长者改造居家安全环境，而经过项目团队优化后，分别在“时间与空间”两个方面进行拓展，在 A、B、C、D 4 个社区进行落地开展，他们项目服务长者的数量达到 48 位，规模增长了 12 倍。

❷ 多维升级

如果说前面所提到的做法是把项目“做大”，提升项目的数量与规模，那么如何把项目“做强”，即把我们的服务或产品做得更好，可以通过以下几个维度进行优化升级。

一维升级：从点到线

本来项目服务只是着力于其中的某一个点，后来项目团队发现还有其他点可以做一做。

比如，独居长者在洗手间意外跌倒的事故频发，项目团队首先解决的是长者在洗手间的安全保障，安装安全扶手、防滑垫之类的设施，后来大家发现长者在其他场合，可能也有跌倒的风险，例如爬楼梯的时候，因而项目组考虑增设便携拐杖、紧急联系卡等服务。这是从“预防洗手间意外跌倒”到“全域预防意外跌倒”的链条式服务升级。

二维升级：从线到面

线是一维，面是二维，无数条线在同一平面铺开就成了面，这是从一维到二维的拓展。

比如，长者的居家安全，除了防跌倒安全的需求，还有用电安全、用火安全、食品安全、药品安全等方面的需求，各个方面都可以进行专项评估，跟进服务，为长者提供全面的安全设备保障。

三维升级：从面到体

面再升一维就是体，面是二维，体是三维，面与面的叠加就成了“体”。

比如，在独居长者居家安全的保障上，项目组除在硬性的设施层面提供支持外，还通过培训、演示等软性的服务层面，促进长者提升居家安全保障的意识及技能。

同时，项目组还协助独居长者搭建朋辈支持系统（长者的互助），社区支持系统（邻里互助以及居委会的支持），社会支持系统（志愿者服务、社会捐赠资金或物资等）。

这样来看，项目的服务显得立体饱满，独居长者的居家安全不仅是靠一套设备，还需要在多个层面进行保驾护航。

从项目的增量上看，三维升级的增量是最大的，如果一维是 10，二维就是 10 的二次方，为 100；三维则是 10 的三次方，为 1000。一维与三维是 10 与 1000 的区别。

项目迭代升级到了这里已经很不错了。但我认为还有一维可以加入，那就是时间轴。

四维升级：三维加入时间轴，便成为四维

这个项目这个月做，下个月也做；今年做，明年也做。在完成项目的每个时间节点后，我们可以通过复盘会，分析对比项目同比增长的情况，得出项目可持续发展的规律。

比如，召开“独居长者居家安全改善计划”项目年度总结会，进行阶段性总结与下一步的规划。

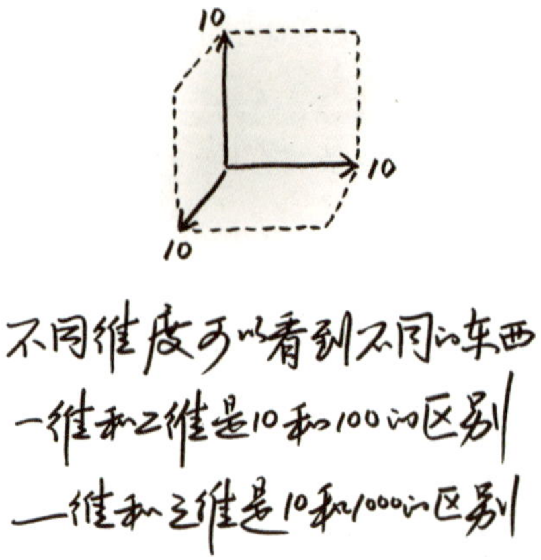

❸ 项目延伸

当项目经过以上环节的升级迭代，而且在“1 到 n”规模化的过程中，验证了可行性，项目人员可能会思考：项目是否可以进一步延伸，是否可以满足长者更多的需求，惠及更多的人。

这是从“一个项目”到“多个项目”的过程，也是从“一个项目的规模化”到“一家机构的多业态”发展的过程。可以分两个方向进行思考与探索：

横向延伸：服务人群（领域）的延伸

即项目组的“核心能力”从一个服务人群迁移到另一个人群身上。

比如，项目组在开展“独居长者居家安全改善计划”项目时，所累积的核心能力或资源（工作人员专业素质与技能、服务体系与标准、设施与物资等）是否可以迁移到儿童安全的项目上？除了儿童，还有妇女以及其他特殊群体的安全需求，是否符合该项目横向延展的方向？

纵向延伸：服务需求的延伸

马斯洛需求层次理论指出，人有五大需求：生理需求、安全需求、归属与爱的需求、尊重需求和自我实现需求。这些需求呈自下而上发展。

居家安全属于安全需求的范畴，如果项目要做服务需求的延伸服务，可以考虑长者的另外四个需求是否得到满足。一般的规律是，越往下，需求面越大；越往上，需求面越小。往下可以叫作“服务下沉”，往上可以叫作“服务升级”。

比如，独居长者的居家安全得到了解决，“服务下沉”需要考虑他 / 她的生理需求是否得到满足；他 / 她的日常饮食是否得当，就餐是否便利。而“服务升级”需要考虑的是归属与爱的需求：长者是否参与适当的社交活动；尊重需求：长者的生命故事是否得到关注与重视；自我实现需求：长者是否还有未了的愿望。

我们好像可以做很多事情，不过，无论是项目规模化增长，还是项目延伸，最好已经做好了几个前提：

· 实施项目规模化与延伸前，原有项目已经足够成熟；

· 做好项目实力评估，拥有强大的项目资产是项目延伸的前提；

· 机构要有足够的能力把握项目延伸的方向；

· 机构要具备进行项目延伸的硬件和软件的条件；

· 机构实施项目延伸时，要兼顾品质。

如果没有做好准备，只是一味求大，跑马圈地，可能会导致以下风险：

· 损害原有项目品牌形象的风险。如果运用不当，原有项目的品牌形象信息就会被弱化；

· 有悖大众心理。一个项目取得成功的过程，就是大众对机构所塑造的品牌的特定功能、质量等特性产生的特定的心理定位的过程。机构把项目延伸到和原领域不相容或者毫不相干的产品 / 服务上时，就会有悖大众的心理定位。大家可能会吐槽：“它变了”“它跟以前不一样了”；

· 容易引起株连效应。如果不同产品 / 服务在质量、档次上相差悬殊，不仅会损害延伸的项目，还会株连原项目。

一图读懂：一个项目如何 10 倍速增长

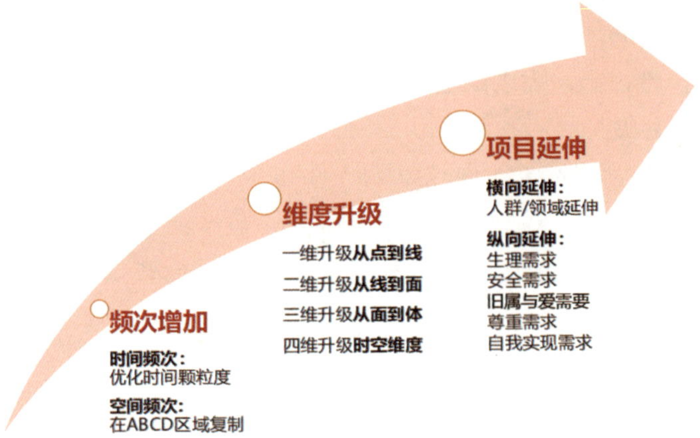

公益项目进行筹资的 3 种方式

“哎……”小白垂头丧气。

“怎么啦？”老王好奇地问。

“认真做事情就好了嘛，为什么很多人做公益项目总担心没有资金呢？”小白向他师傅老王吐槽。

“很正常，做商业开公司的也担心自己没钱。街口的那个早餐摊李师傅也担心自己的油条卖不出去呢。公益组织要学会筹资。”老王平静地说。

“具体怎么做呢？”

“公益项目筹资，一般是指公益组织基于组织使命，在开展公益项目过程中筹集资金以及其他资源的过程。”

“哦？除了资金，还有其他的资源？”小白好奇。

“是的，所以说公益好做，又不好做。”

老王继续补充说，“广义来讲，只要符合公益组织行动目标，各种公共资源的支持都算是资源。之前跟你说过的，比如你要开展一个独居长者居家安全项目，可以向社区争取免费的培训场地等资源。”

“嗯，我明白了，做好一个公益项目需要整合各方资源。筹资过程中，可能挑战最大的就是筹集资金了。这方面应该怎么做呢？”小白追问。

❶ 筹资前的准备

“公益组织在开启筹资之前，第一得问自己有没有做好准备。不然，人家是不会平白无故给你钱的。”老王感叹道。

“要做哪些准备呢？”

“首先，本组织 / 项目是否有清晰明确的使命。”

“使命？很多人觉得就是喊喊口号，这好像很虚呢！”小白困惑地说。

“不是的，如果他对这个问题探寻不够深，他是筹不了资的。公益筹资就是筹集公众的信任，以及大家对公益事业的投入与支持。使命不仅是该公益组织的使命，还是大众的使命。要把大多数人的使命感召出来，才能获得他们的支持。”老王好像越说越玄乎。

看到小白满脸的疑问，老王继续补充说，“比如，你们要做一个垃圾分类倡导的公益项目，你们的使命是‘让环保成为一种生活方式’，受到此使命感召的人也会加入你们的行动，他们会成为志愿者或捐赠者。所以，影响力大的公益项目都是使命驱动的。”

“嗯，我有点感受到使命的分量了。”小白好像感受到了一些东西。

“第二，本组织是否树立起公信力。就是公益组织在运行过程中，积累的社会认可和信任程度。这是一场时间的考验，筹资越多，意味着越多人关注。所以，我们做公益项目时，不骗人，不夸大，否则得到的都会还回去。”老王语重心长。

看到小白听得很认真，老王接着说，“第三，要有富有成效的公益项目。公益组织还是要通过项目来筹款，‘真正能打’而且已经做出成效的项目会受到公众的认可，还处于创意期，尚未落实的项目则很难筹到资金。”

“确实，大学时期，我也尝试过对创意类的公益项目进行筹款，效果不佳。”小白抿着嘴，显露出小委屈。

“第四，提升筹资人员的素质及能力。很少有公益组织有专职的筹资官，大家都是想到啥就做啥，这是很多公益组织需要补足的一块短板。公益事业良好生态的营造，需要各种人才。如果有机会，建议你多参与公益筹资方面的课程。”

“嗯，我看到现在有些基金会也在发起筹资官培养计划，有时间我也去学习一下。”小白饶有兴致地说。

“除了上面的四点，公益组织还需要建立各种完善的机制。比如信息公开机制，组织架构、内部治理、财务收支等情况公开透明；比如自律机制，营造清廉、高效、健康的工作环境与氛围；比如与公众良好互动的机制，善用各种渠道及方式，与捐赠人、公众保持良好的互动，等等。”老王最后补充道。

“好的，如果这些准备都做好了，如何开展筹资呢？快进入正题吧。”小白有点迫不及待。

“我上面讲的不是正题吗？这些都是基础，就像一栋大楼的地基，不重要吗？”老王瞪大眼反问。

“开玩笑啦！别当真，别当真。”小白赶紧给老王续上一杯茶。

❷ 筹资的方式

“公益筹资的方式还是有挺多的，我一个个展开讲吧……”老王喝了口茶，准备开讲。

小白也已搬好了椅子坐在老王对面。

“大概可以分为 To G、To B、To C 三个方式。”老王边数着手指边说。

“首先是 To G 的形式，即面向政府筹资。也是我们常说的政府购买，有很多机构绝大部分的资金都是来自这方面。”

“嗯，我发现有很多公益组织，特别是社工机构，都是通过政府购买的方式来开展项目服务的。”小白补充说。

“是的，To G 的项目一般都有资金额度大、工作周期长的特点。政府每个部门有不同的业务范围，每个年度也会有不同的工作重点。我们可以通过相关部门印发的关于政府购买的文件，了解其需求及动向。”

“这些部门的政府购买意向一般青睐哪些公益项目呢？”小白好奇地问。

“他们对项目合作方的一般要求有这些：具有公信力的资质，程序的合法性，还有项目服务内容符合该部门的业务方向。比如，青少年服务方面的项目适合共青团系统，残疾人服务方面的项目适合残联系统。”

“嗯，明白了。To G 的项目金额大，但是也不好拿吧，大家也在倡导社会组织要学会自我造血，减少对政府的依赖。还有其他的筹资方式吗？”小白追问。

“你说出了当前很多人的心声。其实，也有一些组织在尝试开拓了。接下来讲讲 To B 的方式。我们知道第一部门是政府，第二部门是企业，第三部门泛指社会组织。这里说的 To B 是指面向企业或者社会组织筹资的方式。”老王特别说明。

“还可以这样？”小白眼睛里放出好奇的光。

“比如企业赞助的公益项目。他们主要是为了履行企业社会责任，树立良好的公共形象，以及追求可持续发展战略。作为项目方可以深入了解企业的业务及其履行企业社会责任的动向，寻找结合点。他们可以给你捐钱、捐物，甚至加入你们，参与志愿者服务。

“此类型项目对项目合作方也有要求：契合资助方的需求、较强的业务能力、项目实施的成效与社会影响力等。”老王越说越起劲儿。

“还有一些基金会资助的项目。每个公益基金会均有其独特的使命及其专注的领域。比如，壹基金专注于灾害救助、儿童关怀与发展、公益支持与创新三大领域。如果项目合作方想获得壹基金的资助，那么项目服务内容首先要与以上三大领域相关。

“此类型项目对项目合作方的一般要求有这些：双方的信任关系与互动、较强的业务能力、项目落地的可操作性等。如果我们有合适的项目，可以找他们洽谈，或者参与他们的公益创投活动。”

“嗯，你讲了很多，我消化一下，不过我能强烈感觉到我们要筹资，还是要多出去认识一些伙伴。”小白附和着说。

老王点头认同，继续补充：“还有呢，我们还可以面向 B 端推出有偿的服务或者产品，比如向企业或者其他社会组织提供顾问咨询、专业培训、技术赋能、应用产品等。有些组织专门以此为战略定位，做得也是相当不错的。”

“还可以这样呀？平时总觉得自己没什么选择，听你这么一说，感觉豁然开朗，对了，还有 To C 的方式，这个更好奇了。”小白的瞳孔都放大了。

“To C 的筹资方式，就是面向社会个人进行筹资。如果有位慈善家直接向我们捐款，最好不过了。如果项目要面向社会公开募捐，组织要具备公募资格，或者与具有公募资格的组织合作募捐。因为是公开募捐，所以项目的基本信息要公开透明，让公众明了项目的服务对象、内容、形式等以及项目实施方的信息。

“作为项目方，要开诚布公地阐述自己所做的事情，解决了什么社会问题，这个问题是否急切，解决方案如何，达到的成效如何，这样捐赠者才会觉得自己的捐赠有价值，有助于解决该社会问题。

“要开展此类型项目，项目方要具备以下要求：具有公信力的资质、公开透明的流程、项目的成效性等。”老王一五一十地说明。

“嗯嗯，这方面我也了解一些，公开募捐的项目一般可以进行街头募捐，现在用得比较多的是网络募捐的形式，通过互联网传播赋能，能够达到很好的募款效果。”小白看到老王一口气说了那么多，赶紧见缝插针补充道。

“很棒呢，你到底年轻，思维敏捷，反应迅速啊！哈哈！”老王拍了拍小白的肩膀。

“公益项目的公开募捐潜力非常大，就像万千颗水滴可以汇集成海洋。很多的公益筹资课程也会着重讲这方面的技能。除了掌握各种传播的工具及技能，我们还要学会社会动员能力，从机构员工—志愿者—公众逐步扩大圈层，最后带动越来越多的大众关注并参与其中。”老王补充道。

“此外，To C 还有一种做法，就是向 C 端（目标对象）提供低偿的服务或产品，服务对象可以根据自身的情况进行付费，选择适当的服务，项目方通过此方式，可以有适当的资金来源，确保项目的可持续性。”

“嗯嗯，有些社会企业好像就是这么干的。”小白这段时间学会了不少。

“上述就是 To G、To B、To C 的筹资方式，这是我个人的总结，仅供你参考。如果组织具备强有力的理事会，充分发挥各理事的筹资潜力，也是十分有效的方式。同时，如果组织本身有相应的资产，也可以做一些资产性投资，从而获取资金收入。比如，场地出租、设备出租、金融投资等。”老王也开心，想把自己所了解的都和盘托出。

❸ 筹资之后的跟进

“筹到资金之后，就万事大吉了吗？不是的！我们还有很多工作要跟进。或者说，这才是筹资的开始。”老王要最后强调的重点来了。

“哦，钱不是筹到了吗？为什么说才是开始呢？怎么说？”小白本来好像懂了，又困惑了。

“开头我不是说过吗？我们做公益项目时，不骗人，不夸大，否则得到的都会还回去。公益筹资说到底，就是筹集人心。切记：守诚信，人心聚；失诚信，人心散。所以，我们要兑现承诺，按照约定严格执行，才能对得起大家的支持，留得住这些资源！同时，要感谢资助方 / 捐赠人，并且让他们看到付出的意义。”老王的每个字都落地有声。

小白似乎也明白了其中的意义，继续追问：“那还要怎么做呢？”

“首先，记得感谢资助方 / 捐赠人。如果可以，多在正式场合口头表达致谢。还可以通过书面的证明与致谢，比如，捐赠证明、感谢信等。”

“是的，这个要的呢，要让好人有好报。”小白赞同。

“接着，要履行承诺，落实项目。根据筹资时所承诺的内容，按计划推进落实项目各项工作，比如项目服务时间、区域、规模、质量等维度都要履约执行。”

“你这么说，我有特别的感受，写项目方案时，不能随便拍脑袋决定啊，不然后面履约很麻烦。”小白也不禁发出感叹。

“是的，除严格履约执行之外，还要及时向资助方 / 捐赠人汇报项目进展。可以通过项目简报、汇报会、网络公布项目动态等形式进行，如果条件允许，还可以邀请他们参与项目的相关活动，比如参与实地考察，担任志愿者，与服务对象接触、互动，增强他们对于本项目的立体认知。这样有利于维护项目利益相关方的关系，让关心项目的人了解动态，并参与其中，为下一次资助 / 捐赠打下基础。”老王补充道。

“有些组织可能担心自己做得不够好，不敢让资助方 / 捐赠人知道。不过真的可以尝试多与他们互动，促使项目开展更有深度，他们可能也会成为长期的资助方 / 捐赠人。”小白深有感触。

老王最后补充：“最后一点，也很重要。要注重公益传播的作用。把我们所关心的问题、行动以及成果，通过各种传播的渠道及方式，让更多人知道，扩大项目影响力。更多人了解，就会有更多人关心，有更多人关心，就会有更多人参与……”

一图读懂：公益项目如何进行筹资？

关于公益项目风险管理的 5 种对策

为做好风险防控，很多公益组织也在逐渐提升风控意识，加强自身管理能力，落实风控措施，从源头上消除风险隐患。

在开展项目的过程中，由于主客观因素的影响，难免引发一些风险。公益项目涉及公共利益，有资助方、实施方、受助方等多方参与，其风险更显多元性。

既然风险具有偶发性，很难避免，作为公益组织需要学会面对风险，做好风险管理。这不仅关乎受助者利益，捐赠者与资助方的资金安全，也影响着公益组织自身的公信力和品牌形象。

❶ 面临风险的几个层面

一般而言，公益项目的风险可能来自以下几个方面。

政策环境层面

公益项目涉及公共利益，其信息发布及工作内容需要合法合规，以免触及红线，让项目受阻。

公益项目要落地顺利开展，作为项目实施方，也需要及时了解国内的政策制度。项目如果符合近期的政策动向，则得到相应的支持及资源会更为顺利。

比如，某公益组织如果要开展乡村建设方面的公益项目，可能需要了解国家乡村振兴方面的相关政策，了解农业、农村、农民“三农”问题，以及产业振兴、人才振兴、文化振兴、生态振兴、组织振兴 5 个方向的内容。

资助方层面

立项调研：资助方在确定立项之前，需要进行充分的调研，确保项目立足于真需求，从服务对象出发，真正地解决社会问题。否则，会面临项目偏离社会实际需求的风险。

项目甄选：立项之后，资助方已确定资助方向，根据规范的项目甄选机制及流程，面向社会开展项目征集工作，可从申请机构的公信力、组织能力、以往同类项目经验等方面进行考察，选择合适的实施机构进行合作，以免“徇私舞弊”的风险出现。

项目监管：资助方并不是“把钱给到位”就可以做甩手掌柜了，如果不开展项目监管工作，也会引致项目实施品质“货不对板”的风险。

项目评估：项目结项时，资助方也需开展项目成效评估，做好复盘工作，作为下期资助的依据。否则可能会导致公共财产流失，捐赠者资源浪费，面临公共舆论压力。

实施方层面

实施方在开展项目工作过程中，要注意内部管理、决策、执行是否得当。如果内部管理没有规范，决策没有章法，执行没有标准，则会导致出现项目方向偏离、品质无法达标、工期延迟等方面的风险。

受助方层面

由于公益项目具有公益性，“免费”可以让受助者的参与门槛降低，不过，如果受助者招募不得当，则会导致资源浪费。

面对不同的受助者，项目实施方也需有相应的风险意识。比如，长者参与户外活动时，对他们健康管理的风险；特殊人群生理与心理突发情况的风险；儿童自我管理能力不足的风险等。

合作方层面

公益项目有效推进，需要多方参与，合作方加入可以为项目助力。项目方要同合作方在权利与义务方面做好协商，签订相关契约，明确各自分工，以发挥 1+1>2 的优势，达成共赢的局面。否则，容易导致 1+1<2，甚至影响整个项目的成效。比如，公益组织与商家合作时，须签订相关协议，以免出现商家借机过度营销的风险。

公众方层面

公益项目回应社会问题，涉及公共利益。公益项目影响力越大，其公众关注度就会越高。而公众一般有“从众心理”与“情绪化”的特点。因此，项目实施方要做好公众沟通与互动的工作，避免出现遭受公众舆论的风险。

❷ 处理风险的 3 个原则

以上的风险，大部分可以通过相关的措施及行动进行预防，可以通过构建“立项有调研、甄选有机制、决策有章法、执行有标准、过程有监管、成效有评估”的预防机制来有效防止风险发生。

不过，总有“计划赶不上变化”的情况出现，如果风险还是来了，我们应该怎么办？可参考以下 3 个原则。

生命第一原则

“生命第一原则”是社会工作者在处理伦理困境时的第一原则[1]。基于人道主义精神，在助人行动或公益项目实施过程中，我们首先要把人的生命放在第一位置。公益项目的宗旨也是为了提升人们的福祉，如果人的生命得不到保障，其他的成效也无从说起。

服务对象优先原则

当风险来临时，项目各方的利益可能都会受到影响，而受助方（服务对象）处于更加弱势的处境。公益项目所提供的服务与资源是为了使服务对象的利益得到保障，因此，服务对象优先原则可以让项目回归初心与使命，符合社会大众的期望。

最小损失原则

在处理风险时，应秉承最小损失原则，不能为了规避风险，付出更多牺牲，浪费更多资源，导致更大的风险。

要及时识别、合理评估；及时回应、迅速行动；及时止损、降低成本。将损失控制在可承受或者合理的范围内，以保障人的基本利益，挽救公共资源的社会价值。

[1] 社会工作伦理困境处理原则包括：保护生命原则；差别平等原则；自由自主原则；最小伤害原则；生命质量原则；隐私保密原则；真诚原则。其中，保护生命原则为第一原则。

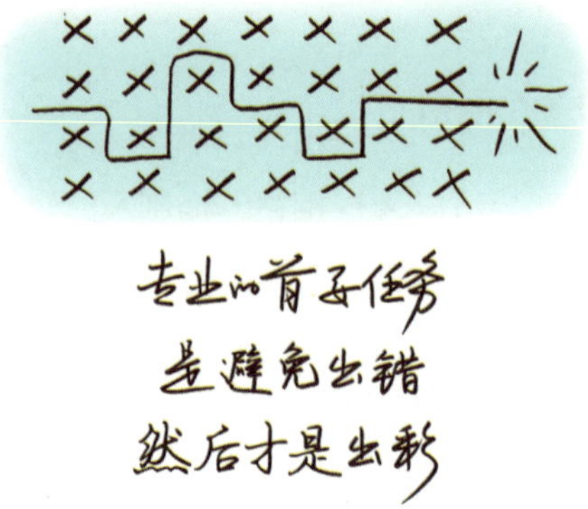

❸ 应对风险的 5 种策略

项目风险存在于公益项目实施管理的整个流程中，关于风险应对一般有以下 5 种策略方法。

规避风险：改变项目计划以消除特定风险事件的威胁

通常情况下我们可以采用多种方法来规避风险。

缩小范围：缩小项目工作的范围。比如，原本项目计划覆盖多市区开展，为避免不可控因素影响，调整为某一个或重点区域开展。

降低难度：避免高风险的任务活动。比如，有个关爱独居长者的项目原本计划开展户外活动，由于疫情影响，调整为线上活动。

熟悉路径：采取更成熟的技术方案。项目团队选择自己熟悉的、擅长的形式及手法开展服务，创新性手法可能会带来新的成效，不过也可能带来不可预估的风险。

避免错漏：避免与不成熟的合作方合作。选择成熟的合作方，尽量避免不确定的因素。

分担风险：把风险转移给能够承担风险的第三方

比如，购买保险。包括项目活动参与者的人身意外保险、场地意外险等。

还有，签订同意书。比如，在组织开展长者活动、儿童活动以及特殊人群的活动时，可让其监护人签订相关的同意书，知情同意其中的职责，从而为应对风险进行相应保障。

对冲风险：利用两个因素的负相关关系，通过对冲来抹平风险的波动

比如，原本项目活动的组织、开展以及回访都以面对面线下的形式开展，而在受到疫情等因素影响时，项目组也可以开拓线上的形式。虽然线下开展的成效更好，不过，开拓线上形式可以对冲一些风险。

降低风险：减少不利的风险事件的可能性，或者把影响结果控制在一个可以接受的范围

多维发展：将项目资源分散放置在不同地方，以降低遭受灾难性损失的风险。平时，项目团队要提升多渠道、多维度开展工作的能力，抵抗应对突发情况时的“脆弱性”。

提前演练：通过彩排、演练的方式，借助内部流程或行动，将不良事件发生的可能性降低到可接受的程度，以控制风险。

留有余地：为项目开展争取多一些的资源及时间，可以缓冲应对风险时的压力。

接受风险：正面接受风险的冲击，做好应对的相关准备及措施

当前面几种风险应对方式都进行过尝试，但有些风险仍然无法避免时，经过合理的评估，预判风险的影响，在不改变原计划的情况下，要学会接受风险，沉着应对，采取积极措施，把风险降低，顺利过关。

风险是突发情况，并不是大家期望的。在不确定时期，我们要学会与风险相处，提高警惕，防患未然，具备防控风险的意识，提升应对风险的能力，减少风险带来的不利后果。

有“危”也有“机”，危机过后，可能会迎来更好的机遇。

一图读懂：公益项目的风险管理

如何开展一场“参与式工作坊”？

前几天，我和同事开展了几场“参与式工作坊”。这是什么活动呢？

“参与式工作坊”是一个多人共同参与的场域与过程，能够让参与者在参与的过程中相互对话沟通、共同思考、进行调查与分析、提出方案或规划，并一起讨论如何推动方案，甚至一起行动落实方案，这样“聚会”与“一连串的过程”，就叫作参与式工作坊[1]。

我们开展“参与式工作坊”的缘起是，城市管理局发起一个“社区共建花园”项目，旨在引导居民以及各界人士参与，以共商、共建、共治、共享方式进行园艺活动及社区环境提升，同时提升居民参与度，构建社区和谐人际关系。

这个项目很有意义，有趣味性，也有挑战性。我们欣然接受邀请加入共创团队。

时间紧，任务重。我们需要在三天内完成四五场“共创花园”设计工作坊，需要面对多元的参与者，有社区大妈、中学学生、幼儿园老师、家长及幼儿，还有设计师以及多方的协作方。活动开展的场地有户外，也有室内。这确实是一个值得记录的体验。

还好在各方的努力下，我们按时完成了任务。关于如何开展一场“参与式工作坊”，我有些心得想跟大家分享。

❶ 前期的准备

在工作坊开展之前，前期的调研与准备工作至关重要。这样我们可以找到合适的参与者和场地，便于工作坊的有效开展。

明确参与者的需求及期望

首先，主办方要了解参与者：他们是否对这个项目感兴趣，这个项目

[1] 左靖，董冰峰．工作坊［M］．北京：新星出版社，2010.

与他们有什么联系，这个项目与他们利益相关的地方在哪里，他们是否愿意参与，他们对这个项目有什么期望……

同时，主办方也需要及时说明及澄清该项目的背景、意义及宗旨，促进彼此了解，避免理解的偏差与期望的落差。从而，主办方可以甄选出适合的（有动机的）参与者，提高活动的有效性。

做好工作坊开展前的各种准备

带领者的准备：带领者需要具备基本的活动带领素质及技巧，同时注意要休息好，以便在现场呈现出积极的状态与能量，感染及引领参与者的投入。

资料道具的准备：一般需要准备白板、大白纸、工作纸、彩笔、便笺纸、投影设备，以及有助于促进交流与互动的小道具等。

活动场地的准备：工作坊开展的场地可以是户外，也可以是室内。不过要注意以下要点：注意空间私密性，环境安静，以免受到干扰，还要注意现场气温和采光的舒适度。如果是户外场地，最好在大树底下的阴凉处进行，并准备好防蚊水。

❷ 过程的带领

前面的准备工作，为工作坊的顺利开展奠定了基础。接下来就是过程带领的工作了，这个过程，可能没有固定的范本或程式，而是取决于带领者的个人风格及擅长的技术。不过都围绕着一个宗旨：让参与者乐在其中，可以充分表达、交流与互动，促成一定的共识。以下做法，供大家参考。

热身互动环节

活动开展前，最好进行“破冰”。参与者分别从各个地方来到这里参与活动，刚开始，可能大家都彼此陌生，面对陌生的环境也有局促感，大家的心情与状态各有差异。

这时，带领者可以通过一些趣味性的热身游戏，让大家活络起来，找到参与活动的状态，营造轻松愉快的活动氛围，为活动定下“轻松、开放、参与”的基调。

引导讨论环节

引导讨论，是整个“参与式工作坊”最重要的环节，带领者需要引导每位参与者进行自由表达、观点碰撞与思想交流。以下原则及技术可供参考使用。

议事规则

为促进交流与讨论有效进行，可以根据实际情况按照以下原则设立议事规则：

文明表达原则：互相尊重，不得进行人身攻击、不得质疑他人动机等。

一事一议原则：为确保讨论的效率，一次只讨论一个议题。

平衡原则：保护每个人表达的权利，包括意见占多数的人，也包括意见占少数的人，甚至是每一个人。

充分辩论原则：所有决定必须是在经过了充分而且自由的辩论协商之后才能作出。

多数原则：尽量促成多数人的意志成为总体的意志。

开放空间技术

开放空间技术[1]（Open Space Technology，简称 OST）是一种富有成效的动态会议模式。带领者致力创造出一个可以互相讨论的平台，没有人知道答案，对未知开放，随时准备迎接惊喜，鼓励参与者自由地表达，同时也敞开心门，聆听他人的想法。

[1] 开放空间技术是培训与引导的经典方法之一，通过创造出一个相互讨论的平台，引导参与者勇敢地说出各自的想法，也倾听别人的意见，从而集思广益，解决冲突，达成共识，作出行动决策。这一方法也被广泛运用于组织发展与创新激发等工作中。

带领者保持中立，引导大家表达与讨论，提醒时间进度，充分相信来到现场的人都是合适的，何时开始就开始，现场所发生的任何情况都有缘由，何时结束就结束。总而言之，注重当下，过程比结果更重要。

世界咖啡馆

世界咖啡馆[1](The World Café)，是指在轻松的氛围中，通过弹性的小团体讨论，真诚对话，产生团体智能的讨论方式。在讨论中，可以带动同步对话、反思问题，分享共同知识，甚至找到新的行动契机。

带领者需要营造“类咖啡馆”的氛围与环境，让参与者感到舒适，以更好地表达与讨论。选出合适的桌长，分享与整理讨论的成果，其他组员轮流到其他组别交流，传播新想法，碰撞出新的火花，最后，“环游了世界”的组员回到本组，也会带来新的想法与内容。

❸ Happy ending 环节

通过以上环节，参与者经过充分的讨论，初步达成一个共识的方案 / 设计图。工作坊进入尾声，营造一个让人开心、欢乐的结局，是开展工作坊的最后一项工作。

首先，给予时间与空间，让各组别分享与展示成果。每组派代表用两三分钟时间，上台分享他们的方案 / 设计图，既作为本组的总结，得到大家的关注与认可，促进固本培元，也为其他组别提供参考学习的例子。

其次，可以引导所有参与者在刚刚展示的方案 / 设计图中贴“心仪贴纸”，以示认可。比如，每人有三张贴纸，可以分别在他 / 她觉得精彩的方案 / 设计图上贴上一张。当然也可以贴在自己参与过的方案 / 设计图上。可视化的投票结果，也会带来一些惊喜。

[1] 世界咖啡馆是一种结构性的交流会话过程。一般将参与者分为数个小组（桌子），并使参与者频繁更换讨论组（桌子）加入新的讨论。为了促进讨论的进行，讨论的环境被赋予一种咖啡厅的气氛，故名为“世界咖啡馆”或者“知识咖啡馆”。

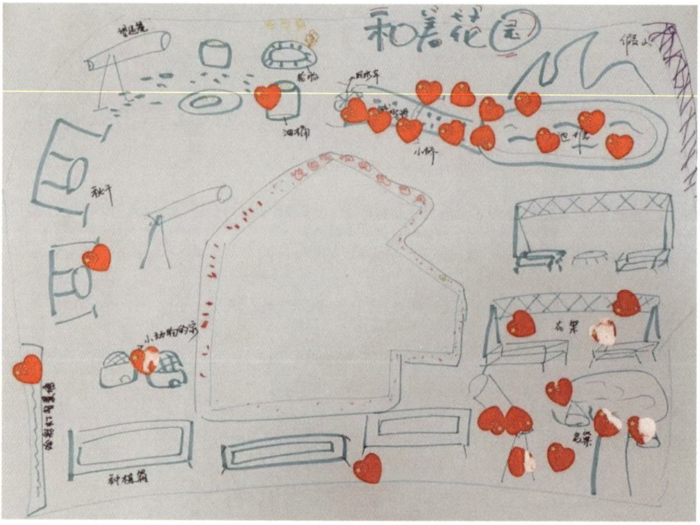

最后，带领者可以对本次工作坊作最后的总结，向所有参与者致谢，感谢他们的投入与付出，并说明后续的安排，把大家的想法及方案反馈给相关方，以促进方案有效落地。

一图读懂：开展一场“参与式工作坊”要点

如何开展一场社区游园活动？

元旦假期，小区里举办了一场游园活动。我和家里的老人、孩子都去参加了，大家都玩得很开心。

游园活动是我们喜闻乐见的一种社区活动，深受居民的喜欢。对组织方而言，游园活动也是一种有效的广泛动员居民参与的活动形式，社区工作者也乐于策划组织此类型的活动。

什么是游园活动呢？

游园活动，是组织方在节日里举办的一项传统与现代相结合的娱乐活动。组织方在一个相对封闭的活动现场，精心布置一些集趣味性与益智性于一体的摊位，参加者可成群结队在各个摊位前观赏或者参与游戏，在“摊位巡游”过程中进行体验，获得乐趣，感受节日氛围。

游园活动有以下特点：

大众性：活动老少咸宜，摊位架起，音乐响起，大家如约而至。

丰富性：活动设计形式多样，可以有游戏、手工、表演、猜灯谜等形式，让参与者有多种选择。

互动性：活动内容也有交流、合作等互动的环节，可以促进亲子家庭互动、社区邻里互动等。

如何开展一场社区游园活动？在这个过程中，我们需要注意哪些环节？注重哪些要素呢？在我们的传统观念中，做好一件事情，要兼顾“天时、地利、人和”三个要素，做好游园活动亦如此。

❶ 天时，选择合适的时间开展活动

首先，选取合适的活动日期。游园活动具有浓厚的节日欢庆特点，因此，游园活动一般会选取有代表性的节假日举行，比如元旦、春节、六一儿童节、中秋节、国庆节等。这样可以错开工作日的时间，也便于大

家参与活动。

游园活动形式大同小异，不过可以根据不同的节日确定不同的主题，设计出个别化的活动内容。比如春节的写春联，端午节的包粽子，中秋节的猜灯谜，等等。

其次，确定合适的活动时间。活动策划与组织方要考虑游园活动计划几点开始，几点结束，维持多久时间。

考虑到参与者的空余时间，一般的游园活动会选择下午的时间开展，便于参与者在上午忙完个人事务后参与活动。不过也有例外，比如中秋游园活动适合在晚上开展。

活动时长可根据活动主题、规模、物资及场地等因素来确定，一般来说，以 3 小时左右为宜，前提是确保参与者有足够的时间参与完所有的摊位活动，同时活动物资可以承载活动人流的数量。

如果由于实际需要，活动需要进行一整天，要注意配备足够的人手并做好工作人员的轮班安排，以免大家工作精力耗尽而影响活动效果。

同时还要留意天气的因素。游园活动一般适合在户外举行，在活动开展前，切记查阅天气预报，做好相关的准备。如遇特殊情况，需要有后备方案，比如户外活动改成室内活动，考虑改期，等等。

❷ 地利，营造适合活动的环境

游园活动有个比较突出的特点，即一般会设置“园”的活动场。“园”是一个相对封闭的场地，在布置场地的过程中，要留意以下几个要点：制作平面图、画出场地界线、标明出入口指引、写明各摊位详情等。

制作场地平面图

通过平面图画的形式对选定的场地进行规划，以全局的视野进行合理的调整优化，同时为工作人员与参与人员提供导览的指引。

画出场地界线

画出可控范围，主要是为了便于管理，便于现场人员与物资的调配。同时让参与者有进场与退出的形式感，让他 / 她做好参与活动的准备。

社区游园活动的简易平面图

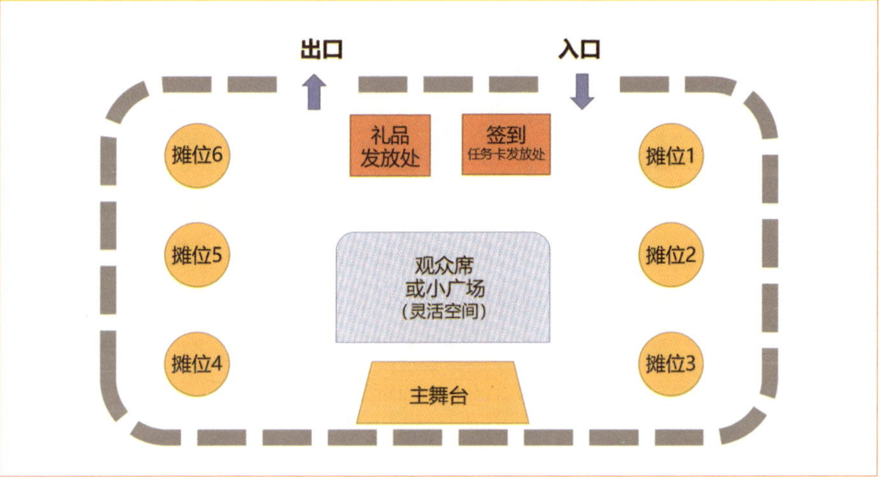

标明出入口指引

便于参与者有序参与活动，以免场面混乱。

写明各摊位详情

注意写明各摊点的名称、玩法、规则等，并且以告示牌的形式放在摊位的显眼位置，便于参与者熟悉活动内容，降低工作人员的解说工作量。

有些游园活动，为了激励大家多参与活动，一般会采取“闯关任务卡”的形式进行。比如，现场有 8 个摊位活动，组织者向参与者发放“闯关任务卡”，参与者凭卡到各摊位参与活动，完成任务后，工作人员在任务卡上盖上过关印章，参与者集齐印章即可抽大奖。这样可以有效串联起所有摊位的互动，同时也能激发参与者的积极性。

❸ 人和，调动活动有效开展的人为因素

天时、地利是一场活动有效开展的重要因素，最后人的因素是重中之重，很多工作的发起以及最后的成效，都是人的因素发挥关键的作用。如果天时、地利因素不足，可以由人和来补充。

组织方

组织方是整场活动的主心骨，他们肩负起活动策划、组织、实施以及总结的所有工作。组织方要做好深入到位的调研工作，策划出契合需求且富有创意的活动内容及形式；在组织各方参与力量的过程中，需要调节好各种关系，推动各方发挥优势及功能；实施过程中，主持人需要有丰富的实践经验及突发情况的应变能力，注意适时的串词，引领活动的进程；最后要做好总结工作，引导大家看到活动所取得的成效以及需要改进的空间，从而为下次活动提供参考。

合作方

一场成功的活动，不只是组织方的孤军奋战，而是多方协力合作的结果。游园活动主要合作方可以有以下参考。

社区支持：社区的主管单位可以提供场地支持、居民动员以及其他方面便利的条件。

企业赞助：企业需要打通“最后一公里”的业务，也有进社区做活动的需求。他们可以提供资金、物品以及人力等方面的支持。比如中秋游园活动的月饼可以由某个食品公司赞助，蛋糕店也可以过来开展一个蛋糕DIY 摊位等。

社会组织联动：社会组织是在地活跃的社会力量，他们既可以是活动的参与者，也可以是活动的合作方。比如社区广场舞队，他们有较好的组织性，也热衷参与社区活动，可以邀请他们来游园活动表演节目，活跃现场氛围。

志愿者协助：游园活动现场人员较多，需要志愿者协助维持秩序，优化工作人力配置。比如一个摊位可以由一名工作人员搭配 1—2 名志愿者，协助现场的规则解说以及秩序维护等工作。可以招募合适的社区居民担任志愿者，经过一定的培训后，上岗工作，为活动增加一些人情味。担任志愿者的居民在回馈社区的同时，也有荣誉感。

最后，总结一下，天时、地利、人和是成功举办一场活动的三要素。游园活动其实就是我们在一个特定的节日，临时搭建一个游乐场，让大家可以安心进入玩耍，在这里收获乐趣，然后心有所获地离开。

这里可以因地制宜，灵活多变，这里还有人间烟火气。这里不需要太大的投入，却有可能给大家带来大大的快乐。

一图读懂：开展社区游园活动的 3 个要素

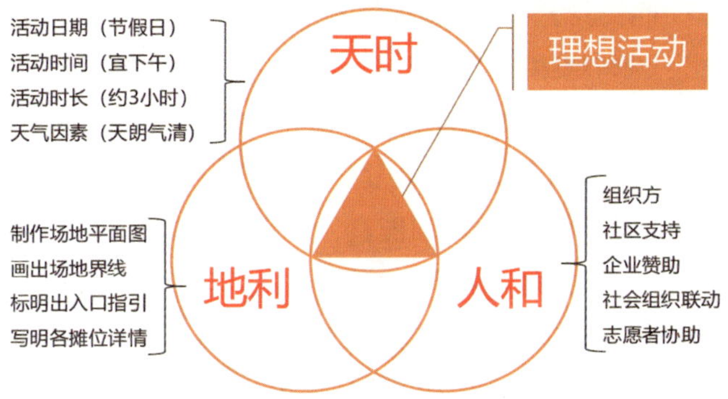

开展一场亲子活动的 4 个维度

上周末，我跟儿子参加了学校组织的一场亲子春游活动。这是我们的第一次亲子游活动，本来儿子不想去，我们找了很多理由诱惑他去，都被他一一 KO。

回合一：

“那个公园里有很多好玩的，不想去看看吗？”

“我们也去了很多公园，我们可以自己去呀。”

回合二：

“我们可以跟同学一起玩呀。”

“我在学校也可以跟同学玩。”

回合三：

“我们买了很多零食，可以带过去吃。”

“那我们在家里吃吧，更方便。”

……突然感觉，我们很多理直气壮的理由在孩子那里都是苍白无力的，真是乱拳打死老师傅。

最后，我随口说了一句：“我们去的话，那里有鸡腿饭吃哦。”

“真的吗？”他表现出对鸡腿饭极大的兴趣。

“是呀，他们说有鸡腿饭。”

“好吧，那我们去吧。”好家伙，想不到一个鸡腿饭就搞定了。

一天下来，感觉很累，人挤人走了一趟公园，先是排队上车出发，排队进园，排队走景点，然后排队领饭盒，吃完后就等着排队合照，最后，再排队上车回来。人实在是太多了，参与者根本没有空间进行互动交流。

心里时不时跳出一个想法：应该如何做好一场亲子互动的活动呢？是否可以在以下几个方面进行适当的安排与准备。

❶ 孩子与家长的互动

既然是亲子活动，孩子与家长之间的互动是首要的。平时家长工作繁忙，很少有时间陪伴孩子，因此亲子活动的活动时间一般都定在周末。

不过如果活动过程中，没有特别安排，家长和孩子可能就各玩各的了。有些家长只不过是换了个地方刷手机，而孩子独自一人玩耍。如果活动目的是促进亲子互动与沟通，那么可以在活动开始前，由主持人向家长与孩子说明活动目的与意义，让大家有初步的共识与心理准备。

每个家庭在亲子沟通上可能都有不同的方式，但有些家长可能真的不懂得如何与孩子独处，在独处时一时间感到束手无策，他们内心也意识到需要提升亲子沟通的意识与技巧。因此，主持人可以简要地向家长分享以下知识点：孩子在旅途过程中可能表现出的好奇心理、行为特点，以及相关的沟通技巧。比如，孩子可能因为好奇某一种植物花朵而想触摸。家长可以及时鼓励其好奇探索的精神，但也应告诉孩子需要注意的事项等。

此外，在活动的过程中，可以设定一些适当的任务，让家长与孩子一起完成，增加活动的趣味性与挑战性，提升活动的参与度。这样可以在一定程度上促进亲子互动与沟通的频率，从而达到活动目的。

比如，可以设定这些环节，发放任务卡：“寻找三种特别形状的叶子”“给三种不同颜色的花朵拍照”“认识三种动物，并简单记录它们的习性”……

任务卡内容不需要太复杂，以免家长把精力放在完成任务上，而非亲子互动上，导致“本末倒置”，任务卡的意义主要是引导亲子互动，而不是难倒他们。

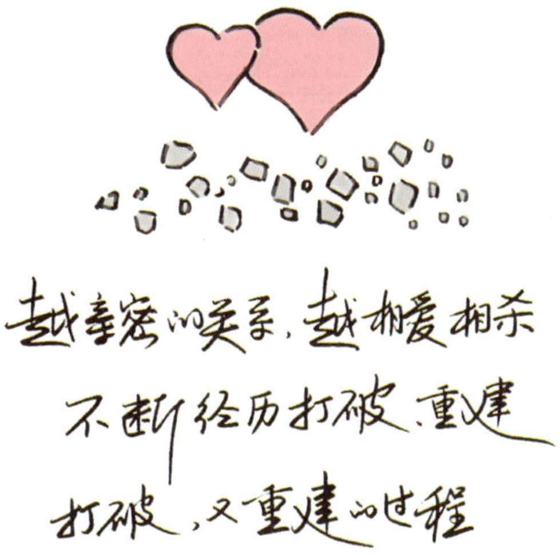

❷ 孩子与孩子的互动

孩子在互动方面，往往比家长勇敢得多。只要给予孩子们空间，加上适当的引导，他们很快就可以“自来熟”。

在此过程中，我们可以鼓励孩子们互相尊重与欣赏对方，学会分享。例如，家长可以鼓励他们分享一些零食给其他同学，这样既可以尝到不同的口味，又可以感受彼此分享的快乐。如果孩子不愿意分享，不用急于责骂，可以先听听他们的想法，并尊重他们的选择。

还可以设定一些孩子团队协作的环节，促进大家一起参与完成一个任务，感受合作的乐趣与力量。比如，可以引导孩子们一起完成派发物资任务，例如“一起派发饭盒”任务、“一起收集名牌”任务等。

③ 家长与家长的互动

这个环节是比较有挑战性的。一般家长认为，自己是来陪孩子参加活动的，孩子才是主角。因此，大多数家长参与学校组织的亲子类活动可能都是旁观者心态。

如果要进入更深层次的亲子互动，家长的参与感也十分重要。孩子们的观察与反应十分敏感，他们可以从家长的以身示范中获取启发与力量，从而更好地跟同伴交流。

而家长也可以通过彼此间的交流了解各自的育儿心得，从而改善自己的亲子沟通技巧。

正如上面提到，家长间的互动有挑战性。如果活动要达到家长互动的目的，则需要主持人做更用心的安排与准备。比如设定“家长自我介绍环节”，首先让家长互相认识、了解，建立初步的关系。“讨论环节”引导家长一起讨论相关的亲子议题，互相交流，形成一定共识。“合作环节”引导家长一起完成一个任务，让他们体会家校互动的成果及意义。

④ 家庭与家庭的互动

如果“家长与家长的互动”环节做得比较到位，“家庭与家庭的互动”就会变得顺其自然一些。

家庭间的互动意义在于，可以分别让家长与孩子通过各自视角发现别人家的家庭是怎样的，家长是如何与孩子沟通的，孩子又是如何与家长沟通的，还有夫妻间又是如何沟通的，这些不同的视角都可以为大家带来不同的启发，避免“自以为是”的亲子沟通困局。

比如，自己家孩子吃饭拖拉，家长总忍不住追着喂饭，对此很烦恼。结果活动中发现别人家孩子吃饭都是自己搞定，即使也拖拉，家长却很少干预，最后孩子还是可以自己慢慢吃完。

而这一幕，让这位家长与孩子看到另一种可能，这位家长可能会这么说：“孩子，你看，原来这么小的孩子也是可以自己吃饭的，我相信你也可以。”孩子可能会回应：“嗯，我也是可以的，只要给我一些时间。”

同时，家庭之间的互动是学校教育的有力补充，孩子的教育不仅从学校这个渠道可以习得，还可以通过其他家庭这个维度得到启发与参考，为某一家庭处理问题时增加了一个支持系统。

活动后，我问儿子："玩得开心吗？""开心！"他爽快地回答。孩子的开心就是这么简单。多好啊。而这份"简单的开心"对于成年人弥足珍贵。

一图读懂：开展一场亲子活动的 4 个维度

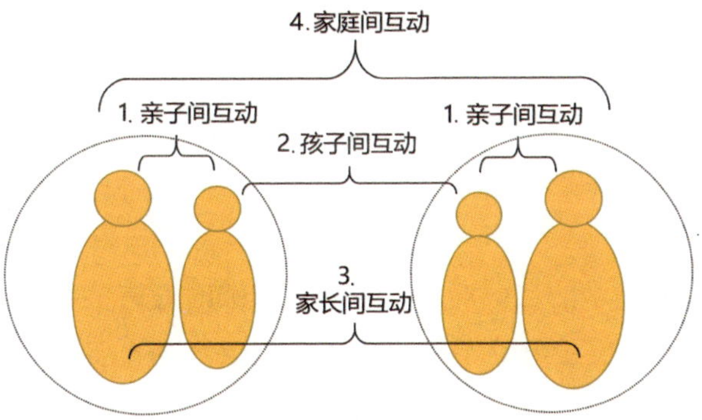

如何有效开展线上活动？这个操作指引了解一下

现代社会，人们可能会遇到各种状况，比如疫情期间外出集会减少，线下活动减少等，然而，人的社交需求有待满足，人们面对的各种压力也需要得到适当释放……因此，有效开展线上活动就成了很多组织要面对的问题。

那么，社会工作者如何通过线上互联网的渠道，开展适合的活动或服务，是一条值得探索的路。

针对不同对象的需求，线上活动类型有哪些，策划一场线上活动需要考虑什么要素，带领线上活动有什么技巧，如何避免冷场，需要注意什么问题。今天，我们来一起探讨。

❶ 线上活动的类型

比赛 / 征集类

通过线上发起一些有趣味性、挑战性的比赛 / 征集类的活动，引导目标对象参与。这也是大家喜闻乐见的活动，有较高的参与性。比如，征文比赛、手抄报比赛、书画比赛、手工比赛等。又如，老照片征集、老物件征集等。

讲座类

通过线上直播的工具，开展主题讲座活动，让目标对象收获资讯及知识，帮助目标对象化解遇到的问题。比如，防疫知识云讲座、亲子沟通技巧线上讲座、家长课业辅导技巧线上讲座等。

小组活动类

招募有共同需求的目标对象，通过线上即时通信工具（如微信、腾讯会议、QQ 等）开展主题性小组。通过多次团体性的活动，让他们感受到群体互动带来的力量，帮助他们应对自身的问题。比如，手工 DIY 线上小组、亲子关系沟通提升线上小组、云降压放松小组等。

社区活动类

线上发起富有创意、非接触的社区活动，引导大家参与，满足大家基本社交的需求，或者就某个社会议题开展集体行动。比如，礼品兑换活动、卫生死角连连看，云端广场舞、云端音乐会、云端小剧场、云端联欢会、云端读书会等。

会议类

通过线上会议工具（腾讯会议、钉钉等），在主持人的引领下，针对某个议题，展开讨论，从而达成共识。比如，居民线上议事会等。

户外直播类

活动带领者充当主播的角色，运用线上直播工具（抖音、快手、视频号等），现场直播正在发生的事情，引发大家关注并行动，或者通过主播的镜头一起看看周边的景致，以解距离之困。比如，"社工带你走社区"现场直播、云端看展览、云端逛公园等。

线上活动案例：行动起来，一起拍红丝带

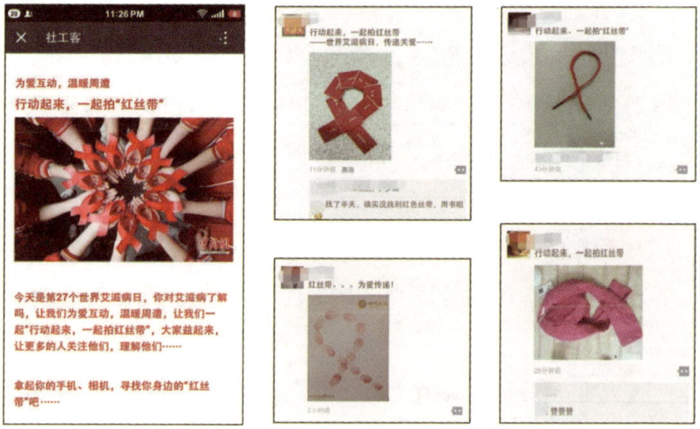

❷ 线上活动带领的准备及技巧

带领者的准备

外在素质

衣着发型：得体。正装或工作服，彰显职业感与专业性。

仪态表情：自然。面带微笑、热情。脸部忌油光，女生可考虑化淡妆。

语言：活泼、有能量感。口语化，短句，语气抑扬顿挫，重点语句和字眼可以放慢语速和加重语调。多采用鼓励和正面的语言，及时回应，带动气氛；适当用笑声感染氛围。

肢体语言：适当。线上活动，作为带领者最好要出镜，肢体动作自然即可，避免不必要的动作，双眼看着摄像头，使参与者有眼神接触连接的感觉。

内在素质

理念：价值中立。尊重、平等、真诚、接纳等。

心理：自信淡定、胸有成竹。第一次做线上活动时，如果带领者觉得紧张，可以先试讲一段，录下来检查看看，找找感觉。

思维：活跃。能跟着现场的气氛进行思考并作出调整，带来意外之喜。

内容：熟悉。对于活动流程内容了然于心，尽量做到能够脱稿讲解，可借助 PPT。

开场破冰技巧

线上活动也要做破冰，营造良好氛围，为活动定下基调（可参考网红主播的互动技巧）。可通过与参与者进行询问互动来破冰，如让参与者发一个代表自己状态的表情，询问参与者吃饭与否、工作年限、所处地区等。

内容讲解技巧

分章节讲解：切分适当的内容板块，便于参与者理解。以 15 分钟一个章节为宜。

适当穿插互动：每个章节设置互动环节，以免内容过于枯燥。可以是小结、练习、提问等。

列要点式讲解：分要点“123”讲解内容，用短句，避免长句，便于理解，讲完之后询问：“对于这个环节，大家有什么疑问吗？”如果参与者没有疑问，便可以进入下一个环节。

在线互动技巧

初阶互动：以低门槛的问题为宜，即人人有答案的问题，确保人人可以参与。我们可以以提问选择题的形式进行。比如，“听得清楚我的声音发 1，反之发 2”。

中阶互动：经过初阶互动，大家对于活动有了初步了解，接下来要继续营造活动对象有安全感、乐于分享的活动氛围。我们可以以提问开放题的形式进行，让大家可以多一点分享。比如，“如果孩子不喜欢吃蔬菜，你有什么方法吗？欢迎留言分享”。

高阶互动：如果我们要开展线上多频次的小组活动，需要掌握更深入的带领技巧。经过前两个阶段的互动与熟络，接下来可以促进更密切的成员关系，营造团队氛围。线上也可以促进团队合作。比如，引导参与者进行“故事接龙”“合拍视频”等。

在线互动的小贴士

带领者的敏感度：带领者须时刻洞察参与者的状态，并且采取迅速、灵敏的应对措施。

选择适当的互动形式：根据现场参与者不同的情况，按照初、中、高阶段的操作指引，选择合适的互动形式。

互动的多元性：根据具体情况，可以选择文字、图片、语音、视频等形式互动；互动人数方面也可以有一对一、一对多、多对多等形式。

允许适当的沉默：如果一开始参与者没啥反应，有可能他们在观望，或者在寻找属于自己的节奏。带领者或者其他工作人员可以先做示范，从而引导参与者参与。

活动筹备与设备调试

设备准备与调试：准备性能好的电脑、手机，确保电量充足；确保WiFi、移动信号足够通畅；确保灯光、音响设备功能正常；注意测试观众端的效果，即自己也作为观众用另一部手机看看直播效果，以便适时进行调整。

适当布置直播现场：直播间背景切忌繁杂，注意整洁，且可呈现活动主题；带领者妆容应正式大方；注意打光，避免画面暗黑。

注意团队合作：可能大家看到的只有屏幕前的人，但一场有效率的线上活动，背后一定会有一个团队在配合支持。协助人员要注意通过提示板及时反馈直播情况，协助补充错漏信息，以及协助传递/发放物资道具等。

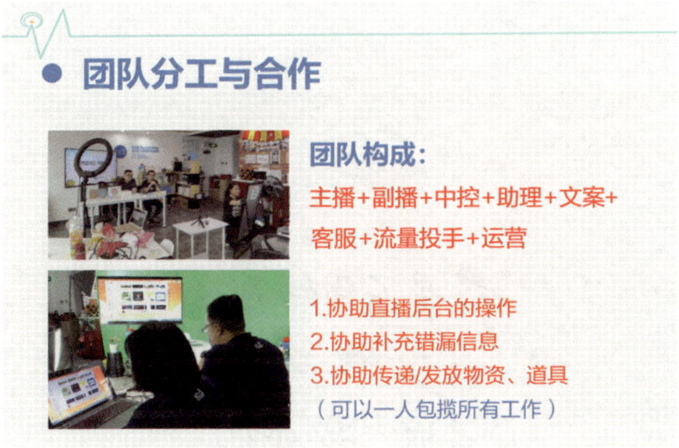

❸ 开展线上活动的注意事项

注意保密原则

注意参与者个人信息、影像等资料的保密：敏感主题的封闭性活动，需签订保密协议，向所有成员申明，分享的资料仅限活动成员内部交流之用，切勿外传。

尊重参与者的决定：尊重参与者不愿出镜、使用昵称的决定。

避免参与者分享私密的资讯：提醒参与者须谨慎在活动中分享个人私密的信息，比如个人家庭住址、个人私密照片、私密证件信息等，以免造成不良影响。

注意建立安全感

线上活动与线下活动最大的区别在于，大家都是通过线上工具进行虚拟式互动，各自身份有一定的藏匿性，大家心有戒备也是情理之中。因此，要真正做好线上活动，带领者需要做足功课，让参与者感觉到有安全感。

发扬契约精神：及时说明活动的背景、意义、规则等，让所有参与者清楚明了，达成共识。

促进认识他人：让参与者认识其他参与者，促进人际互动的连接。

促进认识自己：通过活动，让参与者开发自己的未知区，开始发现自己之旅。

促进团队合作：创造机会，让参与者团队合作完成某一个任务，或某件事情，能够提升团队安全感及凝聚力。即使是一起做一道选择题，他们也会感觉到团体的力量。

避免信息过载

带领者发布信息注意规范：文字信息最好先打草稿，尽量做到正式规范，避免错漏或口水账；直播表达要多练习，找镜头感，注意口齿清晰，避免重复的话过多、口头禅的出现。

避免参与者恶意刷屏：活动开场时说明规则，确保活动质量及进程，避免恶意刷屏或人身攻击，如有经警告仍不改者，即可进行踢出群、拉入黑名单等操作。

线上活动的局限性

弱关系：线上活动虽然可以通过各种互动，让大家熟悉起来，但毕竟是虚拟的关系，因此，线上活动所建立的人际关系是一种弱关系。

浅内容：由于线上活动一般在互联网的工具上开展，网络传播速度快，传播面广，参与者的隐藏性较高。因此，线上活动不宜涉及太深的内容或主题。

缺触感：由于线上活动不能面对面，不能有肢体的接触。因此，参与者的共鸣感与活动的体感相比现场活动较弱。

线上活动可以借助现代科学的工具，突破时间与空间的限制，让我们更便捷地进行连接与互动，但同时也要认识到线上活动所具有的局限性。

一图读懂：如何有效开展一次线上活动？

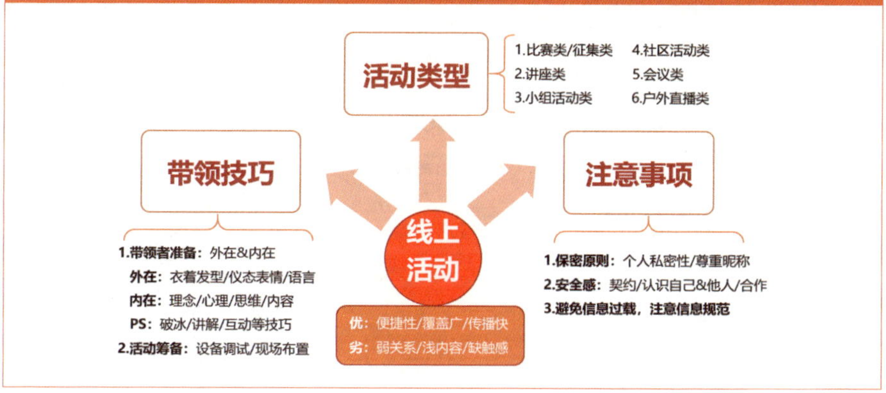

社区工作往事：一场只有 350 元预算的社区晚会

2008 年 7 月，我刚毕业不久来到深圳一个社区工作，那是一个城中村，第一次听到城中村时，我有点莫名其妙的感觉：要么是城市，要么就是农村，城中村是什么意思？

旁边的同事好像预料到我的疑惑，喝了手中杯子的一口水，就开始介绍：城中村是指在城市化进程中，全部或大部分耕地被征用，农民转为居民后仍在原村落居住而演变成的居民区，亦称为“都市里的村庄”。

大家都笑称，城中村不是种地的，而是“种楼”的。里面建了密密麻麻的楼房，也称“握手楼”，就是隔壁两栋楼房的居民可以通过窗口来握手。

这里房租亲民，基本生活设施齐备，而且就近市中心，是来深务工人员落脚的优先选择。有关数据显示，这里的人口密集度极高，是市区平均水平的 6 倍。因此，城中村也常成为社会工作者驻点服务的地方。

2008 年底，临近元旦，我策划了职业生涯中的第一次社区大型活动。那是一场社区晚会，一场只有 350 元经费预算，却有上千人次参与的大型活动。现在回想起来，还历历在目。

❶ 策划社区晚会之前

在策划组织这场晚会之前，我先开展了一个社区青年义工训练小组活动，这次晚会活动正好是大家的“毕业大戏”。

当时，我只是一个刚毕业几个月的职场小白，大家也是刚通过活动认识不久的朋友。我们都不知道举办一场社区晚会难度有多大，只是凭着一腔热情，说干就干了。

我们首先成立了一个筹委会，大家一起策划讨论，一起商定，决定本次晚会采用多元参与的方式开展（这当然是社会工作者的专业术语，其实当时大家的原话是，既然是社区的活动，多拉点人来参与，大家一起玩才好玩）。

筹备做一件事情，无非是“人财物”方面的筹备。于是，大家商量好人手分工，就开干了。

我负责方案撰写，并递交给相关部门。在向我工作的机构申请经费时，领导说，社会服务机构的经费有限，建议采取资源整合的方法，如果需要花 2 万块钱，直接聘请演出公司来做就好，要以最少的经费撬动社区的资源搞成这台晚会，这也是社会工作者专业性的体现。

我一听，好像挺对的，那就申请 500 元吧，最后领导批了 350 元，在当时，这已经算是最高的纪录了（现在回想起来，350 元也敢搞一台社区晚会，胆够壮的，那时还是年轻啊）！

接着，我向驻点的社区工作站申请场地等方面的支持。意想不到的是，他们很爽快就答应了，还鼓励我们放开手去干。估计他们也觉得晚会是喜闻乐见的活动形式，可以丰富居民的生活。站长还说，赞助当天晚上所有工作人员的饮用水。

随后，我和两名义工朋友开始进行节目招募的工作，分别向深圳市义工联、当地学校、社区舞蹈队等单位和组织征集节目，这个过程进展得比较顺利，听说这是社区的晚会，大家都乐于参与。义工联文体组的小伙伴们吹拉弹唱样样精通，学校里的同学们也想有舞台参与社会实践活动，社区的大妈们也乐于把自己新排的舞蹈展现给大家看……

不过，也有个别团队说，有事冲突，到时再看（需要留意“到时再看”这种回复，其实是对方一种观望的态度，先看看你们做得怎样，值不值得合作）。

“人”和“财”方面都落实了，现在到了“物”方面的筹备。有几大方面需要考虑：舞台设备，舞台布置物料，晚会奖品及礼品等。

舞台设备是一台晚会最基本的条件。我们的运气还不错，由社区工作站站长出面沟通，我们可以直接使用社区广场的舞台，包括所有设备。这告诉我们，在协调沟通的过程中，我们最好要找对人，找到关键人物，这样能够得到事半功倍的效果。

舞台布置物料也是一个刚需。350 元的经费恐怕定做一块背景布都不够，那就 DIY 吧。我们直接把之前用过的背景布翻转过来，这样就得到了一块空白的白布，可以在上面随意装饰。这也是之前在学校担任学生会宣传部工作给我的自信，当年很多大幅海报、标语之类的宣传品都是靠手工画出来的。

我和义工朋友们首先来到老年人活动中心，找到写毛笔字最好的那位老伯，写了晚会的标语“社工义工共创美好社区”，每个字单独剪裁成约0.8米见方的正方形，再用硬纸片垫底加固，看起来还有立体的效果。老伯听说这是晚会背景布上的字，会有很多人看到，也写得特别起劲儿，我们在旁边也连口称赞“好字！好字！”老伯哈哈大笑。

之后，我们买来一些彩纸、彩条，还有气球，用来拼成图案点缀背景。首先，我用剪刀把彩纸剪成约2平方米大小的图案（几个人一起围圈牵手的图案），贴在背景布的中间，然后用彩条做边，勾勒出立体感。

“社工义工共创美好社区”的标语围绕着中间的图案，呈弧形排列，因为字足够大，也撑起了气势。背景布空白处再以彩纸、气球稍作点缀，一张手工DIY的舞台背景布就打造完成了。在这个过程中，大家有说有笑的，看到成品，都很有成就感，就像是自己完成的美术作品一样，接连拍照留念。

在舞台布置之余，我们还兵分两路，去找商家拉赞助，社区里就有各类型的商家，应该可以找到我们想要的东西。

如果晚会现场有一个抽奖环节，奖品诱人的话，相信人气会爆棚。于是，我们抱着试一试的心态，去了3次社区里最大的手机店。前两次，很不巧，老板都不在店里，我们只好留下一些资料。皇天不负有心人，第三次终于见到老板。

老板看我出示的是社区工作证，友善地接待了我们。我认真地跟老板说，这是一场社区的晚会，我们得到了社区工作站的支持，还有很多合作单位的加入，到时会有很多人过来看，我们会在晚会现场特别鸣谢商家的赞助，在宣传单以及横幅上写明他们的店名。老板觉得这确实是一场不错的社区公益活动，而且也能够为店里做宣传，于是很爽快就答应了赞助一部手机（诺基亚手机，当时还是名牌）。

看到老板这么豪爽，旁边的义工伙伴补充了一句：“其实，除了一等奖，我们还想有二三等奖、安慰奖之类的，这样大家就更开心了。”我心里感叹，好队友啊，不愧是跑业务的。

老板说：“好吧，我们再多赞助一些吧。”于是又给出 1 台 MP3、3 个充电器，还有 6 个旅行袋。我们喜出望外，这一刻我的喜悦，不仅在于得到这么多赞助，更在于人与人之间的信任，让我再次感受到自己工作的意义与价值。

开了很好的头，我们意气风发，接下来我们还跑了好几个商家。既然说要鸣谢商家，晚会的横幅和宣传单还是要做的，所以，我们专门找了一家广告喷绘公司，老板一听我们做的是社区公益活动，就说他自己也热衷公益，还是汶川地震时的志愿者，晚会的横幅和宣传单他包了。

我们也跟一家新开的美发店谈合作，一开始，老板还以为我们要过来收“保护费”。平时善解人意的几位托尼老师目露凶光，我们哭笑不得，只好跟他们再次澄清来意。最后老板也同意了提供当天晚上所有演出人员发型与化妆的赞助。

我们还去了一些商场、超市、餐饮连锁店等，不过他们说自己有独立的营销活动与方式，赞助事宜须报总部才能决定。

在拉赞助的过程中，我们遇到的情况应该是赞成与拒绝的结果各占一半。其实很多事情都是这样的，所有的结果表现都会回归平均值，成功与失败的概率都是一样的，取决于我们尝试的次数，尝试多了，成功的次数也会变多。

❷ 晚会的现场发生了什么

所有的事情，我们都有计划地推进，还进行了一两次的彩排。到了晚会当天上午，所有工作人员全部到位，有人张罗搭建装饰舞台背景，有人在测试舞台设备，有人搬桌搬椅摆放观众席……所有工作都在有序地进行着。

下午五六点，演员团队陆续到场，开始进行串场彩排，音乐响起，观众、嘉宾也陆续进场。这里变成了一个社区的 Party，大家都如约而至。

人气出乎我们的预料，我也没想到会有这么多人参与，心里既激动又紧张。其间的错乱和失误不断，我根本没心思看演出，只能在后台做调控工作，手机响个不停，大家都手忙脚乱的，好像好多事情也不在我控制的范围了，只能随着它自然地发展。做大型活动也许就是这样，无论前期做得多有条不紊，到了现场还是会鸡飞狗跳。

值得欣慰的是，所有工作人员在当天都很有主人翁精神，认为这是自己的活动，要让大家玩得开心。每个岗位上的伙伴都懂得“执生”（随机应变），虽然小失误不断，但是大家都能灵活化解。

观众们看得也很开心，时不时响起热烈的掌声。特别是抽奖环节掀起了高潮，各位领导作为抽奖嘉宾，也学会了跟观众互动，“你们希望抽到几号呀？”“几号？”“大声一点，听不到！”……大家一起欢呼。

还有一个小插曲，我印象非常深刻。有一支青年舞蹈队在我们邀请他们时，他们说“到时再看”，有种看不上这类型活动的感觉（青年人对社区活动有着刻板印象，好像社区活动都是老人或者小朋友参与的，如何调动青年参与社区活动也一直是个挑战）。当时我们多少有些失落，社区活动少了青年人的参与，是一个遗憾。所以节目单里就没有写上他们的表演节目，结果当天晚上，他们齐刷刷地出现在后台。同事说，受晚会氛围的吸引，他们专程赶过来的。他们青春动感的旋律及舞姿确实为舞台带来了不一样的活力。

❸ 晚会之后

晚会从晚上 7 点半开始到 10 点半左右结束，最后，所有演员与工作人员一起上台谢幕。对于领导的支持，演员们的演出，同事们的配合，义工们的付出，还有各商家的赞助等，我再三表达感激。如果没有大家的参与和支持，这台晚会是无法进行的。大家一起参与，一起欢乐，这才是社区活动本来的样子。

观众离场后，社区广场又恢复了往日的平静。我和同事及义工们清理场地，收拾物资，大家都累趴下了。他们说这很像以前在学校大家一起搞的活动，很累，但也很开心。

事后，我做了一些回访。社区工作站站长说，以前都是出一笔钱请人搞晚会，好看是好看，不过居民都没有这次开心。手机店主说，时不时听到有顾客说起，在当晚的晚会上看到他们的赞助。广告公司老板说，如果以后还有类似的活动，记得叫上他……

这是 14 年前，我在社区工作的回忆，一场社区晚会的始末，其实给我留下最深刻印象的是前期活动策划、筹备的过程，现在还能记得这过程中遇到的每个人，以及大家共同做一件事情的样子与笑容。

这也正是我所理解的社区工作，过程中所做过的努力，结果会自然呈现。

多少社区营造，最后成为一个景点？“社区营造”到底要营造什么？

在谈这个问题前，首先我们先明确一下这里谈的“社区”的概念。如果在 10 年前，我们可能会一致认为“社区”就是我们居住的地方。不过现在，有很多事物都被人称为“社区”。

比如，一个网络游戏。成千上万的玩家在游戏里扮演各种角色，拥有虚拟财产，他们组成各个部落，互相 PK，一玩就是几个小时，甚至觉得游戏里的才是真实的世界。

一个二次元的视频平台。数以万计的粉丝们可以在平台上找到自己喜欢的视频，他们因为某种文化，或者某个 UP 主，可以超越时空而集结在一起，发着满屏的弹幕。

一个知识问答网站。有很多人提问题，也有很多人回答问题，其他人看到后，会为他 / 她认可的问题及答案点赞，久而久之，彼此之间产生连接，成为提出问题及解决问题的自组织……

随着虚拟现实技术的发展，社区的定义边界越来越模糊。我们这次探讨，先回到现实，回到我们肉身所在的地方。

❶ 什么是社区？回到最初的地方看看

我也不知道未来的社区会是什么样子，不过我们可以从前人的记录中，再次认识一下最初的“社区”。

我国的文字是象形文字，从文字的演变中，我们可以解读出最初的“社区”样子。

商 战国 小篆 汉 简体楷书

1《甲文编》518 页。2《金文编》16 页。3《说文》9 页。4《篆隶表》13 页。

字形演变流程图[1]

从上图“社”字的演变，可以看出其中一些含义：

最早，“社”就像地面上的一堆土，先民聚土成堆，以便祭拜滋生万物的土地神。到了战国时期，《中山王鼎》铭文“社”，左面的“示”，表示神主；右下一横，代表大地；右上“木”，代表在土上生长的万物。后来篆文省去右上“木”，并将原大地的指事符号“一”写成“土”。

回想我们老家的村子里，一般会有供养土地神的地方，而这个地方会有一棵树，枝繁叶茂，这是一方之土信仰的来源。

由此可见，“社”有土地自然、文化信仰、社会关系等属性。

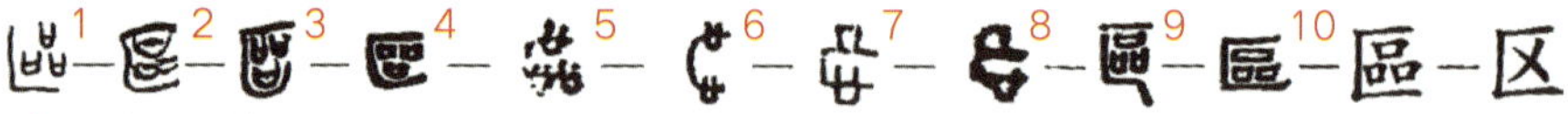

商 战国 战国 战国 战国 战国 战国 战国

1《甲文编》682 页。2-8《战文编》826 页。9《说文》267 页。10《篆隶表》904 页。

字形演变流程图[2]

从上图“区”字的演变可以看出，最早的“区”表示有一个地方贮藏着物品。汉字简化时，将其中的“品”简化为“乂”，“乂”是简化记号，也像分隔区域的边界线。

由此可见，“区”有物品、空间、边界的意思。

“社”“区”合在一起，大概意思是生活在一个地方的居民，他们彼此之间，以及与空间之间存在着关系，社区包含了人群、文化、土地、产物、景致等元素。

[1][2] 李学勤 . 字源 [M]. 天津：天津古籍出版社，2013.

❷ 为什么要“社区营造”？不营造可以吗？

之前我有个疑问，社区不管你是否营造，它就在那里，它有自己的发展路径，那么为什么需要人去营造呢？不营造可以吗？

还有为什么叫“社区营造”，不叫“社区发展”呢？感觉“社区营造”侧重人在主导，“社区发展”则是社区作为个体在发展。

如果我们跑去问村子里的老人，可能他会说，我不知道什么是“社区营造”，我就知道我们祖祖辈辈都生活在这里，这是我们的家。

在“社区”这个词还没有出现的时候，我们一般把住的地方叫作“村落”。自工业革命以来，人类城镇化进程加快，大家纷纷从村落走向城镇，于是很多新社区出现。

中文“社区”一词是中国社会学者在20世纪30年代自英文“community”意译而来，从英文词根来看是：com（共同）+mun（公共的）+ity（具备某种性质）。有意思的是community也有“社群”的意思，“社群”和“社区”在英文里是同一词。但是在中文里，这两个词有截然不同的含义。

结合上面的“社区”中英文演变历史，大家看出区别了吗？我们原来的“社区”（村落）概念更注重地域属性，有土地归属意识；而西方传入的“社区”概念更侧重功能属性，强调共同与公共的性质。

两者为何会有这些区别？还是回归到人类城镇化进程中看。大家从村落走出，离开故土，去到新的地方谋生，在那里安家，逐渐建设成新的社区。从村落到社区，有以下几个变化：

· 文化的基础不同：由宗族文化变成多元文化；
· 生产资料有所侧重：由依赖农耕生产转向工商业现代化的生产；
· 生活方式不一样：由同一性变成多样性；
· 人际关系的区别：由亲属关系变成陌生关系；
· 基础设施的区别：由自然而成变成配套建设；
· 建筑风格的变化：由横向开放变成纵向紧密。

近年来，我们越来越多提起“社区营造”，主要源于大家对美好生活的向往以及城乡变化对邻里关系的影响，我们对于社区有着共同的期待与蓝图，因此大家营造社区的主观意识强烈。

❸ “社区营造”到底要营造什么？

“社区营造”在维基百科里的定义：居住在同一地理范围内的居民，持续以集体行动来处理其共同面对的社区生活议题，在解决问题的同时也创造共同的生活福祉，居民彼此之间以及居民与社区环境之间建立起紧密的社会联系，这个过程即称为“社区营造”。

其中提到几个关键词：地理范围、居民、集体行动、生活议题、生活福祉、社会环境。这些都是我们常见的“社区营造”的内容要素。在此就不赘述了。

我想提一个很重要的观点，社区营造是一个过程，而不是一个结果。这一点也许大家都能在字面上理解，但是现实中，我们往往关注的是营造之后的结果，多少社区营造着营造着就成了一个景点，最后大家蜂拥而至打卡。一边参观，一边感叹：这里的人和人相处如此的融洽，有文化底蕴，因地制宜的宜居环境，有丰富的物产，还有受欢迎的地方特色景观。

有些人到处拍照记录，心里默念：这太好了，回去之后，我们也要做成这样的。很遗憾，这种做法并不是“社区营造”，而是不看实际的照搬复制，最后可能成为流于形式的装饰。

每个社区的缘起和资源都是不同的，“社区营造”的麻烦与挑战也在这里，需要从多维度着手，教条式的生搬硬套可能会造成闹剧。

日本的宫崎清教授指出“人、文、地、产、景”为社区营造的五大议题。我认为为了方便理解，还可以加上一个维度“时间”。因为“人、文、地、产、景”五维成果的形成需要时间的沉淀。

结合以上的分析，我认为“社区营造”是社区在一个“时空场”发生的事情。

为了更直观地呈现“社区营造”的概念。我整理了一个可视化的模型，供大家参考。

一图读懂：社区营造的“时空场”模型

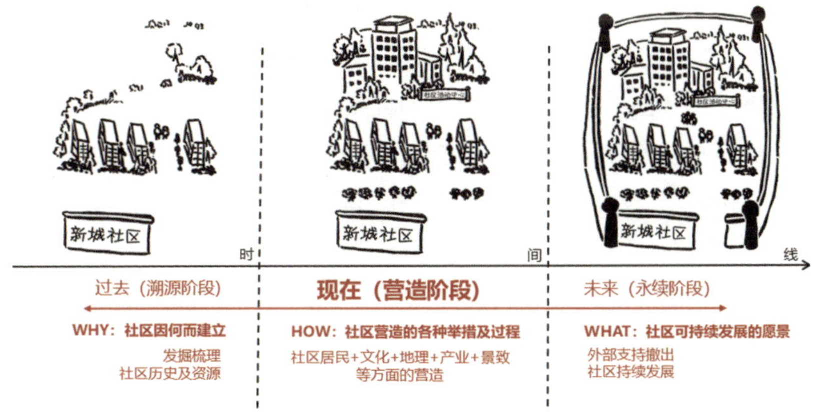

我们可以把“社区营造”分成三个阶段：社区的过去（溯源阶段）、现在（营造阶段）、未来（永续阶段）。

“社区营造”的过程中，如果没有全局的角度，我们只是站在一个点，或者某一个时刻去思考或行动，我们所做的工作可能会陷于“头痛医头，脚痛医脚”的局面。

溯源阶段

俗话说，谋发展前，先要看看有多少“家底”。社区营造工作团队开始工作之前，可以从社区建立之初开始探索，当时这个社区建立的缘起、背景是什么，有什么历史，流传下来什么文化、习俗，当前社区有什么资源，对该社区过往的重要事项进行逐一盘点，便于接下来的营造工作。

营造阶段

这是社区营造最重要，也是最需要花时间的环节。可以参考以下几个维度进行营造。

人的营造

首先，工作团队要摸清社区居民的人口构成：常住人口数量、男女比例、各年龄层比例、文化程度、信仰情况等。

同时，需要了解社区长者的生活状态如何，青少年的成长情况如何，青壮年是否在这里安居乐业，困难群体是否得到关顾，还有大家对于社区事务的参与度，邻里关系如何……

其次，工作团队针对居民的需求，可以开展直接服务或支持性的服务。可以培育社区社会组织，引导居民自我服务及反哺社区服务。比如，请社区广场舞队成员在空余时间，到孤寡独居长者家里，为他/她进行表演、做家务、聊聊天，为长者带来心理慰藉，同时也促进邻里互助。

文化的营造

原来的村落经过多年的发展与沉淀，一般以某一图腾、信仰，或者宗族文化为基础，村民围绕着这个文化基础，开展生产及生活的各种活动，形成集体认同的文化共同体。

而在新建立的社区，社区文化的形成需要时间沉淀，也需要从该社区的实际情况中发掘。这也是营造工作团队的工作重点。比如，H 社区大多数居民是附近学校的教职工，有一批老师在这里住了 20 多年，他们退休之后，自行组建了一个辅导孩子学习的志愿者队伍，经常义务为社区的孩子补习。经过多番协商后，社区居委会决定在社区建立一个“社区学堂”，孩子们定期在这里学习，也便于这批志愿者老师开展服务。

后来，居委会与社区营造团队梳理总结，一致认为“尊师重教”是本社区的文化，其他热心居民也纷纷响应，还准备成立社区教育促进会，定期募集资金，支持本社区的教育事业，弘扬“尊师重教”的社区文化精神。

地理环境的营造

这个工作板块，有以下需要考虑的重点：本社区的地理环境布局是否因地制宜，是否基于“社区资产为本”的视角出发，社区环境在建设与改造的过程中，在地性特色上是否得到保育与延续。更重要的是，在这些决策的过程中，是否征询过居民的意见，是否可以通过参与式协商的方式，探讨出共识的方案。

比如，有一个“滨河社区”，社区依河而建。父辈经常跟孩子们说，早些年，河水清澈，两岸鸟语花香。茶余饭后，大家都喜欢来河边散步，这里就像人间天堂。后来，随着年轻人逐渐外出求学、打工，社区只剩下老年人和小孩，部分居民把空置的房子出租，社区一下子来了很多外地人，卫生环境逐渐变差，河道两岸垃圾堆积，特别是在夏天，河水散发着恶臭。大家都纷纷抱怨，无比怀念往日的时光。

社区营造团队进驻后，联合居委会及相关部门，一起通过社区参与、协商的方式，探讨解决方案，重新营造清洁优美的河道环境。这也是居民集体的意愿。

产业的营造

社区产业指的是在地产业与经济活动的集体经营，地产的创发与营销。即该社区的居民是如何生产与营生的，是农耕生产、养殖生产、手工生产，还是从事文旅产业？

比如，我国台湾的桃米社区，当地居民以种植、文旅作为主要产业。种植以笋类、菇类为主。文旅方面也很丰盛，村里有民宿、餐饮店、竹笋加工厂、农场、马场等。同时，生态旅游结合村内导赏及各种配套旅游线路设计，已逐渐成为社区居民另一项收入来源之一。

除此之外，产业营造还可以留住社区里的年轻人。青壮年是社区营造的活力保障，他们留在社区可以营生、有收入，就可避免因外出打工而造成的人员流失。

景致的营造

从文字演变史看，“社区”二字有土地与空间的属性，由此可见实体景观或空间对于社区营造的重要性。居民以实体空间为载体而展开的活动，通常自然而有力量。

在我们记忆中常有这么一幅美好景象，村头有一棵大榕树，大榕树旁边有一条清澈的小河。傍晚时分，乡亲三三两两聚在榕树底下乘凉、打牌、聊家常……

由于现代社区的居家生活空间较小，具有相对的私密性与排外性，因此，社区更需要建造居民集体参与的公共空间，比如活动中心、图书馆、游乐场所等。也有社区在探索建造社区食堂、社区咖啡馆等个性化公共空间，以满足居民大规模聚餐、亲友聚会的便利需求。

时间的营造

可持续发展的社区、良好的邻里关系，需要时间的沉淀。这个时间是指大家一起经历的时间。

“造节”，是人们短时间内互动与聚集的有效方式。比如有的地区有泼水节、火把节；淘宝为了全球购物欢聚，创造了一个“双 11”购物节。

村落一般都会有重要的节日庆典活动，村民们在那一天放下手里的活儿，出来参与活动，彼此交流、欢庆。

不少现代社区也有所行动，比如创办社区邻里节、社区清洁日、社区庆典日等活动。本社区独有的节日，能够增强居民的归属感与凝聚力。

这些节日就像装了时间发条的密码箱，它为我们保留了很多记忆，可能是一些仪式、一个画面、一种味道，或者是一段旋律……当这个日子再次来临时，这些东西也会再次浮现，让我们重拾共同生活的美好。

永续阶段

当外部支持力量撤离社区，社区是否会可持续地发展？社区营造从“外部输血式”的工作到“自我造血式”的工作。这是最后我们需要考虑的重要议题，主要体现在以下方面。

人的新老更替

社区的居民会不断地老去，也会有孩子不断地出生。他们将会在这儿成长，长大之后是否会在这儿立足，还是会搬离本社区？居民对于家庭、社区的责任与权利是否可以得到有效的交接，大家可以在此安居乐业。

文化的传承与活化

新一代的居民对社区文化接纳与认同程度如何？他们对于社区文化是否有新的想法？社区文化是否需要活化，让其得以永续流传？

地理环境的保护

近年来，气候多变，自然灾害多发，社区居民是否可以根据不同的气候变化以及新的生活方式，对地理环境进行适当的保护与调整？

产业的发展

随着社会发展，社区产业也会受到相应的影响，居民是否可以借着原来的产业营生，还是需要产业改革？让社区发展动力得以保持。

景致的维护与更新

随着时光的流逝，社区的景致逐渐老化。比如，活动中心、图书馆、游乐场所逐年破旧，居民需要定期维护。同时，新一代的居民也会表达对新景致的诉求……

第三章

公益项目的成效与评估

把项目产出当作成效？注意两点区别

“项目产出”与“项目成效”这两个概念常见于我们项目设计与项目管理的过程中，一不留意，两者极易混淆。

在项目大赛或者项目汇报会上，我们也许会看到有些汇报者是这样陈述项目成效的：

“我们做了 30 场社区活动”“我们开展了 20 场技能提升培训”“我们制作并发放了 150 份项目手册”……

乍一看，好像项目做了挺多事情，应该挺有成效的。回头一想，好像不太对，“做了难道就有成效吗？”这是个灵魂考问。

强调做了多少事情的表述应该是“项目产出”，它能不能代表“项目成效”呢？

我们一起来探讨一下两者的区别以及区分它们的必要性。

❶ 定义不同

“产出”的英文为“output”，指项目产生了些什么。通常，我们把项目的直接交付物叫作“产出”，产出一般是有形的，看得见、摸得着、可衡量的。

比如上述的“30 场活动”“20 场培训”“150 份手册”，还有类似“服务提供小时数”“参与者服务次数”等，这些都是项目产出，是项目组直接交付给服务对象或资助方的东西。但是否有成效，还得另说。

但这些表述具有看得见、摸得着、可衡量的特点，无论是实施方还是资助方都好像乐意看到。也正是如此，导致了“产出”与“成效”的混淆。

“成效”的英文为“outcome”，指项目带来了些什么，它是“产出”经过转化的成果。因此，“成效”比“产出”需要多走一程，“产出”的东西需要转化，才能成为“成效”，不然它们仅仅是“产出”而已。

比如，我们确实做了 150 份项目手册，也发了出去，但是服务对象完全没看，或者看了但没什么收获。因此，项目手册没有发挥价值，这些“产出”就没有转化成“成效”。

项目成效一般是指服务对象得到新知识，技能提高，行为改正，身体状况改善，社会地位变化，态度或价值观改变……

❷ 视角不同

项目产出与项目成效两者侧重的视角也不同。

项目产出侧重的是“从工作人员出发”的视角。

项目产出语境表述特点一般是使用第一人称：我、我们。描述句式一般是“我们做了什么”“我们做了什么服务”“我们做了什么产品”……

而项目成效侧重的是“从服务对象出发”的视角。

“项目成效”语境表述特点一般是使用第三人称：他、他们。描述句式一般是“给服务对象带来了什么”“服务对象收获了什么”“服务对象的能力是否得到提升”……

下面，以“长者膳食改善计划”项目作为例子说明。

产出与成效的区别

区别＼类型	产出	成效
视角	从工作人员出发	从服务对象出发
描述	我们做了什么？ （服务、产品）	他们收获了什么？ （意识、能力）
举例	做了 20 场讲座 为长者提供了 100 份午餐	学会 5 种养生技巧 就餐便利、营养均衡

项目产出：“我们做了 20 场健康膳食知识讲座”“我们为长者提供了 100 份营养午餐”。

项目成效：“他们（长者）掌握了 5 种健康膳食知识”“他们（长者）就餐便利了，营养均衡得以改善”。

因此，项目成效的表达语境，更多站在服务对象的立场，用“他”“他们”开头。

❸ 混淆两者的弊端

上面也有提到，“产出”看起来比较讨喜，又便于量化，有一定的迷惑性。“产出”可以让项目组看起来做了很多工作，产出满满，从而让大家误以为是“成效”。久而久之，项目组也深以为“产出”就是“成效”。但是，有意无意混淆两者是有弊端的，大家也常说，不强调“成效”的项目是“耍流氓”。

当然，只说明自己的“产出”可以为项目实施方提供很多便利：不用刻意探讨服务对象的精准需求、不用深究服务对象状况基于项目服务的改善，可以适当回避服务成效的责任。但是，长此以往，项目组就会陷入“自欺欺人”的局面。

举一个残酷的例子，一家手机生产商投入了人力、设备、原料等资源，生产出1万台手机。如果他们不追求“成效”，没有卖出去这些手机。那么于消费者而言，这些手机没有发挥通信便利的价值；于生产商而言，这些手机没有转化成利润。这家手机生产商就会面临倒闭的风险。

如果再遇到以上困惑，我们不妨转化视角与思路，多从服务对象出发，多想“他们”，少说“我们”，也许很多问题就会迎刃而解。

一图读懂：项目产出与成效的区别

如何评估公益项目的成效？从5方面呈现

随着公益项目的开展，必然会面对是否给社会带来好的影响，是否促进服务对象好的改变，是否让资助方的钱花得实在等针对项目的诸多考量，在这些考量之下，公益项目成效的评估就成为项目实施与运营中的重要环节。

在日常工作中，我们也常听到很多项目实施的伙伴吐槽：为何我们不把这些心思放在更多的实务工作上，这样可以帮助到更多的人，而不是整天围绕着呈现“项目成效”，做很多非必要的文书工作，更有甚者，为接二连三的“评估”加班加点，让人叫苦连天。

今天，我们一起来聊聊“评估公益项目的成效”这个主题，聊聊公益项目为何要评估，如何有效开展评估，评估需要注意哪些问题。

❶ 公益项目为何要评估成效？

这是一个好问题，虽然我们经常会问起，却很少深入探讨过。常见的理由是“花了钱，就要评估啊，不然怎么知道好不好呢”。

为检验工作成效，检视投入与成效是否成正比，就必须进行评估，评估成效也是我们的职责所在。

一般的成效评估可分：自评与他评。

自评，即自我评估。通俗点讲，即是自己评估自己的项目做得怎么样。

他评，即为避免自评的主观性，由他人来评估项目的成效。这里的“他人”包括服务对象、资助方、合作方等，也被业界称为“项目利益相关方”，或“项目服务利益相关者”。

这么一说，大家都因项目而联系到一起，也有一定的利益相关，好像也会影响评估的客观性。因此，一个神秘的“第三方”应运而生，大家称之为“第三方评估”。

“第三方评估”一般会出现在多方主体参与的项目评估中，也经常出现在公益项目评估中。

然而，在日常生活中，我们也有很多“花了钱不用评估”的情况。

比如，我们买根油条、买台电脑、买一辆车，甚至买一套房子，几乎不用找第三方来评估。因为这是“花自己的钱办自己的事”，自己的钱，自己的事，责任主体在自己，好与不好都是自己承担。

这种情况，一般只是“销售方与顾客”的二元关系，成效评估有最直接的反馈机制。东西好，顾客下次会继续买单；东西不好，顾客就会投诉，或者下次不会光顾了。

经济学家弗里德曼曾说，花自己的钱办自己的事，既讲节约，又讲效果；花自己的钱办别人的事，只讲节约，不讲效果；花别人的钱办自己的事，只讲效果，不讲节约；花别人的钱办别人的事，既不讲效果，又不讲节约。

这句话道出了一般的人性特征，我们也可以把公益项目代入一下。公益项目比较接近最后一种情况，“花别人的钱办别人的事”（需要特别注意的是，这两个“别人”可能还不是同一个“人”），缺少成效的直接反馈机制。公益项目成效评估的必要性与复杂性由此可见。

❷ 如何评估公益项目的成效

谁来评

自评：项目实施方作为评估主体对项目成效进行自我评估。

他评：服务对象、资助方、合作方等利益相关方作为评估主体对项目成效进行评估。

第三方评估：聘请专业的第三方评估机构对项目成效进行系统性评估。

评什么

项目的有效性

项目的实施是否达到了预期的目标，有什么目标已完成，有什么目标未完成，目标达到的程度如何。是部分达到，是 100% 达到，还是超额完成。

比如，“独居长者居家安全改善计划”项目其中一个目标是“独居长者居家安全意识提升 60%”，经过前后测评估，项目实施过程中，项目方通过讲座、个别辅导等服务形式，确实促使服务对象的居家安全意识提升了 60%，那么一定程度上，可以证明项目的有效性符合预期，如果超过 60%，则是超额完成目标，反则部分达到目标。

项目的效率

项目投入的资源与产生的成效之比。即项目要以最优化的资源达到最大的成效。

比如，“独居长者居家安全改善计划”项目其中一个目标是“协助独居长者排查 10 种常见的居家安全隐患并掌握应对措施”。为了达到这个目标，资助方及项目方都要考量项目的效率，即要投入多少的资金、人力、物力等资源，可以达到这个目标。

假设同时有 A、B 两个项目组分别开展这个项目，A 项目组申请资金 20 万元，聘请 2 名专职人员；B 项目组申请资金 10 万元，聘请 1 名专职人员、2 名兼职人员，还动员了一些志愿者参与。从项目的效率上看，可能 B 项目组优于 A 项目组。

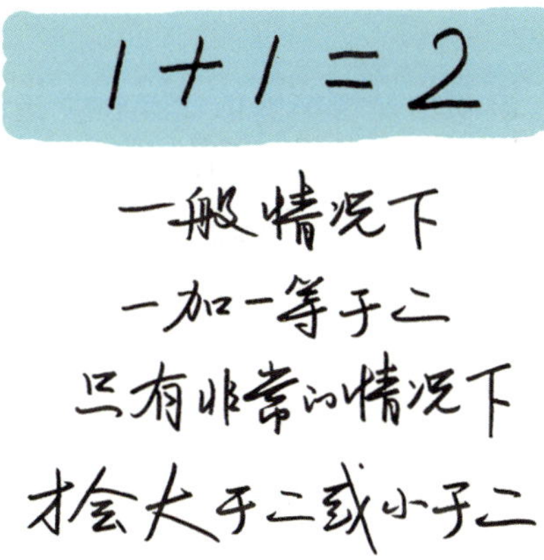

项目的影响力

项目产生的积极的社会影响力。即社会公众对项目的知晓度与美誉度，以及项目引起的社会倡导议题及社会变化。

比如，经过“独居长者居家安全改善计划”项目实施，有多少公众了解并关注独居长者的居家安全议题，又有多少人参与具体行动，大家对于这个项目的认可程度如何，这都是评估项目影响力的维度。

现实中，有些第三方评估机构基于评估成本，仅以过往“媒体报道”“所获荣誉”及“相关方满意度”作为项目影响力的衡量标准，实在难以周全。而项目的社会影响力评估，是一种涵盖面大、历时久的评估，如要全面反映项目的社会影响力，需要更大的评估成本投入。

项目的公信力

项目实施方以及项目成效让公众信服的事实与行为。在商业关系中，顾客购买商品，其实一般不太关心商品背后的公司是怎么做的，而是更加关心结果，即这个商品是否真的好。

公益项目则不同，大家关心的不仅是你是否做得好，还关心你是怎么做的，所以，公益机构的荣誉资质、内部治理、人员资质、信息公开等，也会成为公益项目成效评估的考核标准之一。原因在于，上面提到的公益项目所具有的多方参与性与“花别人的钱办别人的事”的特点。

项目的可持续性

项目资助停止后，该项目是否能够依然存在并运行，这个评估维度出发点是好的，已有“自我造血”功能的项目应该让渡资源给更加需要的项目。但具体实施起来，有一定的挑战。一般的公益项目评估，主要是为下次资助提供证明。如果“好”，继续资助，如果“不好”，停止资助。

这样一来，“项目的可持续性”评估就有点尴尬了，如果该项目可持续性差，我们应该继续资助吗？如果该项目的可持续性好，我们就不用资助了吗？这也是项目实施方的迷思，我们到底是要可持续性好，还是不好呢？

如何评

评估的方式一般分为：过程性评估与结果性评估。

过程性评估

是指评估时项目方案仍在实际执行过程中，我们所进行的评估，提供的相关过程中的信息，使项目方案实施方可以用来修正方案运作。

这种方式一般体现为项目监测或项目督导，主要表现为项目实施方自我监测，项目实施过程中，目标有偏离，应该如何调整。或者资助方、合作方等过程性评估，检查项目进展是否顺利，是否按照协议内容进行。现实中，考虑到评估成本，过程性评估一般很少出现“第三方评估”。

结果性评估

是指项目方案结束时，对项目进行的总体评估。比如，协议到期，预算周期结束，大家要一起检视项目方案的成果或成效。

此时，除了自我评估，还有服务对象、资助方、合作方等多方评价主体参与，同时“第三方评估”也会对项目成效进行系统性评估，分别进行上述的各维度评估：项目的有效性、项目的效率、项目的影响力、项目的公信力、项目的可持续性等。

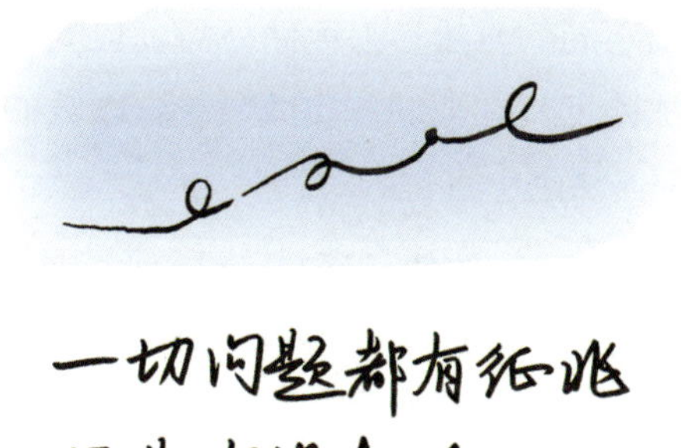

❸ 公益项目成效评估之迷思

正如上述所言，公益项目成效评估是项目运营管理中不可缺少的环节。而评估过程中，我们也在考量、质疑评估本身的有效性。我们都希望能有一套万全之策，既能有效评估公益项目的成效，又能避免“劳民伤财”的无用之功。然而，评估也有成本。要提升评估的全面性与科学性，评估成本也会随之增加。

比如，如果评估方要更加全面客观地验证“独居长者居家安全改善计划”项目目标“独居长者的居家环境及设备改善80%”的达到情况，较为科学的做法，评估方可能需要做“前后测”的工作，即在项目开展前，评估方也需要做一个基准测试，以对比项目实施前后的效果。这就需要更多资金、人力与物力的投入。

一般情况下，评估成本会低于项目运营的成本。如果一个项目的资助经费只有10万元，而评估费用就要12万元，那就是做了本末倒置或画蛇添足的无用之功。

因此，基于成本的考虑，目前评估的方式多以“事后查看资料”的方式进行。所以，评估方也许会问项目实施方：“独居长者的居家环境及设备改善80%”这个目标已达到，你们有什么资料来证明呢?

最后，大家都陷入所谓“资料佐证”的文书之苦，而这种貌似从“实证为本”形式出发的评估方式，看起来“很客观”，然而最后，还是要基于双方诚信的底线。

尽管我们尝试用不同的方法，去评估公益项目的成效，但我们还是无法以足够科学的方法验证其完全的真实成效。就像我们知道有“圆”的存在，但是我们永远都无法画出真正的“圆”。

法学学者罗翔[1]说出了“法律之迷思”，法律是道德的底线，道德是法律的高标准。换句话而言，评估是一个公益项目的底线，而道德是公益项目的高标准。并且我们还需要不断反问，评估到底是为了什么，会不会因为评估而衍生出新的问题。

特别是涉及为人服务的公益项目，我们仍要对未知保持敬畏心，切忌“专业霸权”，切忌只是通过书面的资料、冰冷的数据，以片面的角度、武断的方式判决一个项目的好坏。

---

[1] 罗翔，中国政法大学刑事司法学院教授、博士生导师、刑法学研究所所长。

一图读懂：如何评估一个公益项目的成效?

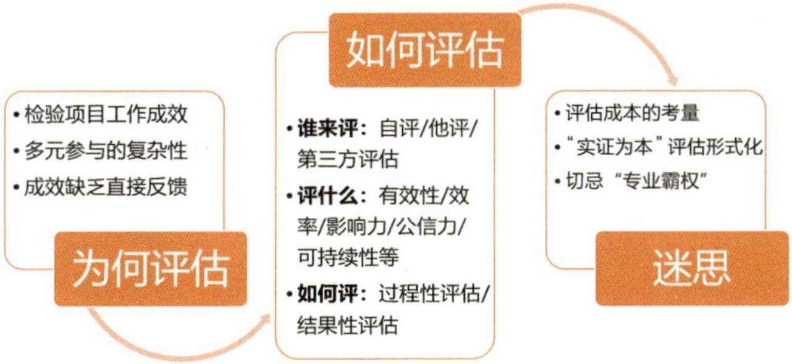

项目结束后，复盘工作怎么做?

某个项目结束之后，我们一般会做一些总结的工作，通过回顾、反思、总结，了解自己的不足与成功之处，得出相关的经验及规律，为下次项目的开展提供参考。

复盘，是一种系统性、深入性的总结方式。它也是很多知名企业、组织的管理者所推崇的工作总结手法之一。

复盘，原为围棋术语，也称“复局”，指对局完毕后，复演该盘棋的记录，以检查对局中招法的优劣与得失关键。下围棋的高手都有复盘的习惯。每次博弈结束以后，双方棋手把刚才的对局再重复一遍，看看哪些子下得好，哪些子下得不好，哪些地方可以有不同甚至是更好的下法。这样可以有效地加深对这次对弈的印象，也可以找出双方攻守的漏洞。复盘是提高自己水平的好方法。

在项目复盘中，一般会分以下 6 个步骤进行。

❶ 回顾目标

回顾当初订立的目标，这一步很重要。有些时候，项目结项了，我们却忘了回顾目标，或者当初订立的目标比较空泛，形同虚设，复盘工作没有明确的参考点，接下来的步骤也不好开展。

在目标管理中，我们可参考常见的目标管理“SMART”原则：

目标必须是具体的、特定的工作指标（Specific）。

目标必须是可以衡量的、数量化或者行为化的（Measurable）。

目标必须是可以达到的、在付出努力的情况下可以实现（Attainable）。

目标必须与目的、其他目标具有一定的相关性（Relevant）。

目标必须具有明确的截止期限（Time-bound）。

比如“独居长者居家安全改善计划”项目的目标“协助独居长者排查10种常见的居家安全隐患并掌握应对措施”既目标具体，也可衡量。订立这个目标之后，也好开展复盘工作。

❷ 对比结果

将实际完成的指标与计划设定的目标进行对比，评估整体目标完成的实际效果。一般会出现以下情况。

目标未达到：通过对比实际与计划的指标，发现该目标完全未达到，即在实际工作中，可能忽视了该目标，或者由于主客观因素，该目标被取消或调整了。

目标部分达到：通过对比结果，发现部分达到目标，甚至可以量化成效。比如，完成30%的目标。

目标达到：一般是指100%完成计划的目标。

目标超额完成：实际工作的成效超出了计划的目标。比如，完成了120%的目标。

以目标“协助独居长者排查10种常见的居家安全隐患并掌握应对措施”为例，在实际工作中，我们发现长者常见的居家安全隐患分别来自用电安全、食品安全、药品安全、防跌倒环境安全、防骗防偷安全等方面。最终共排查出15种常见的居家安全隐患，也采取了相应的措施。这表明该目标超额完成。

❸ 回溯过程

回溯项目工作的整个过程，扫描各个关键节点，分别进行了哪些行动，分别产生了哪些结果和影响。比如，“独居长者居家安全改善计划”项目大概经历以下三个阶段：

项目前期（1—3 月），项目组通过个别面谈、讲座等形式促使长者提升安全意识。

项目中期（4—8 月），项目组通过家访、个案管理的方法协助长者排查家中安全隐患并掌握相关应对措施。

项目后期（6—12 月），项目组通过资源整合、提供支持等方式改善长者的居家环境及设备。

以上过程，项目团队可以像回看电影一样回顾项目的历程，各个岗位的同事也可分别从各自视角回顾自己的工作，从而让项目工作显得更加立体全面，也便于其他同事看到盲区。

❹ 分析原因

在回溯项目前期、中期以及后期等阶段的过程中，分析哪些做法做对了，哪些做法可能有失误，做得好的原因是什么，做得不好的原因又是什么，并把其中的关键因素逐一罗列出来。

比如，“独居长者居家安全改善计划”项目的其中一个目标是“独居长者居家安全意识提升 60%”。在项目前期调研中，项目团队跟长者访谈时，长者都说自己有安全的意识，或者处于不明确的状态，这跟项目团队的预判有所偏差。

为了进一步验证，项目团队采用另一种形式进行调研，以问卷测试的方式了解长者的居家安全意识情况。结果发现，长者普遍缺乏居家安全的意识。

为什么会出现这样的情况？分析其中原因，这跟长者的惯性思维有关，大部分长者还停留在以前的生活方式与思维方式中。比如，他们不认为药品有保质期，还有认为食物不用在乎保质期，以前过苦日子时，大家有口吃的就已经不错了，现在不能挑三拣四的。

1 2 3

在1和3之间有个2

改变先从2开始

⑤ 提炼规律

不同的做法会有不同的成果，相同的做法在不同时期、不同地点或不同人群身上也会有不同的结果。其中是否存在相关规律，应该提炼出来，便于以后的工作开展继续遵守良好的规律，避免不良的规律。

一个项目的成功，一般受到“天时、地利、人和”三个因素影响，复盘工作中，可以梳理以下规律：

天时的规律，影响项目活动开展的有利时间因素。比如，如何选择活动开展的时间，是工作日，还是周末，是白天，还是晚上。如果是亲子类的活动，适合在周末开展，方便亲子双方参与；如果是白领的活动，适合在晚上开展，避开上班时间；如果是长者活动，适合在白天开展，便于他们出行。

地利的规律，影响项目活动开展的有利空间因素。比如，项目活动适合在室内，还是室外开展，需要多大的物理空间，在某一个区域开展，还是在多区域铺开，是否只能线下开展，如果线下有不可控因素，是否可以调整为线上开展。

人和的规律，影响项目活动开展的有利人为因素。大家愿意参加活动的动力是什么，调动活动的良好氛围有什么好的经验做法，如何促进参与者有更好的自我认知与自我提升。比如，要了解长者对居家安全意识的认知，结构化的问卷测试比经验化的访谈可能更有效。

⑥ 形成文档

复盘会议结束后，记录员需要及时整理复盘结果，形成规范化的记录文件，当天完成为宜，并发给主持人或领导审核确认，打印存档，以便日后查阅之用。同时，再抄送一份给所有与会者及相关人员，让大家清楚明了各自跟进事宜。

重在落实，知行合一。这样复盘的结果才能给以后的工作带来价值。

以上，就是复盘流程的 6 个步骤及大体做法，可根据实际情况灵活应用。复盘，可以避免我们在同一个地方跌倒两次，更重要的是，可以让项目团队同步认知，达成共识，最后，达到共同成长的目标。

一图读懂：项目复盘工作怎么做?

如何有效呈现项目成果？撰写案例的 3 个要点

在工作中，常会听到一句话，“有工夫写这些东西，我还不如多做一些来得实际”。很多人宁愿多做一些，也不想花时间去总结整理一个案例。

也许我们都喜欢在“做”的过程中获取“形而下”的实在感，而“写”容易让人陷入“形而上”的虚无感。加上“写”比“做”好像更费脑，有人就更不愿意“写”了。

也有人因为“说的比做的好听”“写的比做的漂亮”，遭人批评。从而也让“写”背上“不切实际”“故弄玄虚”的骂名。

我认为，以上都是对“写”的误解。我们需要对“写”有较为全面的认识，方能发挥其对于工作的意义与价值。今天，我们一起探讨一下“撰写工作案例”的相关问题及注意事项。

❶ WHY？为何要写？撰写工作案例的意义

提供服务证明，展现工作价值

随着专业与行业逐步发展完善，适当地撰写记录，可以呈现以下工作价值：

第一，有利于呈现工作人员的工作理念与手法。特别是对新手而言，好记性不如烂笔头。第二，有利于澄清工作人员的工作职责与操守。形成书面的契约协议及相关记录，更有利于双方权利与义务的履行。第三，有利于证明工作人员的工作价值与意义。有时口说无凭，相关的记录可以作为一定的凭证。

便于总结经验，推动行业研究与交流

比如，律师行业的相关案例，心理咨询师行业的辅导案例，教师行业的教学案例……这些案例可以为遇到类似问题的同行提供一定的参考价值。

他们可以从前辈相关的经验中得到启发，避免走一些弯路。同时，案例的整理与研究，可以通过“归纳法”由特殊具体的案例推导出一般原理、原则的解释方法，进而推动本专业与行业的理论研究。

为服务对象发声，助力公益传播

工作人员除可以提供具体的服务之外，还可以通过写作的方式，为服务对象发声。

比如服务对象无助的现状需要获取社会关注与支持，工作人员可能需要协助其整理资料，对外发起募捐或倡导活动。

❷ HOW？怎么写？梳理逻辑主线

在开展工作的过程中，我们其实积累了足够的素材及资料。因此，撰写案例的核心工作在于如何把这些素材有效地组合到一起，并且呈现出一定的逻辑关系，有理有据，条理清晰，让人看得懂并有所收获。

我们可以通过以下几个方法，梳理案例的逻辑主线。

按照自然规律来梳理逻辑线

时间线

前期、中期、后期。无论什么案例，它总会按照时间这个维度进行发展。

前期：服务对象遇到了什么问题，根源在哪，工作人员如何与其建立关系……

中期：工作人员做了哪些工作，工作人员与服务对象的关系如何发生改变，服务对象状况如何发生改观……

后期：工作人员角色如何转变，服务对象现状如何，检视服务成效如何。

空间线

“远、中、近”空间线：比如，我们探索防灾减灾项目的解决方案，可以通过梳理省级、市级、区级的资源、政策及支持网络来展开。

“大、中、小”空间线：比如，我们探讨单亲家庭青少年的服务案例，可以通过社会层面、社区层面、家庭层面等方面来梳理。

“点、线、面”空间线：比如，在社区垃圾分类项目案例中，“厨余处理”是一个核心的点；垃圾分类要解决“家里分类”“小区投放”“回收单位后续处理”等一系列环环相扣的线性问题；而环境保护是垃圾分类上升到更宏观的多维度“面”的问题，要考虑的是系统性解决“社区垃圾分类”的问题，避免出现新的问题，打造良好的生态环境。

根据现有的学科理论梳理逻辑线

在撰写案例的过程中，我们还可以将清晰的学科理论作为指引。这个指引一般是本学科先贤所探索过的路。

人们常说，我们要站在前人的肩膀上，才能看得更远。当然，我们也可以自己走自己的路，自己写自己的，不过要做好遭受非议的准备。

撰写案例也是一样，我们总可以在本学科先贤的经验中，找到一些答案。这样可以让我们的工作更有方向感，避免走弯路。比如，在跟进一个青少年自杀危机干预个案时，“危机介入模式”[1] 便是可供参考的理论模型。危机介入模式的基本原则及步骤为：及时处理、限定目标、输入希望、提供支持、恢复自尊、培养自主能力。工作人员根据这 6 个原则及步骤开展工作、撰写案例，思路可能会豁然开朗。

我们团队曾经跟进过一个城中村的社区治理项目。首先，我们根据社区的实际情况，发现“地区发展模式”[2] 理论模型比较适合指导工作（补充一下：实际情况有时比较有趣，一开始，我们并不知道运用什么理论，在做的过程中才发现哪个适合，甚至在案例结束后，我们才能“事后诸葛亮”总结出个所以然。因此可以通过回顾复盘总结，最后从案例发展的实际情况倒推出适合的理论模型）。

如果该案例要通过地区发展模式进行梳理，那么我们可以通过以下基本要点进行清单式写作。

检验目前的社区是否符合以下特点：

· 关注社区共同性问题；

所介入社区的社区成员参与意识淡薄，缺乏解决社区问题的能力，希望通过培养社区自主能力来实现社区的重新整合；

· 过程目标的地位和重要性超过任务目标；

· 特别重视社区成员的参与，希望通过居民的参与实现自决自助。

如果情况符合，该社区是否开展过以下实施策略：

· 促进居民的个人发展、活动；

· 通过举办促进交流的活动、会议、兴趣小组、基层联络网团结邻里；

· 加强社区教育。尤其是在新建社区，主要解决社区居民对社区资源不熟悉，社区认同感不强的问题。通过宣传、小组课程，培养居民骨干；

---

[1] 危机介入模式是一种具体的社会工作方法。其工作重点主要是减轻危机事件的负面影响，帮助服务对象解决目前面临的现实问题，并提升其适应环境的能力。

[2] 地区发展模式是根据社区发展以及社区建设的相关经验所提出的社区工作实务模式。其核心理念是强调参与，鼓励社区居民通过自助或互助的方式，广泛参与社区事务，解决社区问题，推动社区发展。

· 提供服务和发展资源；

· 促进社区参与。尤其是在社区环境或设施等共同问题上。

工作人员在此过程中，是否扮演以下角色：

· 使能者、教育者和中介者。

因此，从某个角度来说，“案例撰写”是一种有理论模型的清单式写作。

❸ WHAT？好案例是怎样的？基于“非虚构写作”[1]的原则

“非虚构写作”，顾名思义，是指一切以现实元素为背景，以写事实为主的写作行为。工作案例撰写便是其中一种，以下“三要，三不要”原则，供诸位参考。

要征得对象的同意：在撰写案例前，我们应先向服务对象说明其中的目的、意义及注意事项，征询其同意。这也是工作人员的基本工作操守。

要保持中立：非虚构写作是以写事实为主的写作行为，作者中立的态度与立场可以尽可能客观反映案例的事实。

要保护你的服务对象及案例：基于工作伦理与操守，我们要保护好服务对象的信息及资料，切忌为了个人工作绩效，而过度消费案例资料。

不要主观增删内容：为呈现案例的客观性，作者不能根据个人的喜好，主观地增加或删除案例的内容。避免“添油加醋”，或“断章取义”的错误。

不要撰写虚假信息：作者不能为了彰显自己的工作成效，有意忽略工作不足，或者草率了事，将问题简单化处理。

不要对他人造成干扰：作者在撰写案例过程中，首先要确定不会给当事人造成不良影响，同时也不会给其他人员造成困扰。比如，案例中出现的人物，一般要用化名进行保密化处理，让案例的意义重点落到案理的研讨上。

[1] 非虚构写作是基于真实发生的事件，采用文学写作的手法，利用讲故事的叙事方式将事件重新结构化的一种新闻写作方式，注重人物的语言、心理以及行为等细节描写。

怎样的工作案例才是一个好案例呢？好案例是一面镜子，客观反映服务本身的真实样貌；好案例是一个理论模型的演绎，有根据有逻辑有参考意义；好案例是一项重要资产，可以扩展本行业的宽度与深度……

好案例还有很多可能性，期待你的书写。

一图读懂：如何写好一个工作案例？

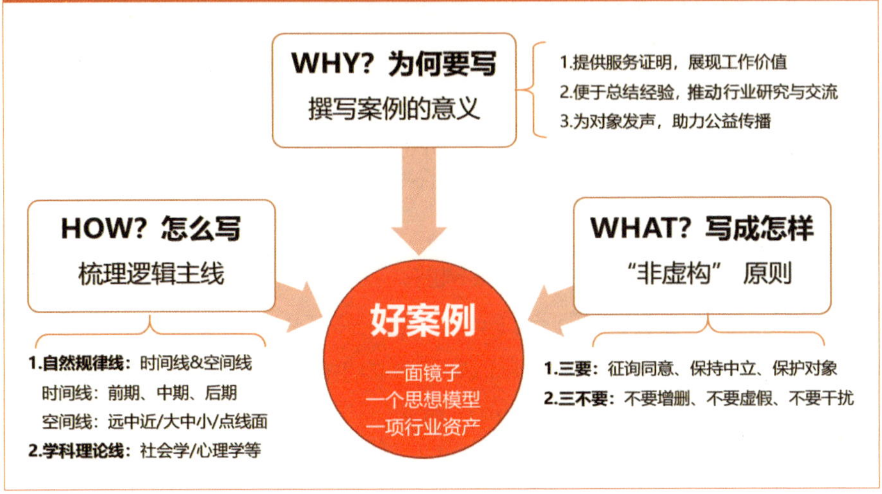

看了近1万个社会工作案例之后，总结出这几个要点

大概估算了一下，我从业14年以来，通过各种方式及场合，大约看过了1万个社会工作案例。

其中大部分的案例来自“社工客”平台。“社工客”自2014年创立以来，接收了大量来自全国各地朋友们的投稿。8年来，无论刮风下雨，还是逢年过节，“社工客”从未间断，每天平均发布3—5篇文章，其中有不少是案例，或者是通过案例总结梳理出来的经验模式。

从这些案例中，我们可以看到社会工作者的工作理念、方法，以及他们的心路历程。通过他们的描述，还可以看到社会各个群体的现状、困境、需求及呼声。

每每看到一些特殊的案例，常常与办公室的伙伴们发出感叹，怎么社会上还有这样的情况。高龄独居，罹患中风，无自理能力的长者；父母离异，出走他乡，未婚生子的未成年女孩；早年吸毒，妻离子散，无法融入社会的戒毒者……他们的处境实在太难了。

因此，政府做了不少的工作，第一次分配之后，在第二次分配中进行政策与资源的扶持。社会工作者在第三次分配中也扮演着相应的角色，给这些被社会遗忘的角落带来一些微光。

平时，社会工作者需要面对繁杂的具体工作，为什么还要花时间去整理案例呢？有这些时间，为什么不多做一些实务性的工作呢？

我认为，案例梳理是非常有必要的，通过案例归纳出一般规律及经验，对工作开展有重要的指导意义。

❶ 撰写案例的几个标准

资料基于客观事实

这是案例的基本要求，案例的资料必须是真实的记录。撰写案例，不是写小说，不能杜撰没有的故事情节；也不是写诗歌，不能充满想象，充满个人情感的表达。案例要使用客观展现的手法，避免主观描述的方式。如果有些资料不能确定，需多方求证，或如实展现。

比如，以下这段内容描述：

“服务对象，女，看起来有七八十岁，好像丈夫去世了，户籍 ××，育有一个女儿，远嫁国外，平时很少见到女儿，感觉服务对象很孤独，现在是 × 社区的独居老人。”

其中的“好像”“感觉”等词语都是偏主观描述的字眼，应尽量避免。可调整为：

“服务对象，女，76 周岁（服务对象也记忆不清，从身份证求证），丧偶，户籍 ××，育有一个女儿，远嫁国外，据服务对象反馈，女儿一般每年年底回国探望一次，现在是 × 社区的独居老人。”

服务有一定的成效

可以总结梳理成案例说明一般是有相当的服务成效，这样可以给同行带来参考学习的价值。当然，也会有失败的案例，这样的案例也会起到警醒的作用。

遵循专业理论及相关技巧

从某个角度看，案例是遵循理论模型，在事后总结梳理后，以清单式写作的一种文体。所以，大家平时看到的案例，好像都是统一的格式范本，感觉干巴巴的。无论是事前的计划，还是事后的总结，一般会套上一个理论模型，在专业理论的指导下，我们的工作会更有方向感，也能够彰显专业性。

具备一定的典型性

案例的意义在于展现工作价值，推动行业交流与研究。因此，优秀案例在服务领域、服务群体、理论实践、服务手法应用等方面应具备典型性。

比如，以下的案例："园艺治疗手法在产后抑郁症患者服务中的应用""危机介入模式在'家暴'个案中的应用""社区照顾模式下的社区独居长者服务"。

一般的案例标题基本参考这个句式：××× 理论模型 / 服务手法，在 ××× 领域 / 服务群体中的应用。

在实际的服务过程中，我们采用的理论及方法可能不止一种，不过，为了便于梳理，案例一般会有所侧重，也便于读者的理解。

可以宣传推广

为了促进行业交流与研究，案例自然承担起宣传推广的功能。因此，在撰写案例时，须得到服务对象的知情同意，以及做好相关的保密性处理。要保护好服务对象，保护好案例。

书写要求有中立性、逻辑性及条理性

写作能力的提升，不是一两天的时间就可以实现，需要长年累月的学习与实践。平时在实际的工作中，多写思考总结，多看别人的案例。

首先，保持中立性。不掺杂个人价值偏好、情感因素，如实记录、展现事实本身。

其次，富有逻辑性。对于新手而言，最好是根据其中的理论模型展开，因为每个理论模型已经经过较为严谨的论证，按照其逻辑思路逐步展开就好。比如，在跟进或者撰写危机介入案例时，危机介入模式的6个基本原则即是可以参考的逻辑线。案例写作可以通过“及时处理、限定目标、输入希望、提供支持、恢复自尊、培养自主能力”逐步展开。

最后，要有条理性。案例撰写应避免流水账式的记录，可以按照背景介绍、分析预估、服务计划、服务实施、总结评估、专业反思等模块展开，便于读者理解，找到重点。

语言简洁平实

撰写案例不需要高超的写作技巧，也不需要华丽的辞藻。只要把我们的实际工作如实记录即可，语言风格简洁平实。如下面这段描述：

“与服务对象详细聊过后，社工发现服务对象可能是身体出现了问题。社工在走访街坊邻居中得知，近段时间，服务对象确实存在社工观察到的现象。据了解，服务对象去医院做过初期脑萎缩症状检查，正在服药。服务对象的儿子也证实，情况属实。”

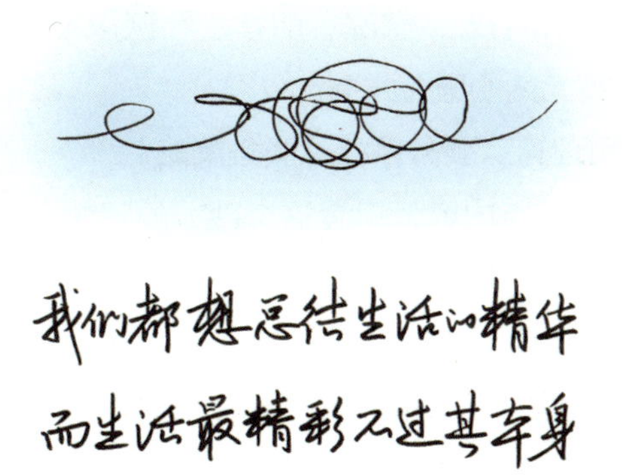

❷ 撰写案例的几个要素

开始案例写作之前，需要思考清楚以下6个问题（5W1H）：

WHY：案例的背景资料，因何需要服务。

WHO：工作者是谁，服务对象是谁，服务利益相关者是谁。

WHAT：具体提供什么服务。

WHERE：服务在哪里开展。

WHEN：服务在什么时候开展，案例进展有哪些时间节点。

HOW：如何根据理论模式开展服务。

社会工作案例一般包括个案工作案例、小组工作案例、社区工作案例，以及某个具体项目的案例。案例内容框架一般包括以下要素：背景介绍、分析预估、服务计划（所用理论、服务目标、服务策略）、服务实施、总结评估、专业反思等。

背景介绍

主要介绍案例的缘起，因何开案；服务对象的背景、具体情况。可以从微观、中观、宏观等几个层面展开。微观是个人生理、心理及行为方面的情况；中观是家庭、朋辈、社区等方面的描述；宏观涉及社会、文化、经济、政治等因素的影响。

分析预估

通过对背景资料的大体了解，社会工作者对该案例所遇问题进行初步分析与预估，也可以从个人、家庭、朋辈、社区以及社会层面进行分析，预估服务需求，判断大体的服务方向。

服务计划（所用理论、服务目标、服务策略）

这部分是案例的重点内容，只有这个部分弄清楚了，案例的脉络及思路才会清晰。不过，也不用望而却步。前面也有说到，从某个角度看，案例写作是一种遵循理论模型，在事后总结梳理后，以清单式写作的方式。

经过分析预估，我们在基本清楚服务方向之后，可以扫描一下自己所学的理论，寻找适合的理论模型作为指引。每个理论模式都有其相应的服务原则、目标以及策略，结合案例实际情况，灵活运用就好。

比如，个案工作的理性情绪治疗模式 ABC 理论的应用；小组工作的互动模式的参考；社区工作中社区照顾模式的借鉴等。

服务实施

服务计划制订完善之后，服务实施参照计划逐步展开，这一部分主要记录社会工作者以及服务利益相关者的具体行动，服务对象的反应、相关的变化等。只不过，计划和实际可能存在差距，也需如实记录现状以及相关的调整措施。

总结评估

总结评估服务实施之后的成效，可以自评、他评或第三方评估等方式开展。主要评估服务对象的状况是否有改善，案例所面对的社会问题是否得到缓解。还有一个重点就是，评估服务目标是否达到，以回应案例的逻辑性原则。

专业反思

最后，社会工作者作为专业角色进行总结反思：自己在案例实施过程中，有哪些地方做得好，哪些地方需要完善，对专业理论及手法，有哪些新的发现及感悟，对同行有哪些参考建议。

一个好案例的前提是已经做出了好的服务。撰写一个好案例也需要掌握相应的技巧，希望以上的内容可以给大家带来帮助。

案例是一个行业的知识宝藏，积累的案例越多，大家从中得到的参考价值就越大。著名历史学家许倬云[1]说："全世界人类走过的路，都要算是我走过的路之一。"这是一种治学的态度。

换句话而言，"看同行所做过的案例，也要算是自己走过的路之一。"眼界开阔了，面对不同的情况时，自己也会从容一些。

项目路演、演讲、写作思路混乱？可以试一下这个思维整理术

领导突然通知，要求下周进行项目进度汇报。虽然项目工作都能顺利

[1] 许倬云，江苏省无锡市人，历史学家，1930 年 7 月出生在厦门鼓浪屿，匹兹堡大学荣休教授。

开展，也取得了相应的成效。不过，当你接到这个突如其来的任务时，面对繁纷复杂的项目资料，可能也会一头雾水。

我们经常参加行业的各种交流会，这些场合少不了公开演讲的环节，有时还可能是即兴的。有些人可以应对自如，出口成章；而有些人可能感觉自己有很多话要说，但茶壶里煮饺子——肚里有货倒不出，一时间，不知道要说些什么。

2020 年新冠疫情期间，我给自己定下一个目标：一周写一篇文章。那时也没要求自己写到什么时候，没想到的是这件事做了两年多。

直至今天，这件事仍然是不容易的，每周我都要先定选题，找到适合的主题，接着构思文章的内容，要写哪些内容，这些内容是否可以有条理地表达出来，如何尽量避免因片面的见解而误导读者……这些问题都应该是一个负责任的作者应该考量的。

汇报、演讲，以及写作，这些工作都是内容与观点输出的过程，为把繁杂的内容素材有条理性、逻辑性地呈现出来，我们可以借用一些逻辑思维工具。

❶ “金字塔原理”的逻辑思维

金字塔原理是一项层次性、结构化的思考、沟通技术，可以用于结构化的说话与写作过程。

在金字塔原理里，任何事情都可以归纳出一个中心论点，而此中心论点可由几个一级论据（3 个为佳）支撑，这些一级论据也可以成为分论点，被二级论据（3 个为佳）支撑，如此类推，逐步延展，形如金字塔。

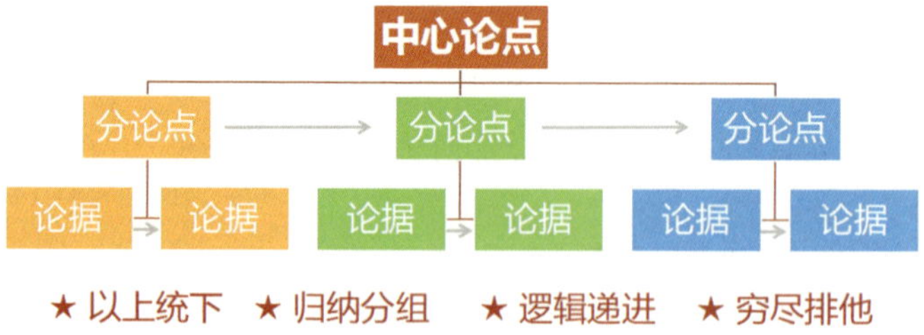

总而言之，“金字塔”里的内容逻辑是“总－分－细分”的关系，这也是逻辑学上的归纳法。

归纳推理是一种由个别到一般的推理，由一定程度的关于个别事物的观点过渡到范围较大的观点，由特殊具体的事例推导出一般原理、原则的解释方法。

观点之间有逻辑性：

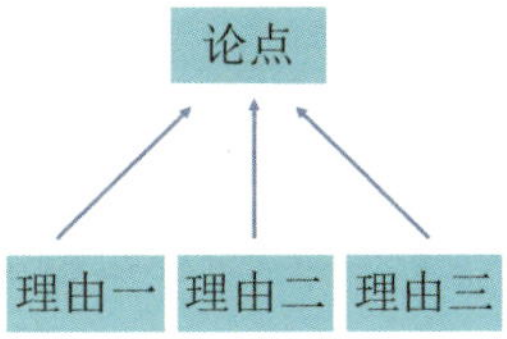

归纳法

举个例子，中心论点是“本项目取得良好的成效”，为了证明这个论点，找出三个理由，然后逐一列明。

这样的内容表达逻辑架构比较全面，富有逻辑性，且有一定的说服力，论证了总论点“本项目取得良好的成效”。

建立这种“金字塔”式的逻辑结构，一般有以下两种方法：“自上而下法”“自下而上法”。

❷ “自上而下法”逻辑结构

“自上而下法”，顾名思义即从上到下建立逻辑结构的方法。如果我们已经对内容十分熟悉，也清楚自己要表达的中心论点，可直接用这种方法。

如，第一节，列出中心论点“本项目取得良好的成效”。

第二步，列出第一层论据的基本框架。理由一：按时完成了项目所有工作指标；理由二：已达到项目既定的目标；理由三：项目工作得到了利益相关方的好评。

第三步，收集、提炼可用的内容素材。比如，收集能够证明“按时完成了项目所有工作指标”的统计资料，“已达到项目既定的目标”的评估资料，以及“利益相关方的好评”的反馈资料等。

第四步，分别将这些素材放进对应的框架下。即把整理出来的素材要点放到对应的论据下面。为了便于理解，下图为较为直观的方式呈现。

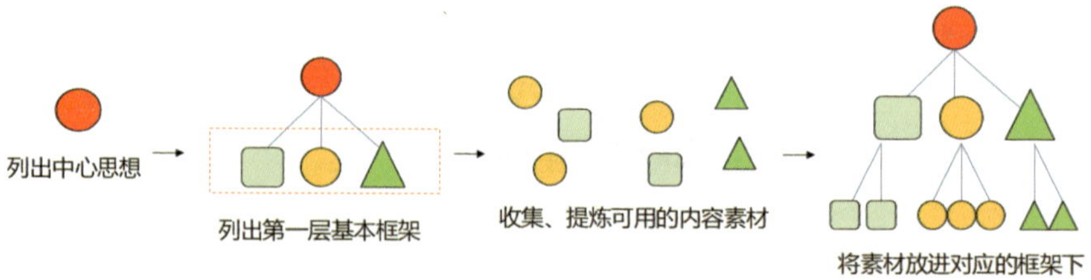

素材可能有方的、圆的，还有三角形的。对应性即把方的归到方的那里，圆的归到圆的那里，三角形的归到三角形的那里。看起来比较简单，但在实际情况中，稍不留神，极易混淆，逻辑的混乱就表现在方的放在了圆的那里。

❸ “自下而上法”逻辑结构

“自下而上法”的方式刚好跟“自上而下法”相反，它是从下到上建立逻辑结构的方法。

如果我们对内容不太熟悉，到底要抛出哪个“中心论点”，自己心里还没谱。比如，自己要写一篇文章，然而，标题都还没想好。或者，上级要求做一次工作分享，自己还没有大概思路。但是，这个任务又得完成，这时应该怎么办?

不用着急，一步步来:

第一步，收集零星的素材。自己想到什么收集什么，还可以通过团队头脑风暴的方式，收集更多的素材。比如，经过团队小伙伴的反馈，了解到目前项目已经完成工作指标的全部内容，正在收尾阶段，也收到服务对象的感谢信……这些素材可能是杂乱无章的，但是没关系，我们可以在后面整理。

第二步，构建初步的框架结构。把前面收集的素材，梳理一下，分别放进两三个框架之中，并且不断发现新的素材，添加进来。比如，除了感谢信，我们发现，如果开展一次匿名的满意度调查，可能更加有说服力，因此，增加此项内容。

第三步，逐步完善框架结构。调整素材分类，不断地增删内容。经过整理，我们发现有些素材不太适合放进来，比如，影响不大的团队人员变动，既然这个因素影响不大，便可删除。

第四步，形成完整的框架结构，完整的内容支撑。得出“按时完成项目所有工作指标”“已达到项目既定的目标”“项目工作得到了利益相关方的好评”三个框架。

最后得出中心论点：“本项目取得良好的成效”。

如下图所示：

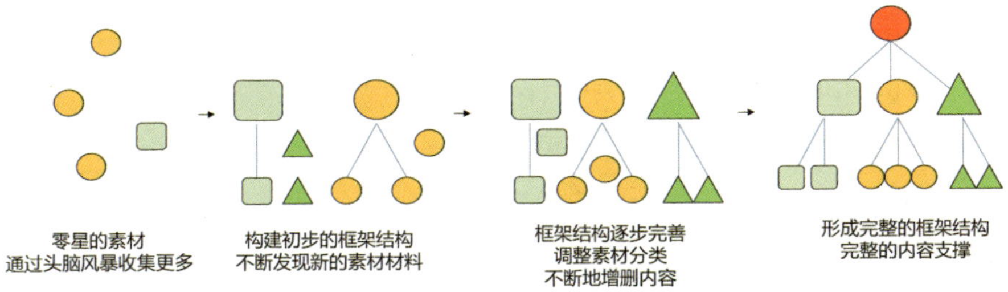

在此过程中，如何才能避免错漏呢？有几个注意事项：

· 金字塔中任何级别内容都必须是其下级内容的总结，因此要清楚所有的内容素材“包含与被包含”的关系；

· 同层分类内容要有排他性、穷尽性，如果没有排他性，同层的内容就会有所重复或混淆，如果没有穷尽性，就会出现漏洞；

· 每个层级中内容必须按逻辑进行排列，如大中小、前中后等，这样可以让每个层级的内容也有一定的逻辑性；

· 每个分组中的内容必须属于相同类型，以避免内容错乱。

然而，无论我们做了多么严密的逻辑梳理，可能还会存在漏洞，还是会有“黑天鹅”事件[1]的出现。

---

[1] “黑天鹅”事件，是指难以预测，但突然发生时会引起连锁反应、带来巨大负面影响的小概率事件。

比如，归纳法那个著名的例子：

“我看到欧洲的天鹅是白天鹅，亚洲的天鹅是白天鹅，美洲的天鹅是白天鹅，所以世界上的天鹅都是白天鹅。”

所以，我们还是要保持敬畏心。

不要把 PPT 做成 Word 文档！制作 PPT 需要注意的 3 个要点

PPT，也叫幻灯片，用户可以在投影仪或者计算机上进行演示，也可以将其打印出来，制作成胶片，以便应用到更广泛的领域中。

在很多工作生活场景中，我们都会用到 PPT。比如，工作汇报、项目总结、授课讲座等，演讲者可以借助 PPT，更好地视觉化呈现所讲授的内容，让观众有良好的视听体验。

不过，制作 PPT 也是一个技术活，不然难以发挥其独特的作用。有些人可能用简单粗暴的方式，直接把 Word 文档的内容复制到 PPT 上，以为这样就不会有疏漏，是完整的内容输出；而观众则感觉看了很多文字，一时间不知道自己在看书，还是在听演讲。这是一个常见的演讲者与观众之间的沟通偏差。

在这里，温馨提示一下：不要把 PPT 做成 Word 文档！

为什么这么说？因为 PPT 是 PPT，Word 是 Word。两者是不同的内容演示形式，Word 适合个人阅读的场景，PPT 适合公众表达的场景。

PPT 的英文全称是 PowerPoint，什么意思？Power 是指有力量的、有能量的；Point 是指要点、重点。所以 PPT 所展示的是有力量的重点，而非所有的内容（展示所有的内容应该是 Word 文档干的事情）。

在公众演讲的场合，往往时间紧迫，如何才能够在短时间内，让现场的观众同频所讲解的内容，这是演讲者需要思考的问题，而 PPT 的作用也是为了解决这个问题。

如何制作一份富有成效的 PPT？有 3 个要点，供大家参考。

❶ 提炼内容重点

既然 PPT 展示的是“有力量的重点”，那么，在制作 PPT 之前，我们首先要在纷繁复杂的素材中提炼出内容重点。主要有以下三个动作。

广撒网

就像在一堆沙土中淘出金子，要在众多的素材中提炼出闪光点。开始时，我们如果并不知道哪些是重点，不要紧，可以发散思维，或者用头脑风暴的方式，把想到的都列出来。比如，为了说明“本项目取得良好的成效”，我们需要广泛收集能够证明这个论点的素材：完成工作指标的数据，目标达到的情况，服务对象的评价等。

重捕捞

可以用打分的方法，分别给予每个内容点一个分值（1—5 分，1 最低，5 最高），评分较高的即是内容的重点。

再提炼

即把筛选出来的内容重点再精简，把一段内容高度提炼成一个要点，具体做法：可以把一段话总结成一句话，甚至把一句话总结成一个关键词。

比如，“服务对象一致好评，据调查反馈，满意度达 95%，有个别服务对象还十分感动，抓住工作人员的手说，感谢你们的服务，让自己感到了温暖……”可提炼成“服务对象满意度达 95%”。

以上几个步骤，可以收集、提炼制作 PPT 可用的内容素材。然后再不断去繁存简，提炼最有力量的重点。

❷ 厘清逻辑框架

内容重点经提炼之后，它们可能只是一些零散的点。接下来，我们需要梳理它们的逻辑关系，可以使用“金字塔原理”这个工具，它是一项层次性、结构化的思考、沟通技术，可以用于结构化的说话与写作过程。

金字塔原理的具体使用方法参见上节内容。

❸ 优化排版效果

厘清逻辑框架之后，来到了 PPT 排版设计的环节。前面有说到，PPT 是一种适合公众表达的演示形式，良好的视觉体验有助于观众高效理解所讲内容。优化排版效果可以参考以下几个要点。

“少即是多”的理念

“少即是多”即由建筑大师路德维希·密斯·凡德罗提出的：“Less is more”。这个设计理念也深受 Apple 创始人乔布斯推崇。其核心要义是以尽量少的元素来表达内容，留出更多的空间，聚焦到核心上。

因此，在 PPT 的表达上，要尽可能地把一段话总结成一句话，甚至把一句话总结成一个关键词。如下图所示：提炼关键词，大标题表达中心思想，小标题是本段关键句或关键词，每一页 PPT 以列 3 个要点为宜。

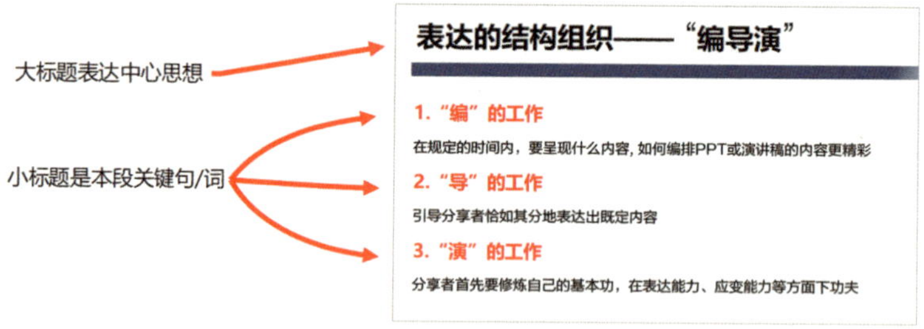

此外，在 PPT 字体排版上还有一个“不过三”原则：

· 文字颜色不超过三种：可使用一个主色调，一到两个配色；

· 字体尽量不超过三种：常用 PPT 字体为黑体、宋体、微软雅黑；

· 字号尽量不超过三种：大标题大号字体，小标题中号字体，正文小号字体。

否则，版面就会显得花哨，导致喧宾夺主，重点不突出。

提升阅读体验

站在观众的阅读角度，PPT 内容以表格汇总比文字表达更加聚焦，更有条理性；而图示的呈现比表格汇总更加直观。

总而言之，一般情况下，在阅读体验上，图示 > 表格 > 文字，如下图所示：

一般情况下，阅读体验效果：图 > 表 > 字

切合主题的插图

PPT 中除文字、图表之外，还可以插入切合主题的插图，以增强视觉的感染力。不过，切忌因为个人喜好，而插入一些不相关的插图，比如与主题无关的花花草草、卡通人物等，以免喧宾夺主。

震撼的动画及音效

最后，如果你想对 PPT 进行进一步的润色与优化，还可以根据演讲者的演讲节奏，在字体、图表、插图的显示上增加动画效果，在重要的节点添加相应的音效，增强现场观众的视听体验。

一图读懂：制作 PPT 的 3 个要点

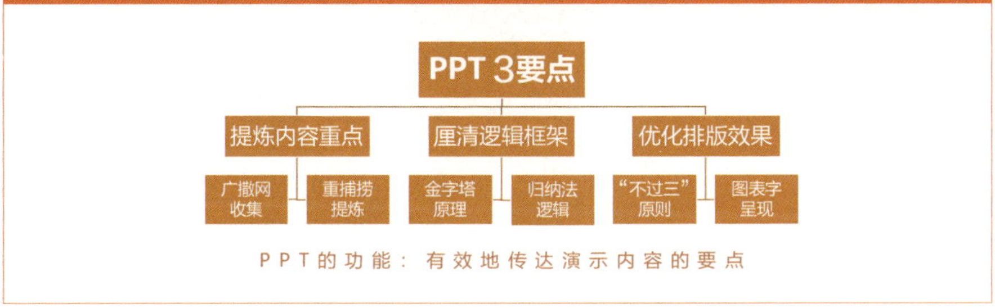

第四章

公益项目的品牌建设与传播

做得好不如说得好？项目品牌建设的 3 个层次

当有些项目方特别能说、特别能写时，我们常听到这样的吐槽："切！他们的项目有什么品牌？做得好不如说得好，全都是吹出来的啦。"

真的吗？项目品牌是靠"吹"出来的吗？

我们也常遇到所谓的专业人士或上级领导，对项目方指手画脚："这个项目，你得包装一下啊，要打造品牌。"

真的吗？项目品牌可以"包装"出来的吗？

我认为，说品牌"包装"好像不太对，"包装"仅仅是包在产品或服务外面的那层东西，华而不实。

有研究表明，"品牌"这个词，起源于中世纪的欧洲，那时的农场主为了避免自家的牛羊走失或被盗窃，他们会在牛羊身上打上一个烙印"brand"，这个烙印、标识后来就演化成 LOGO。

由此可见，品牌的起缘首先是产权意识。表明这是我们家的东西，我做了标记的，神圣不可侵犯。

再到后来，一些手艺人，也为了证明这是自己家的产品，同时方便售后服务，以免错乱，也会在产品上打上一个烙印"brand"。比如，一个做皮具的手艺人，他会在自己做的皮包上打上烙印。这样就向顾客表明，看清楚咯，这是我们家的产品，信得过就买，日后产品需要修理维护，我负责到底。

从这又可看出，品牌是责任意识。我们需要对自己的产品与服务负责，顾客也正因为这一份保证，对我们产生信任，从而购买我们的产品。所以，品牌从来就不是靠吹嘘、靠包装出来的，而是靠更深层的东西支撑着。

我们看到的往往是别人家品牌的结果，却很少看到品牌背后的东西。产品广为人知，众人可见，这是品牌的结果，但到底是什么因素可以导致这个结果呢？

我尝试套用萨提亚的冰山理论[1]来剖析其中的原因。特别是水面以下，我们不容易看到的东西，将会通过以下三个层次逐个一探究竟。

❶ 交互层：品质、传播及公共关系

产品 / 服务的质量

我们可以偶尔做一次“柠檬精”吐槽一下别人，但如想有所收获，还是要静下来向别人学习，他们到底做对了什么。

我认为质量是首要因素，质量保障的产品和服务，它就是品牌最好的代言与广告，人人称道，人口皆碑。伪劣产品骗一次人可以，但最终还是会被识破。质量也是责任意识的体现，即我们家的东西是好东西，我对它负责。

传播工作

有句话讲得好，酒香也怕巷子深。做好产品质量后，也要吆喝。我们在做得好、埋头苦干的同时也做好传播工作，让人知道，才能称为品牌。

关于传播，后面的小节有详述，在这里就不展开了，有兴趣的朋友，亦可参考下面的文章（“社工客”公众号文章）：

《如何取一个好的项目名称？》《为什么“农夫山泉”频频在朋友圈刷屏？谈谈品牌传播逆袭之路》《现在美女帅哥那么多，为什么是丁真火了？》《项目如何提升影响力传播？》《做好事不留名？！“公益传播”怎么做？》

公共关系

这里的公共关系是指组织机构为了达到特定目标，在组织内外部员工之间、组织机构与公众环境之间沟通及传播的关系。

要打造一个项目品牌，需要建立好以下关系，做好沟通，促进互相了解：

· 与内部员工及相关管理层的关系。营造相处融洽、相互促进的氛围。

---

[1] 冰山理论，是萨提亚家庭治疗中的重要理论，它是一个隐喻，是指一个人的“自我”就像一座冰山，我们能看到的只是表面很少的一部分，而更大一部分的内在世界藏在更深层次的地方，不为人所见，恰如冰山。

· 与用户顾客（服务对象）的关系。切实了解用户需求，解决其痛点。

· 与政府相关部门的关系。适时联络，合理谋求项目开展的资源与支持。

· 与合作方的关系。促进上下游供应链功能互补，友好合作，实现共赢局面。

· 与媒体单位的关系。适时联络沟通，争取与大众沟通交流的平台与环境。

· 与社区的关系。适时联络沟通，争取项目可以落地的“最后一公里”。

· 与志愿者的关系。珍视志愿者的付出与价值，激励志愿者力量的发挥。

· 与大众的关系。通过各种渠道方式及自媒体与社会大众适时交流，促进大众对项目进展的了解及支持。

· 其他关系。

以上，是打造项目品牌的第一层次要素。我们可以继续往下挖，来到第二层。

❷ 能力层：专业力、管理力及资源力

能力层影响着交互层的最终成果。因此，我们需要具备以下几种能力：

专业力

包括专业素养、专业技能以及专业操守。

专业素养：这是一种比较难量化的东西，它是一种长年累月在职业训练中沉淀下来的习惯，能够呈现出专业的魅力，是一种让人心生敬意、让人信服的力量。

专业技能：团队的成员分别有什么专业背景，是否持有职业资格证书，虽然这不一定能代表什么，但起码是专业化的一块敲门砖。比如小张团队要做素质拓展类项目，团队里如有历奇辅导师，或者素质拓展师相关的持证者，项目可操作性的说服力会增强。

专业操守：所谓专业就像是一群人在荒野中走出的一条路，这条路避

开了弯路，规避了风险，也降低了成本，是一条通往目的地较为便捷的路。专业操守就像是紧箍咒，警告我们什么事情不能做。如果说专业技能助力我们可以做什么，到达专业的天花板，那么专业操守就是在警醒我们不能做什么，坚守专业的底线。

管理力

团队协作与管理的能力。

做项目需要团队协作，因此需要良好的内部治理，打造高效团队，使项目设计、项目运营、传播工作、公共关系等岗位上的同事各司其职，发挥“1+1>2”的作用。

资源力

人、财、物等方面资源的整合能力。

我们要做成一个项目，需要足够的资源来支撑。一颗种子，需要土壤、水分、阳光等条件，才会生根发芽生长。一个项目落地实施，少不了社会的各种支持。

人的支持：项目是否有关键人士的支持，比如，项目成员的意愿与能力是否可以撑起这个项目，是否有相关部门及单位的支持者，他们是否可以提供资源助力项目落地，还有项目是否可以感召一定的志愿者参与，推动项目发展。

资金的支持：项目的启动资金是多少，如何做好资金的有效分配，这笔资金从哪来，还有如何确保项目可持续的现金流。

物的支持：如何获得项目落地需要的场地、物理空间、设备、工具、物资等。同时，如遇不可控因素，如何推动项目按计划进行。

❸ 价值观层：愿景、使命及价值观

最深层次的要素是价值观层，价值观最终影响着以上所有的事情。比如，团队的两个人最终闹掰了，他们常说的一句话是“价值观不同”。

价值观影响着我们做这个项目的初衷、使命以及愿景。我们为什么要做这个项目（WHY），我们应该怎么做（HOW），我们可以做成什么样子（WHAT），这是灵魂考问三连击。

根本性问题想清楚了
剩下的都是小问题

探寻价值观，是探寻自己信什么，这是做任何项目工作的力量源泉。如果现在所做的正是自己所信仰的、所喜欢的，就会产生“心流”，这不是外界强加给自己的苦差事，而是自己心之所向。

“愿景”是我们现在所做的这个项目，三五年后会给这个社会这个世界带来什么改观，会呈现出怎样的画面？

“使命”最重要的特点是“利他性”。一个组织的使命不是为了自己，而是为了他人。使命是在自己所信仰的价值观下，制定出来的行动的指南与利他的职责。

德鲁克说，组织是社会的器官。它是为了解决社会问题而存在的。所以，制定使命时，组织要清楚“我是谁”“我为何而存在”等问题。

“使命”是一个组织迷失方向时的指南针，动力不足时的发动机。具体点说，“使命”可以指引我们明确服务对象，制定战略规划，落实具体行动。使命不仅是情怀，它还有落地性操作的意义。

最后，也许有人会问，有人不关注品质、不打造口碑不也过得很好吗，净扯这些所谓的品牌、传播、愿景、使命、价值观，有的没的，闷声发大财、专心搞钱不好吗？当然，这是每个人不同的选择，但若不关心品质、愿景、使命、价值观，这个产品、这个项目指定不会走得长远。

一图读懂：项目品牌的底层逻辑

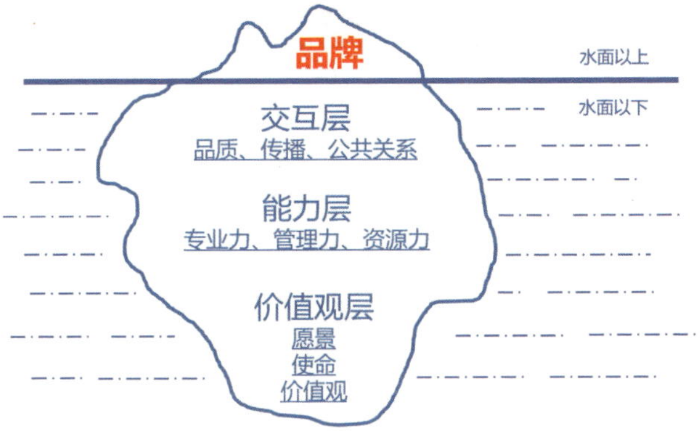

如何取好一个项目的名称？品牌命名 5 个要诀

由于工作交流学习的需要，我经常到各地参加一些项目评选活动。参选的候选人都会非常认真地准备自己的方案书、PPT，以及 5 分钟的路演。

项目立足服务对象的需求与痛点，实施方根据自己所长制订解决方案。这些当然都是我们老生常谈的议题。不过，今天，我想跟大家探讨一个看起来不太起眼但重要的议题：如何取一个好的项目名称？

项目的名称，就像一个人的姓名，但是我们往往会忽视，难道是在规划项目方案时已经用尽了脑汁，于是随意想一个名称充数，还是认为这只是门面功夫，不需要用心？

其实，不是这样的。如果说眼睛是人心灵的窗户，那么，项目名称就是一个项目的核心，一个项目的窗户。透过这扇窗，我们可以领略到这个项目的内容，从而想进一步了解及参与。

从大众传播的角度看，好的项目名称还要经得起时间的考验，不仅今天能让人懂，明天可以，明年也可以。不仅是李女士听得懂，张大妈、王大爷也听得懂。因此，一个好的项目名称，不是可有可无的门面，而是大众对项目认知的最大公约数。

不知道是我个人的错觉，还是普遍的情况，有很多的项目名称，一般会出现这样的句式："你我一起携手，共创美好家园""垃圾分类，从我做起""小手拉大手，健康一起走"……

工整对仗，还押韵，朗朗上口的，有什么毛病吗？好像挺好，但感觉不太对。这样的对联更应该是印在横幅上的活动主题，而不太像一个项目的名称。

取项目名称，不是写诗歌，偏要彰显文采，而是要多从服务对象的立场出发，以社会大众的视角，找到那个最大公约数。

关于如何取一个好的项目名称，经过这几年的实践经验，我总结出"品牌五力模型"，以供参考。

❶ 品牌原力

品牌原力，是指这个名称自身有力量，这个力量深埋在我们的文化、历史，以及潜意识中，一经唤起，就会勾起记忆。也就是常说的，有一种熟悉的陌生感。

比如，"小红帽"。如果单看这三个字，你觉得这是做什么的呢？对！可能大部分朋友已经猜到，这是关于儿童保护的项目。这个名字的原力来自小红帽的童话故事，而且流传多年，不用过多解释，大家隐约就有熟悉的感觉。

这种品牌原力，有广泛的群众基础，已根植在大家的脑海当中，一经唤醒，就会有自生的力量，能够省去很多解释的成本。

❷ 品牌亲和力

亲和力，即有人缘，拥有受到大家喜欢的力量。什么东西会让人喜欢呢？可以是美的东西，温暖的东西，关于爱的东西……

比如，"忘不了餐厅"（由演员黄渤主持的一档关注认知障碍的公益节目中所开设的餐厅）为什么要叫"忘不了"？是因为这里的味道，这里的环境，还是这里的人和事？

“忘不了”这三个字，可以唤起人们“难忘”的动人的情感记忆，在让人感到温暖的同时，让人觉得这家餐厅有亲和力、人情味，而认知障碍者恰恰是丢失了自己的记忆，这么一对比，就会勾起人心中的悲悯之情，从而使节目深入人心，受到人们欢迎。

❸ 品牌表达力

上面也提到过，取项目名称不是彰显文采，而是尽可能地把项目的核心要义表达清楚，尽量做到通俗易懂，让普罗大众都能听得懂。

比如，“免费午餐”（为贫困学童提供免费午餐，致力于帮助中国儿童免于饥饿，健康成长）。不用过多解释，相信大家都能听得懂，“免费午餐”，免费的给孩子的午餐，不用自己给钱。

所以，一个好的项目名称，能一次表达清楚，不用再次解释。

❹ 品牌呈现力

不知道大家是否有同感，有很多公益项目做的是心理支持、社会关系协调、社区发展等非物质方面的事情，在品牌呈现力上面临挑战：成效非物质性、非可视化、难以量化。比如一个产后抑郁症个案，一个社群社会关系改善的项目，一个社区营造的项目。

它不像一个奶茶店，直接统计销售量，就基本能够评估成效了。但我们如果去回看当下具有品牌效应的公益项目，会发现这些公益项目大多数具备物质性、可视化、可量化的特性。

那么，问题来了，很多朋友也许会问：很多项目做的就是非物质性的援助，应该如何解决这个问题呢？我们仍然可以做一些努力，希望这些项目可以在品牌呈现力上有所提升。

比如，“蓝信封”（通过志愿者和留守儿童一对一书信陪伴方式，陪伴留守儿童健康快乐成长）。如果它的项目名称就直接叫作“留守儿童心理陪伴支援计划”，其一，会跟其他机构的项目有所雷同；其二，项目的呈现力也会弱很多。加上“蓝信封”后，整个项目形象感就跃然纸上，而且有品牌的识别度。

因此，总结一下，类似“产后抑郁症支援计划”这样的项目名称词根，听起来比较抽象，可以暂时把这些词根称作“虚词”，应对的策略是可以在前面加上一个“实词”，如“太阳花”，变成“太阳花——产后抑郁症支援计划”，这样能够在一定程度上提升项目名称的呈现力。

蓝信封行动
BLUE LETTER PROJECT

❺ 品牌传播力

一个项目之所以要有名称，主要是为了区别化，让大众在万千的项目中多看你一眼。所以，名称的传播力也十分重要。一个好的项目名称极易传播，让人听得清，记得住，并且可以说给别人听。

那么，有传播力的名称一般需要具备这些条件：简短、顺口、无生僻字。

简短：第一，在视觉上，一眼看完，不用移动视线；第二，在听觉上，一个词或一个短句说完，不用停顿。这样都是为了降低传播成本。如果要移动视线，或者中间加个符号停顿一下，就会让传播成本提升。

顺口：古时候，人们没有书写条件，只能通过口口相传，于是把很多事编成顺口溜，这是老祖宗的智慧。名称的顺口，是为了人们可以口口相传，张三听得懂，记得住，讲得明，把这个名称讲给李四听，李四听懂后，记得住，又讲给王五听……

无生僻字：生僻字，一般人看不懂，也说不出来，需要当事人不断地进行解释，传播成本太高。比如，“喜茶”就比“奈雪の茶”看起来更有传播力。

我们再对比一下，同一个项目两个名称的区别：

“你我一起携手，关爱流动儿童”富士康职工子女夏令营与“小候鸟”富士康职工子女夏令营。后者明显比前者更形象、简短、顺口、有传播力。

一个好的项目名称，起码要经得起5年的考验。这个也容易验证，我们不妨看看哪些项目的名称是在5年前出现的，现在还在。我们从中也能够得到一些启示。

一图读懂：品牌命名的5个要诀

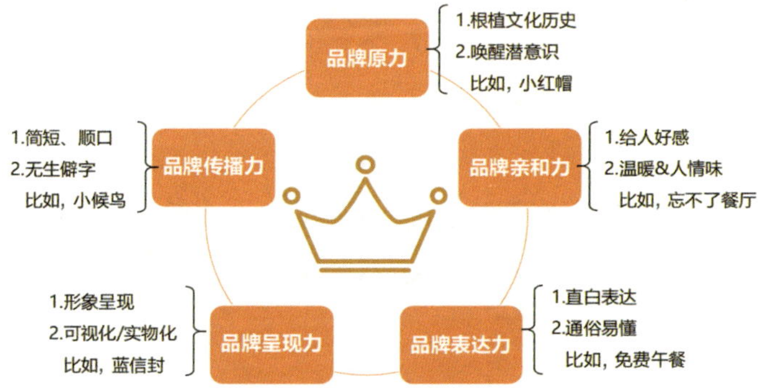

为什么很多公益组织的 LOGO 看起来区别不大？

前段时间，小米公司换新 LOGO 在朋友圈被刷屏，在小米跨入下一个 10 年之际，雷军[1]请来了自己推崇的无印良品艺术总监原研哉[2]操刀设计小米新 LOGO。

然而，新旧两款 LOGO 一对比，很多人惊讶，“没啥变化呀？！”就是把 LOGO 的橙色方形背景变成圆角的，这就要 200 万元的设计费？很多网友表示不理解。

令人更惊讶的是小米公司对外宣称，这次 LOGO 升级，是原研哉历时 3 年而完成的。他老人家还专门拍了一个 5 分钟的视频，解说了 LOGO 设计的缘由。

有人说，雷军亏了，被大师割韭菜。把方形改成圆角，随便一个路边彩印店的小伙一分钟就能完成，雷军被原研哉忽悠了。

其实，雷军一点也不亏，一个千亿元级的公司以区区 200 万元的设计费，就能让原研哉大师代言背书，对标无印良品，彰显小米的设计感，还能引起社会广泛关注。有人估算这波营销推广值 2 亿元。小米股票也因此涨了不少。

而对原研哉而言，中国正逐步进入追求设计感的时代，他也可以借小米公司的势能打开中国的市场。

小米公司也一直对外宣称，他们追求设计感。原研哉的设计理念是“没有设计是最好的设计”，所以无印良品连 LOGO 都没有，原研哉推行的是“空”的概念，“空”有禅意，认为产品只是一个载体，要把更多的空间让渡给顾客。

[1] 雷军，1969 年出生于湖北省仙桃市，小米科技创始人，中国著名天使投资人。
[2] 原研哉，1958 年出生于日本，日本中生代国际级平面设计大师、日本设计中心的代表、无印良品（MUJI）艺术总监。

❶ LOGO 的意义

LOGO 的起源可以追溯到上古时代的“图腾”。那时每个氏族和部落都选用一种认为与自己有特别神秘关系的动植物或自然物象作为本氏族或部落的特殊标记，称之为图腾。由此可见，LOGO 是某种信念或精神的表达。

前面我们讲项目品牌建设的时候就讲过，LOGO 表明的是产权意识、责任意识。LOGO 是品牌最简练的表达，能够用一个容易辨识且个性化的符号，表达出品牌的核心理念，所以 LOGO 基本上都是一个极简的符号，无论具象还是抽象，能够让人一秒钟读懂其要义，比如苹果公司的“苹果”，麦当劳的“M”。

品牌价值沉淀是公众对该品牌长时间心理认知的过程。可能两个东西的外观、质量都是一样的，但是印上不同的 LOGO，在公众心目中的价值就会不同，这就是品牌溢出价值。一般来说 LOGO 不能随便改动，改动太大会导致品牌资产流失。

比如，苹果公司的 LOGO 是一个缺了一口的苹果。首先苹果是大众熟悉的物品，认识度高且与公司名称切合。同时，苹果公司在品牌叙事中，说明这是一个被上帝咬了一口的苹果，也是砸中牛顿让他发现万有引力的那个苹果，还是向计算机之父艾伦·图灵致敬的苹果……让人感觉这只“苹果”散发着光芒。

苹果公司想彰显自己的主张：追求科技感与人文精神的结合。乔布斯[1]也常说“自己站在人文与科技的交叉路口”，创造神来之物，为人类赋能，这种精神打动了很多人，其追求完美的产品也让很多用户为之疯狂。这就是苹果公司的品牌资产。

三四十年来，苹果公司的 LOGO 改动极小，稍有不慎，“果粉”会无法接受，品牌价值也会流失。

小米公司一直在宣扬“为科技而生”，雷军也说，追求匠人精神，用心打造极致产品。小米公司的 LOGO，是字母 MI，是中文“米”的拼音，也是英文 Mobile Internet（移动互联网）的简称，在品牌的简练表达上，是十分不错的。多年来，小米公司也积累了一批“米粉”。如果大幅度改动 LOGO，也会导致品牌资产的流失。因此，小米这次 LOGO 的微调也在情理之中。

苹果与小米，一个是被上帝咬了一口的苹果，一个是普罗大众家常的小米；一个冷色调，追求高冷，一个暖色调，追求暖心；一个追求极致神迹感，一个追求普世性价比……体现出了品牌差异化。

❷ 构成 LOGO 的三要素

既然 LOGO 意义非凡，我们来了解一下 LOGO 的构成要素。一般而言，一个 LOGO 主要包括三个要素：图案、名称、色彩。

图案

图案是 LOGO 的第一要素。图案是视觉化的符号。实验心理学家赤瑞特拉（Treicher）通过大量的实验证实：人类获取的信息 83% 来自视觉，11% 来自听觉，这两个加起来有 94%。

上古时代的“图腾”就是一个图案，可能是一种动物、一种植物或其他自然物象。后来经过不断发展，逐步演化，这些图案不断地简化、抽象化，最后成为一个象征性的标记。

LOGO 的图案可分为自然物构图、抽象符号构图、字体构图。三种图案

[1] 史蒂夫·乔布斯（Steve Jobs，1955—2011 年），美国发明家、企业家，苹果公司联合创始人，曾任苹果公司首席执行官。

构图方式各有特色，各有利弊，但在视觉化表达力上，自然物 > 抽象符号 > 字体。

如果想要 LOGO 的图案表达力强，最好取材于某一自然物象。比如国内电商的 LOGO，猫、狗、狮子、老虎都被用上了。

自然物象是人类常见的，已经根植在记忆深处，不需要做过多解释，可降低传播成本。其缺点是如果有些国家地区认为某一自然物象是他们的图腾，或避讳之物，这些 LOGO 会遭受抵制的风险。

有些 LOGO 的图案使用抽象符号，比如耐克的“√”（钩形，让人联想到微笑、动感）、阿迪达斯的“三”（三道杠，让人联想到跑道与运动，寓意更高更快更强）、麦当劳的“M”（金拱门，勾起人们美好的童年回忆），还有小米的“MI”（也是“心”字的倒写，寓意到心服务）。

这些抽象化的图案有形式美与设计感，在传播上有穿透力，其缺点是在视觉表达力上没有自然物象来得直接，要让人产生相关联想才能理解其含义。

也有些 LOGO 的图案直接使用字体来表达。比如联想 Lenovo、谷歌 Google、沃尔玛 Walmart、脸书 Facebook，小米 MI 也是直接使用字体作为 LOGO 的主要图案元素。

字体构图的优点在于全面呈现 LOGO 含义，便于国际化，免受自然物象类图案的避讳之忌。其缺点是在视觉表达力上比自然物象和抽象符号都差。试想一下如果一个地区的人不认识这些字，那么也就不知道这个 LOGO 的含义。

名称

LOGO 不仅是一个图案，还应该有一个名称，名称是一个 LOGO 的听觉化符号，一般表现为品牌的名称，在视觉受限的状况下，也可以在听觉上进行信息传播。在名称的取法上，我在前一节已讲过取名的“品牌五力模型”，在这里不再赘述。

色彩

色彩是比图案更有视觉表达力的要素，试想一下，我们往窗外看，看到一片绿油油的东西，虽然我们看不到它们的具体形状，但我们知道那是植物，生机勃勃。

经过数万年，人类对色彩的经验累积并逐渐变成对色彩的心理规范：绿色象征生命，红色象征热血，黄色象征警告，蓝色象征冷静，白色象征纯洁，黑色象征厚重……

每个品牌都会用一种主色调表达其调性。苹果公司的太空灰彰显其高冷的科技感与未来感；小米公司的活力橙呈现其亲民的温度与好感。

有一个值得注意的细节，我们在 LOGO 的设计上，尽量不要太过依赖色彩的表达。因为我们需要考虑到 LOGO 的应用场景，我们可能在不同的物料、介质及背景上印刷 LOGO，比如墙上、金属、模板等，或者我们要复印文件，这时 LOGO 的颜色可能只能是黑白灰色的。所以，一款好的 LOGO，首先考虑的第一要素是“图案”，这样即使在去色（黑白）的情况下，公众仍然能领悟其要义。

❸ 为何公益组织的 LOGO 区别化不大?

也许很多朋友都有同样的疑问：为什么很多公益组织的 LOGO 看起来都大同小异?

首先，在图案上。公益组织 LOGO 的图案大多数是这些元素：心形、握手、双手捧、拥抱等。使用这些元素的好处在于，简明地表达出公益的理念，亲和的风格。不过，就像前面所提到的，LOGO 是品牌最简练的表达，如果都用千篇一律的图案元素，无法塑造品牌辨识度。

其次，在色彩上。公益组织的 LOGO 大多数使用暖色调，以红色、橙色、黄色为主色调的居多，少见深蓝色、黑色，如果有，也是有特别主张理念的组织。

最后，在名称上。公益组织名称为彰显其公益性质，一般会使用与公益相关的字根：爱、益、义、慈、善等。这些字根的重复率相当高，从而导致大多数公益组织都有重名重字的情况。

如上，公益组织 LOGO 在图案上相似、色彩上相近、名称上相似，区别不大。

分析这种现象背后的根源，可能有以下三个方面。

受限于经费不足：公益组织愿意花几万元做一个 LOGO 吗? 也许组织自己愿意，公众一般也不会答应。一款好的LOGO，不是随便弄一下就行，而是需要设计师深入调研，领悟该机构的核心精神及文化，再通过合适的方式以视觉化的形式表达个性化的主张。

受限于公益属性：比如为彰显组织公益属性，一般来说，大家都会选择与公益相关的元素，尽管表达面相对狭窄，但宁可图案上相似、色彩上相近、名称上相似，也不敢追求另类表达。

受限于自身边界：有工夫整这些花里胡哨的 LOGO，不如多花时间做些实事来得重要。这是公益界，乃至大众的普遍看法。做实事，做 LOGO，哪个更重要? 埋头苦干重要，还是理念表达重要? 我们当然想两个都重要，但往往会面临取舍。

那么，公益组织 LOGO 区别化不大的现状需要改变吗? 在这里做一个开放式的结尾，交给大家解答。

一图读懂：构成 LOGO 的 3 个要素

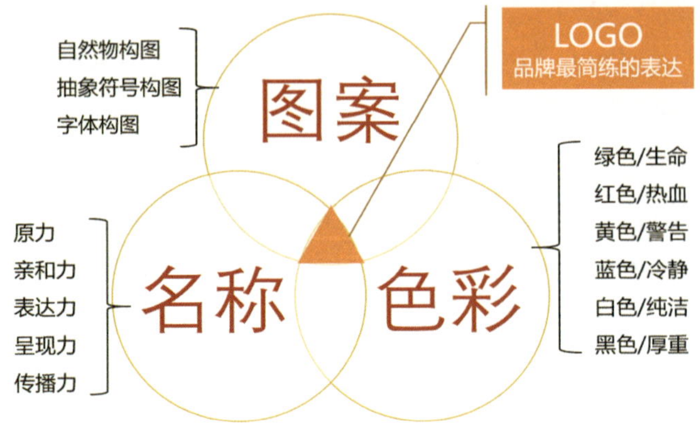

“你们的项目特色是什么？”面对灵魂考问的九大对策

“你们的特色项目是什么？”

“你们的项目没什么特色呀！”

“你们的特色体现在哪里？”

……

很多时候，我们都会遭受这样的灵魂考问！特别是在项目评审的时候，评委时而迷之微笑，时而不苟言笑地发问……

❶ 特色从哪来？

一定要有特色项目吗？我们只想安静地做一个普普通通的项目不好吗？为什么还要绞尽脑汁想什么特色？

确实，如果项目从真实需求出发，而且落地有效，就没必要偏要讲所谓的特色。但是如果资助方偏要我们整点特色出来，那该怎么办？

如果我们自己都没有搞清楚，可能会被问得哑口无言。

那么，何为特色？俗话说，人无我有，人有我优，人优我特。

如何做到“人优我特”？即项目要是与众不同的，有独特价值的，给人留下深刻印象的……

你印象中，哪些公益项目有特色？是什么地方让你印象深刻？这些项目在定位上隐含了什么密码？

下面，跟大家分享一个有指导意义的理论：定位理论。

定位理论由美国著名营销专家艾·里斯[1]与杰克·特劳特[2]于20世纪70年代提出。定位不是你对产品要做的事情，而是你对预期客户要做的事。你要确保产品在预期客户头脑里占据一个真正有价值的地位。

这个理论在同质化竞争中特别适用。比如现在很多社会组织所做的项目比较雷同，要想在同质化较强的创投大赛中赢得青睐，我们需要做好定位设计。

以定位理论为依据，我们可以系统性地寻找属于自己的定位和特色。

❷ 五大心智模式

定位理论指出，公众有五大心智模式。

公众只能接收有限的信息

潜台词是：“太多了，我接受不了。”

回想一下，我们处于信息爆炸的时代，我们只关注与自己有关的信息。比如，我们关注了很多微信公众号，但是经常打开的无非是那两三个。

公众喜欢简单，讨厌复杂

潜台词是：“简单点，不用那么费神。”

[1] 艾·里斯（AL Ries，1926—2022年），世界著名的营销战略家，《定位》作者，定位理论创始人，被誉为“定位之父”。

[2] 杰克·特劳特（Jack Trout，1935—2017年），世界著名的营销战略家，定位理论和营销战理论的奠基人和先驱。

人有选择偏好，一般会选择简单易懂的，认为复杂费神费脑费能量。因此，现在很多产品设计都是尽可能地简单，如果要靠一本厚厚的产品说明书才能让用户清楚使用功能的，往往不被用户待见。回想一下，我们现在买新手机，还会看说明书吗？

公众缺乏安全感

潜台词是："我读的书少，别骗我。"

人们面对陌生的人、陌生的环境，使用陌生的产品，都会有莫名的不安全感，因为未知而不安。因此，安全感的建立首先基于对对方的认识。

公众对品牌的印象不会轻易改变

潜台词是："对的，它应该就是这样。"

人多少都会有怀旧的情结，当认定了某一个人、某一样东西，对其原来的形象及态度就不会轻易地改变。所以，人会对某一品牌钟情。

公众的心智容易失去焦点

潜台词是："我也不知道自己想要什么。"

很多情况下，我们并不十分清楚自己想要的是什么。比如，原本只想去超市买一支牙膏，结果回来的时候，买了一大袋不在计划内的东西。我们也经常会被其他信息干扰，导致失去焦点。

❸ 九大差异方法

基于以上五大心智模式：人只能接收有限的信息，喜欢简单，缺乏安全感，钟情于某个品牌，容易失去焦点。

作为项目方，我们需要对项目进行系统的梳理，在诸多竞争中，找出差异化的特点，清楚明了地传达给用户，不断地积累品牌效应，这也是项目的立命之本。

下面分享关于项目差异化的 9 大方法，供大家参考。

成为第一

要让大家记得住，最好的方法是"成为第一"，可以是行业第一、领域第一，或者直接约等于该行业。比如，可口可乐，就约等于可乐。它的品牌效应非常大。

拥有特性

我们不好动不动就说要“成为第一”，这样很容易被吐槽。但是，至少可以做到“拥有特性”。比如，我们做这个项目，是不是有特别的理念、模式、手法，或者工具。可以这样确立项目的定位：我们用了“助人自助”的理念，用了“园艺治疗”的手法，使用某某工具包的形式来开展服务。

领导地位

这种方法适用于已经有一定地位或成绩的项目方。通过树立权威性，可以制定规则、标准等。比如，我们是行业协会，那么我们的主要工作是起草并发布有指导意义的白皮书。比如，我们做亲子服务做得不错，那么我们可以出台一个亲子服务实操指引。

经典之作

我们要营造出一些经典之作，使之成为大众对我们的记忆点。说得更通俗一点，就是营造某个事情使其成为大家茶余饭后的谈资。比如，淘宝的经典之作是造节“双 11”；希望工程的经典之作是“大眼睛”；壹基金的经典之作是“为爱同行”。

市场专长 / 领域覆盖

从“市场占有率”上定位，能让大家看到项目的实力与成效。在公益项目上，可以服务覆盖面来阐述，如“本项目服务过 20 个社区、30 所学校”。

最受青睐

青睐即是用户给予好评以及支持的行为，具体表现为好评率、复购率（重复参与率），还可以收集公众、同行、资助方、合作方等的评价原话，并呈现在方案书或项目画册中，使项目好评更有说服力。

制造方法 / 独特方法

我们经常会听到这样的话，“家传秘方”“古法炮制”“独家秘制”，感觉很有方法，令人信服。同样，如果项目方有自己独特的方法可以呈现出来，效果也会不错，比如“义仓发展网络”，以网络的形式复兴与发展义仓文化，有独特的意义。

新一代产品 / 创新产品

如果项目方有开创性的产品或服务，也能够代表独特性。比如，疫情期间，我们开创性地推出了“长者线上生日会”，既可满足长者的需求，又能给人耳目一新的感觉。

热销（募款）

最后这个方法也容易理解，我们常听到这样的广告词“某某产品销量遥遥领先”“连起来可绕地球一圈”，当然，公益项目一般会这样描述“99 公益日募款人次达 10000+”。

如何有效找到这些差异化的定位点，并落地操作，我们还需要进行有逻辑性的推演，同时借助一些工具。

一图读懂：突显项目特色的九大对策

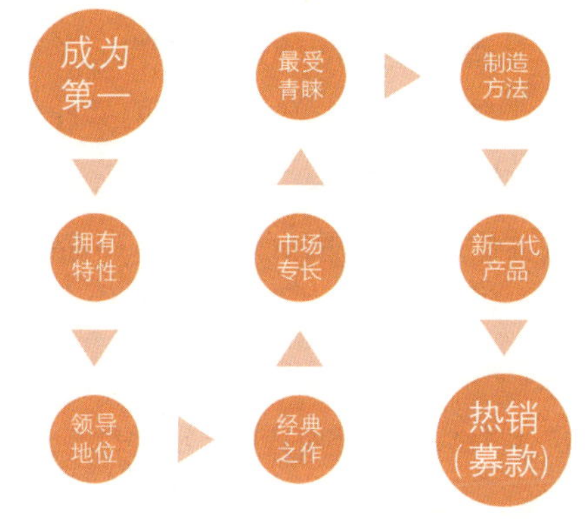

关于品牌叙事的3个原则与5个要点

在某些场合，我们需要向别人介绍所做的项目或者所在的组织是做什么的，为便于大家了解，甚至还需要阐述发起这个项目/组织的缘由，谁发起的，因何而发起，发展历程怎样，是否有独特的价值主张以及特别的事迹。

我们默默做事情不就好了吗？为什么还要介绍这些？俗话说，酒香也怕巷子深。在做好工作的前提下，我们也需要适当地做一些宣传工作，促进公众对我们的了解。

要想得到大众的认识与理解，沟通方要足够坦诚，开放度要足够大，作为项目实施方要真诚地把相关的信息披露给公众，公信力才能得到提升。

基于与大众公开沟通交流，获取公信力的需要，项目实施方为项目以及所在组织写一份公开的简介，十分必要。这一份简介也可被称为“品牌叙事”，讲明品牌的缘起、历程、独特的价值主张及事迹等。

❶ 何为品牌叙事？

比较书面化的定义，品牌叙事是指通过品牌的相关宣传介绍资料、新闻公关活动，在媒体上发布的广告，以及品牌与相关社会文化现象相融合的文化传播活动所透射出来的品牌内涵。

品牌叙事是品牌背景文化、价值理念以及项目（产品）、组织利益诉求点的形象化生动体现。

通俗点讲，一个项目（产品）、组织自诞生那天开始，它向外界所展示的任何信息都将构成它“生命故事”的内容，所走的每一步都算数。

人们之所以对这个项目（产品）、组织表示支持，大多因为他们相信这个品牌的叙事，相信它的故事。故事的力量有这么大吗？从某个角度看，是的。

尤瓦尔·赫拉利[1]在《人类简史》里提到，人类的崛起主要是因为会讲“故事”。人类可以通过集体叙事，相信一个集体认同的故事，或者这个故事所赋予的意义，克服工作生活中的种种困难，完成个人无法做到的事情。

比如，古时候，人们被号召起来建造长城，因为大家相信长城可以保卫我们的家园。近代，我们举国之力，聚集巨大的人力、物力、资金用于研究探索太空，是因为大家相信通过这样的探索，可以为我们带来更好的生存环境。

1989年发起的希望工程，是以救助贫困地区失学少年儿童为目的的一项公益事业。至今，其宗旨“建设希望小学，资助贫困地区失学儿童重返校园，改善农村办学条件”，仍然可以引起大众的共鸣。

越多人了解这个故事，它就越有名。越多人相信这个故事，它就越有公信力。就会有越多人愿意参与其中，并为之付费（捐款）。

---

[1] 尤瓦尔·诺亚·赫拉利（Yuval Noah Harari），别名尤瓦尔·赫拉利，1976年生于以色列，牛津大学历史学博士，是全球瞩目的新锐历史学家。著有简史三部曲：《人类简史》《未来简史》《今日简史》。

❷ 品牌叙事的 3 个前提条件

那么，如何呈现好一个品牌故事呢？随便写写，或者自己编一个故事就可以吗？当然不行。品牌叙事需要满足以下 3 个前提条件。

真实的原则

素材内容来源于真实，不添加虚假的，或未经确认的信息，否则会因失真而丧失公信。由弄虚作假而获得的支持终会变成摧毁的反噬。

非虚构的写作手法

区别于虚构的故事写作手法，非虚构写作强调真实的时间、地点、人物、情节、场景等，强调真实记录所发生的事情。

打动人的叙事方式

虽然是非虚构写作，但为了提升阅读体验，品牌叙事也要考虑使用能够吸引人的叙事方式。否则白开水式、口水账式的记录也会让人昏昏入睡。

扣人心弦的叙事结构一般有高峰，有低谷，也有转折。一个项目、组织的发展总会有起伏，有高光时刻，也会有至暗时刻，呈现过往的辉煌业绩可以得到公众的称赞，而披露其中的迷茫与挑战，会让品牌形象更显丰富性与真实感。

❸ 品牌叙事的 5 个要素

品牌叙事主要是为了建立一个品牌方与公众良好互动交流的“开放区”。至于这个“开放区”是什么样子，包含什么内容，可能没有统一的标准模板。一般而言，一个完整的品牌故事包括以下要素。

主题

体现品牌核心价值理念的主题。在每一次品牌叙事中，需要围绕着品牌核心价值理念，而非一时兴起，或毫无章法。比如，主题要体现品牌的使命、愿景、价值观、项目特点、价值主张等，在不断的诉说中，强化公众对品牌的认知。

比如，壹基金发起“温暖包”这个项目，为欠发达地区儿童提供灾后和过冬的应急生活和心理关怀物资，始终围绕着组织三大使命职能之一

“儿童关怀与发展”。

情节

叙事结构比较完整的故事情节。既然是叙事性的内容，一般会呈现关键的情节，比如，项目 / 组织的缘起、大事记、起承转合的关键点等，为了可读性，也可呈现故事发展的高峰、低谷、转折点相应的叙事曲线。

比如，壹基金的缘起是创始人李连杰在经历印尼大海啸之后，感慨大自然变化无常，个人能力有限，因此，成立壹基金，以帮助那些需要帮助的人们。

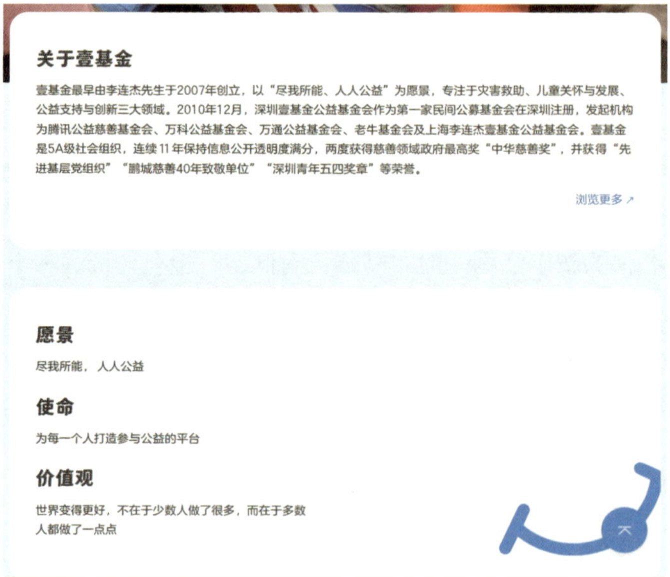

来自“壹基金”官网

人物

呈现令目标受众认可并引起共鸣的人物。有故事，一般也会有人物的出现，这样能够让故事血肉饱满。故事中一般涉及的人物有创始人、团队成员、IP 形象等。比如，华为的任正非、小米手机的团队、北京冬奥会的冰墩墩和雪容融。

形式

选择适合传播的媒介表达形式。故事内容完成之后，我们还需要考虑选择合适的媒介表达形式把这些内容呈现出来，如文字、图片、音频、视频等形式。比如，“希望工程”官网的项目 / 组织简介、“大眼睛”照片及海报、项目相关录音及视频等。

感染

给人心灵愉悦的感官享受。为了提升品牌故事的阅读体验，可以分别在视觉、听觉、感觉等维度呈现品牌故事的丰富性，产出相应的形式。比如，“不老骑士”[1] 公益项目宣传片的视听效果、海底捞的生日歌《生日祝福歌》的听觉记忆、壹基金“温暖包”实物的可触摸感觉，以及印在每个组织文化墙上的 VMV（愿景、使命、价值观）等。

最后，多补充一句，不论故事多精彩，真诚才是品牌叙事的基石。不忘初心，方得始终。

一图读懂： 品牌叙事的 5 个要素

[1] 《不老骑士》纪录片记录了 17 位平均年龄在 80 岁的老人骑着摩托车环游中国台湾 13 天的经历。

公益传播怎么做？做好传播工作的 6 个要点

公益传播这个主题最近越来越被大家所关注，这也许是公益发展过程中必须要面对的议题。公益与其他行业相比，有更多的节操和底线需要坚守，所以做公益传播很多时候像戴着铁镣在跳舞。特别是做社工的，工作操守有“保密原则”，也许做了很多事情，但不能公开说出来，所以推广工作有更多的挑战。

公益要做传播吗？还是低头做事就好？如果要做，如何做好传播呢？特别是中小型机构在无资源、无渠道、无人才的状况下，如何解决传播的痛点呢？

随着新媒体时代的到来，以及各种自媒体的崛起，中小型机构是可以借助新媒体赋能，把传播工作做好的，同时也可以找到可操作的路径，摆脱资源、渠道以及人才的依赖。经过系统的学习与实操后，希望人人都可以胜任公益传播的工作。

❶ 什么是传播？

传播是指社会信息的传递或社会信息系统的运行。信息是传播的内容，传播的根本目的是传递信息。传播是人与人之间、人与社会之间，通过有意义的符号进行信息传递、信息接收或信息反馈活动的总称。

“传播”顾名思义，包括“传”和“播”，即传送与散播。

“传”，传递。更多强调一对一的关系。派发宣传单式的传统宣传方式就是这种“一对一”的形式。

“播”，散播。更多强调一对多，或者多对多的关系。互联网式传播是“多对多”互动的形式。

❷ 公益项目为什么要做传播？

传播的意义在于连接，通过各种媒介，把信息连接到人。而公益项目的服务，大多数时候就是连接，是人与人的连接，或者是人与物的连接。

比如免费午餐，是提供人与物连接的服务，帮助中国欠发达地区的儿童免于饥饿，为相对贫困的学童提供免费午餐。

比如社工机构，大多数是做人与人连接的服务。为服务对象提供压力缓解、情绪疏导以及人际关系方面的服务。

随着服务的拓展，要想在不同的空间与时间满足不同的服务对象，传统的服务形式鞭长莫及，这时，需要不同的媒介，实现各种连接。传播媒介有：报纸、书刊、广播、电视，还有现在的互联网等。比如，小明是一名工厂流水线工人，平时都在流水线上工作，根本没有时间参与活动，而在下班回到宿舍后，他可以看一下微信，了解一下与他相关的信息。

公益传播的过程，不仅是服务信息的传送，同时也是项目文化、机构使命与价值观的输出。

大概经历 3 个环节：

第一个环节是“团队骨干”向“团队成员”传播的过程，这时要做的是，团队统一口径，促进自我认同，营造团队文化。比如壹基金对自己理念与口号的认同，发起人李连杰起到了很大的作用。

第二个环节是“团队成员”向“直接受众”传播的过程，这时要做的是，提供的服务是让服务对象交口称赞的，同时也是解决痛点满足需求的。比如，我国台湾慈济工作人员的服务让人十分满意，令人称赞。

第三个环节是“直接受众”向“间接受众”传播的过程，如果服务做得好，它就会自然传播，口口相传。比如，小王参加了“社工客”举办的活动，觉得十分有趣，她可能回去跟自己的闺蜜讲，“社工客”的活动办得很好，下次我们一起去参加吧。

为使大家直观了解，我总结出公益传播“品”字诀，具体如下图所示。

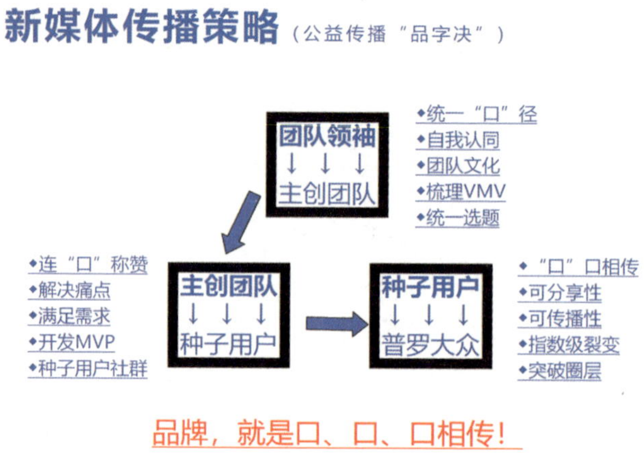

近年来，“病毒式传播”也很流行。病毒式传播是指通过公众的积极参与和人际网络，让传播信息像病毒一样传播和扩散，信息被快速复制传向数以万计、数以百万计的受众。它会呈现一个“几何倍数”的传播速度，影响效果难以估计，曾经很火的“冰桶挑战”就是最好的例子。

❸ 什么是好的公益传播？

你觉得什么才是好的公益传播呢？是高颜值的，还是高大上的？是感动心弦的，还是触目惊心的？其实并没有明确的答案，但依我理解，好的公益传播应该包含以下几点。

没有最好，适合就好

什么是合适的呢？这要回到服务对象上了，他们有什么喜好，有什么需求，适合他们的公益传播就是好的。记得有一次我在做外展宣传，把一张服务宣传单递给一名外来工，他看后说了一句：“你给的正是我想要的！”他这句话给了我很大的反思：公益传播与公益服务一样，没有最好，合适就好。

如下页图，左边的海报设计高大上，高冷有范，适合都市白领、文艺青年等。右边的传单虽然看起来简单粗暴，但低廉实用，接地气，适合外来工等低收入人群。如果两种不同的传播风格弄错了对象，效果就会适得其反。

高大上的心理沙龙宣传单

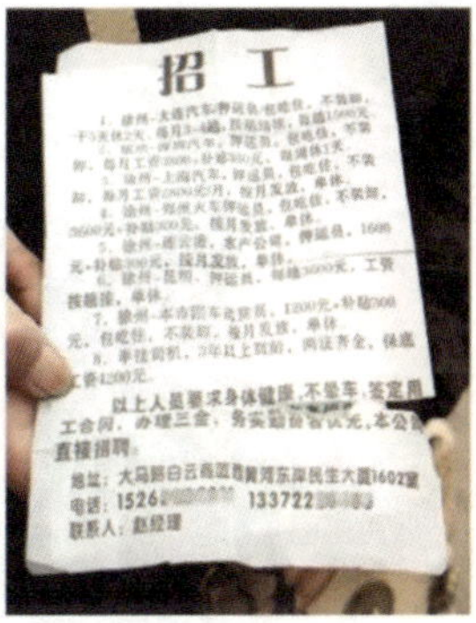

接地气的招工宣传单

我们容易陷入的一个误区就是，做服务或者做传播，我们容易站在自己的角度去思考，认为这样就是最好的，而真相往往并非如此。我们需要有更多的代入感和同理心，多站在服务对象的角度，如此才能做好服务，做好传播。

好的公益传播是善意的

无论设计风格或传播手法，是温文尔雅，还是触目惊心；是严肃认真，还是诙谐幽默，公益传播的出发点应该都是善意的。它表达着设计方公益的诉求：在提倡什么，在警醒什么，在反对什么，在提倡好东西继续弘扬，在警醒危险正在逼近，在反对罪恶的发生。所以，公益传播的意义在于引起二次正面影响，而非二次负面伤害。

好的传播也看颜值，但不花哨

人获取信息的渠道 83% 来自视觉，因而视觉效果对于传播十分重要，人总不会拒绝美的东西。视觉设计需要考虑两个元素，一是构图，二是色彩。

构图有很多形式：水平式（安定有力量）；垂直式（严肃端庄）；S 形（优雅有变化）；三角形（正三角较空，锐角刺激）；长方形（有较强和谐感）；圆形（饱和有张力）；辐射（有纵深感）；中心式（主体明确，效果强烈）；渐次式（有韵律感）；散点式（受边框约束，可自由向外发展）……总之一句话，构图或者排版就是要让人看起来有章法，不凌乱。

还有一个大家耳熟能详的"黄金分割比例"，这一比例能够引起人们的美感，被认为是建筑和艺术中最理想的比例。例如《蒙娜丽莎》这幅画就保持着 1 ∶ 1.618 这个黄金比例。

色彩也有冷暖、轻重、软硬之分。公益传播为了凸显亲和性，一般会取暖色调、轻色调、软色调。

在设计中，还有一个流传的“色彩不过三”原则，即在一个设计版面里，色彩选择不要超过三种，否则就会花哨凌乱，重点无法突出。

新媒体是好，但不需要神化

新媒体是相对于传统媒体的一个新概念，是基于电脑、手机、数字电视机等终端的媒体形态。目前公益传播中用得比较多的是微博、微信以及网站等。特别是在移动互联网时代，新媒体给我们带来很大的便捷，可以让我们的服务跨越时空的限制，在互联网上构建一个互动空间。不过，新媒体也只是一个工具，是让我们连接服务对象的工具，正确对待，合理使用即可。

好的传播本身就是服务

服务与传播之间的关系应该是先有服务，再有传播。不然没有内容，如何传播呢？所以不能本末倒置了。也许有朋友会问，我们项目刚刚起步，还没开展服务，难道不能进行传播吗？这就回到了一个观点“好的传播本身就是服务”。我们需要把每一次传播当成一次服务，在传播过程中，不仅要向服务对象传递活动预告或活动简讯，还要传递服务内容。

例如，某个青工服务机构刚刚做完一场青工减压活动，他们想通过自媒体（微信公众号）推广一下。

方案一：取标题《青工减压活动顺利结束》，正文内容就是介绍活动现场的情况。

方案二：取标题《减压有 10 法，你学会了吗？》，正文内容除了介绍活动现场的情况，还附带“减压 10 法”的介绍。

如果你是读者，你选择看哪一个？相信大多数人会选择方案二，因为通过方案二大家除了可以了解活动的情况，还可以额外收获减压的方法，虽然没有去到现场活动，但也能够得到一些服务。

对于公众来说，大家都很忙，除非 TA 已是你的忠实 fans，不然你的“活动顺利结束”和别人也许半毛钱关系都没有，别人没有义务去了解你做了什么。所以我们要寻求传播对象的最大公约数。例如在上面例子里，“减压方法”就是传播对象的最大公约数。

服务本身就是最好的传播

最后，我们还是回到服务吧，把服务做好，它自然就会以口口相传等方式传播。

一图读懂：做好传播工作的 6 个要点

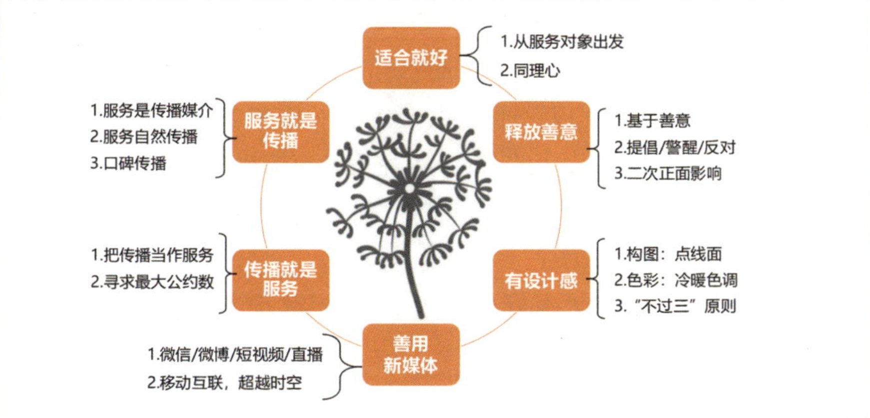

“阿尔茨海默病”是“老年痴呆”？如何倡导公众友好环境

2019年，有一部比较特别的综艺节目上线了，叫作《忘不了餐厅》，该节目由黄渤、张元坤等，携手五位患有轻度认知障碍（比如阿尔茨海默病）的老年服务生组成一个“忘不了家族”，在深圳共同经营一家可能会上错菜的中餐厅，其间发生了很多有趣味且温暖的故事。

这是近年来，我看到的特殊人群与娱乐明星互动结合得比较有代表性的公益节目。明星大V在公众传播上，具有很大的影响力。

平时，业界的朋友也会苦笑着说，明星的一次站台、转发的传播效果，胜于我们自己做100场倡导活动。

前不久，黄渤再次主持和参与姐妹篇《忘不了农场》，同样是关注认知障碍、聚焦中国老年群体的公益节目。这次有佟丽娅、辣目洋子的加盟。

在节目中，他们背上38公斤重的高龄模拟体验装备，沉浸式体验了老年人的一天，切身感受到老年人的生活不易。

节目引起很多人的共鸣，因为我们身边的亲人真的在逐渐老去。我国正步入老龄化社会，《2022年度国家老龄事业发展公报》显示我国65岁及以上人口已达到20978万人，占全国人口的14.9%。

这是什么概念呢？可以这样理解，我们坐公交车上班，如果车上有50人，其中就有7个65岁以上的老人，可能爱心座椅都不够坐。

如果以60岁及以上作为划定老年人口的标准，中国的老年人口数量将会更多。

如何让老年人得到更好的关注，生活得更有尊严，这一社会议题的解决刻不容缓。

中国人口老龄化加快

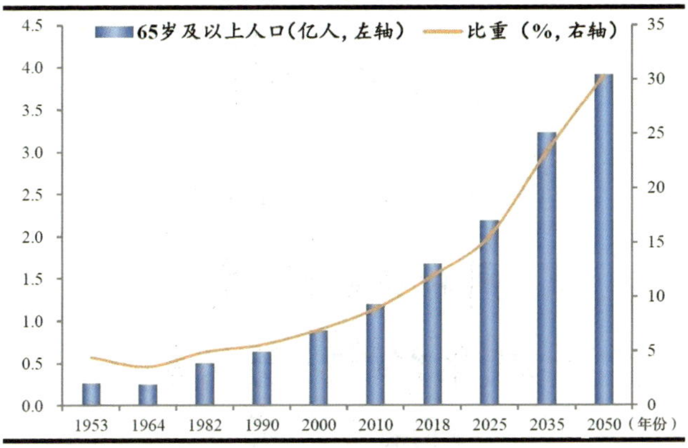

资料来源：国家统计局，恒大研究院。

随着我国GDP的增长，国民收入的增加，在国家的相关部门以及养老机构的努力下，老年人的基本生活保障在一定程度上可以得到妥善的解决。

今天，我想着重聊一个相关的话题：关于老年人公众友好环境的倡导。

❶ 公众友好环境的倡导

比如《忘不了餐厅》里提到的认知障碍。专业术语称认知症，又称脑退化症、失智症，俗称“老年痴呆”。

平时，也许我们也会听到身边的人说，“隔壁的那个张姨，老年痴呆越来越严重了”“你是不是老年痴呆呀，这点事儿都记不住”“不要和他一起玩，他有老年痴呆”……

很多人可能也就这么随口一说，但是在当事人听来，“老年痴呆”可能是一个刺耳的词语。说我“痴呆”，是不是说我“傻”呢？谁喜欢被人说“傻”呢？

在公益领域，有一个理论假设“人是没有缺陷的，缺陷的是环境”，认为可以通过改善环境，来满足特殊人群的需要。因此，很多公益机构有一个重要的使命：倡导营造公众友好环境。

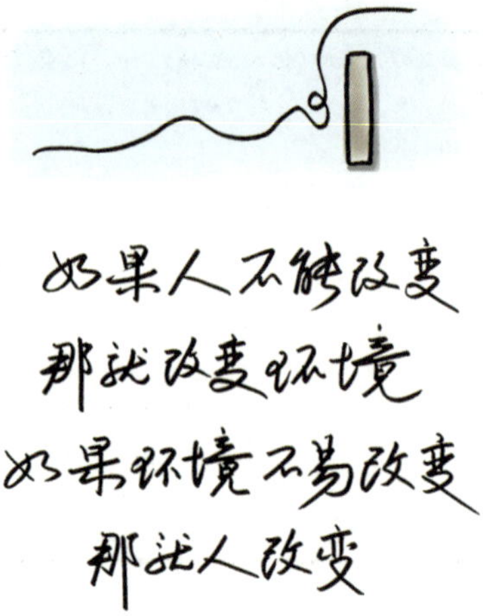

比如，为了让更多的人了解“阿尔茨海默病”，消除认识误区，倡导公众使用“认知障碍”等友好化的语言代替带有歧视性的“老年痴呆症”，因为“痴呆”有污名化的倾向。

阿尔茨海默病是认知症中的一种，它就像一个小偷，慢慢“偷”走一个人的记忆和能力。认知症患者可能忘记说过的话或问过的问题，忘记家在哪里，忘记自己的亲人，忘记如何吃饭，忘记如何处理大小便；有的还伴有幻觉、谵妄、游走等行为问题，给自己和周围的人带来不少的痛苦和烦恼。

❷ “去污名化”为什么难？

“你是老年痴呆吗”“你是瞎子吗”“你是聋子吗”……感觉这些话语都有骂人的意思。我们都有点奇怪，为什么摆着这么多好话，大家不用，偏要用“脏话”呢？

有一项研究发现，一个人在日常交流中使用脏话的频次较高，反而表现得越真实。在不攻击人的情况下，说脏话是个人一种直接表达情绪的方式。因为当人经历某些刺激时，会分泌肾上腺素，使心跳呼吸加速，而说脏话这个行为会宣泄掉过多的肾上腺素，降低人的攻击性。

也有学者研究发现，说脏话会激发“深入且久远的那部分情绪的脑区”，可能人类在进化的过程中，为了恐吓野兽或者敌人，在动手之前，先动动嘴，是一个比较实际的做法。长年累月下来，便形成了这个基因的记忆。

骂人的脏话为什么这么恶俗，还这么广泛地存在，这其中是有原因的。就连鲁迅也撰文《论“他妈的！”》进行过探讨。

这也是倡导公众友好环境时，“去污名化”的挑战所在。有人看到老人“老糊涂”，增添了不少的麻烦，所以就说他/她“老年痴呆”，这里也有解气的成分。

也正因为难，才需要不断倡导。正如，有人总喜欢随地吐痰，“注意环境卫生，不准随地吐痰”这样的标语就会不断出现。

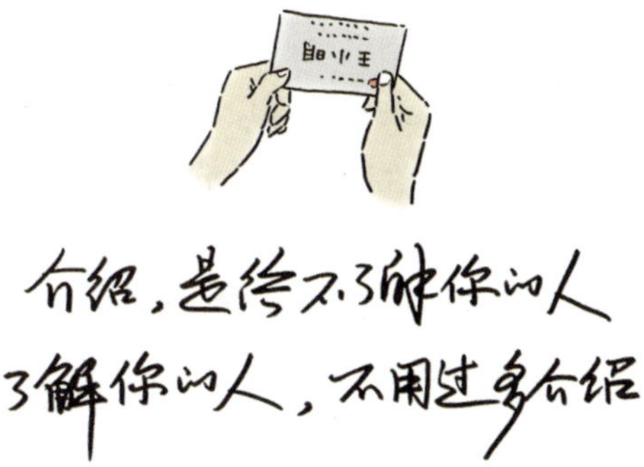

③ 倡导公众友好用语时的几个参考点

我一直在想，我们在进行公益倡导时，除了讲情怀、重奖惩的方式，是否有更加有效的方式，让大众既可以理解，又可以接受？以下几个要点供大家参考。

尽量使用肯定句，避免否定句

肯定句，指的是对事物作出肯定判断的句子。现在我们可以做一个实验，我说，“你不要想猫，不要想猫”，这个时候，你是不是真的不想？并不是，而是脑海里出现了一个猫的影子，挥之不去。

当提醒你不要想这个事时，好像心里就偏要想这个事儿，这是一个心理暗示的作用。

那怎么办？要阻止或者避免一个事情的发生，可以通过将否定调整为肯定的方式来化解。比如，可以尝试用“保持安静”代替“不要吵闹”，用“请文明用语”代替“不要说脏话”。同理，用“认知障碍”代替“老年痴呆”，也正是用肯定句替代否定句，以达到积极的效果。

尽量以生理特征客观描述，避免心理特征主观描述

使用生理特征描述，表明这只是一种生理特征，更为客观，而不是心理的主观感受。

比如“视障”（视力障碍）、“听障”（听力障碍），相比“瞎子”“聋子”更友好。同理，“认知障碍”只是生理特征的描述，比“老年痴呆”更加友好。

尽量使用中性词，不用贬义词

中性词是针对词语的感情色彩而言的，它专指褒义、贬义词语之外不能体现特殊情感倾向的词，即中性感情色彩的词语。

比如，“痴呆”是贬义词，有主观的价值判断倾向，而“认知障碍”是一个相对的中性词，没有太多的主观价值偏向。

尽量用词通俗化，避免生僻词

用词通俗化，是指使用大众平时常见的词语，便于大众理解。在信息的传播上，让人听得懂，记得住，而且又能够复述给别人听，否则传播成本就会上升。

比如，“认知障碍”这个词比“阿尔茨海默病”的传播成本低，更有优势。“阿尔茨海默病”是一个专业术语，客观性描述做到了，但是生僻字过多，且读起来比较拗口，大众可能听不清，难以记住，也很难复述给别人听。

重复，不断地重复

最后一个要点，那就是要相信重复的力量。大众对于新事物的接受、新词语的理解都需要时间去消化。不断重复，可以加深大家的印象。因此，如有机会或条件，可以在时间或者空间上一直重复。

比如，时间上的重复。就是像祥林嫂[1]那样不断地说，不断地说。比如“今年过节不收礼，收礼还收脑白金”这句广告词就是重复很多次，让大家难以忘记。

还有，空间上的重复。可以在适合的场合或媒介上重复出现，比如地铁广告、报纸、宣传单、购物袋、新媒体等，这样可以让更多人看到。

一图读懂：倡导公众友好环境的注意事项

四要	四不要
要肯定句	不要否定句
要生理特征客观描述	不要心理特征主观描述
要中性词	不要贬义词
要通俗语	不要生僻词

从“二舅”热点，谈谈社会工作案例非虚构写作的几个要点

网上曾经有个短片《回村三天，二舅治好了我的精神内耗》一夜爆火。片子拍得很有特点，以王家卫的基调，通过贾樟柯的写实手法，拍出了毕赣的氛围感。

片子火爆之后，也引发很多平台及创作者的广泛讨论，有人叫好，也有人反驳。原作者说，自己也没想到片子一下子就火了。就像自己无意中用榔头掘一座矿山，这座矿山一直都在，只是之前少有人看见，或者看见

[1] 祥林嫂，鲁迅短篇小说《祝福》中的人物。

过，却没有被如此的镜头呈现过，再加上现在互联网的传播速度，片子瞬间激起大众某种情绪的集体共鸣。

写这篇文章时，这个短片在 B 站[1] 的点击量已将近 4000 万。

一个片子好，前提是故事好，文本好。如果是真实的故事，如何把这些故事更好地呈现出来，考验作者的写作手法及功力，“非虚构写作”便是其中的手法之一。社会工作者平时主要向社会特殊群体提供服务，他们的境遇与故事有的比“二舅”更触动人心。

在征得服务对象同意的情况下，社会工作者在撰写社会工作案例时，可以通过“非虚构写作”的手法把这些“故事”呈现出来，为服务对象带来一定的支持，或者推动社会议题的倡导。

❶ 非虚构写作的特点

“非虚构写作”是指以现实元素为背景，以描写真实人物和事件为主的写作行为与方式。它具有内容真实性、表达文学性、形式叙事性、浸入式采访与题材边缘性 5 个特点。

内容真实性

写作内容基于真实素材，真人真事，区别于虚构的小说，就像“二舅”的真实故事（有人质疑真实性，但作者作出肯定的回应），真实的故事让读者有一种现实的震撼感。社会工作案例的写作也是基于“真实性”的原则，社会工作者记录的是服务对象真实的经历。

表达文学性

即在内容表达方式上有一定的文学美感，能让人产生共鸣。常规的社会工作案例撰写，一般有固定的格式，表达要求严谨，不过，也因此略显枯燥。

形式叙事性

所写作的内容就是在讲述一个真实的故事，有较完整的叙事结构，以

[1] 哔哩哔哩，英文名称：bilibili，简称 B 站，是中国年轻世代高度聚集的文化社区和视频网站，被网友们亲切地称为“B 站”。

及扣人心弦的叙事曲线，目的是提升读者的阅读体验。而社会工作案例记录的是服务对象特殊的经历，本身就具备一定的曲折性。

浸入式采访

非虚构写作需要做深入的采访工作，以获得真实的写作素材。比如，与当事人访谈，甚至向当事人的亲属、朋友、邻居以及相关人员进行访问。这也与社会工作者向服务对象提供的服务有相同的要求。

题材边缘性

非虚构写作倾向于非主流的题材，希望通过这样的故事书写引起大众的关注。社会工作者一般也是向特殊群体提供服务，他们的境遇容易被社会忽视，社会工作案例撰写也肩负着社会倡导的使命。

❷ 非虚构写作之于社会工作案例传播的意义

第一，提供服务证明，展现工作价值。随着专业与行业逐步发展完善，适当地撰写记录，有利于呈现工作人员的工作理念与手法，也有利于澄清工作员的工作职责与操守。

第二，便于总结经验，推动行业研究与交流。比如，律师行业的相关案例，心理咨询师行业的辅导案例，教师行业的教学案例，这些案例可以为遇到类似问题的同行提供一定的参考价值。社会工作案例当然也一样，社会工作者通过案例可以在前辈相关的经验上得到启发，避免走一些弯路。同时，通过案例的整理与研究，可以由特殊具体的案例推导出一般原理、原则的解释方法，进而推动本专业与行业的理论研究。

第三，为服务对象发声，助力公益传播。社会工作者除提供具体的服务之外，还可以通过写作的方式，为服务对象发声。

比如，服务对象无助的现状需要获取社会关注与支持，社会工作者可以通过撰写文章描述这种现状，对外发起倡导活动。

社会工作案例一般包括个案工作案例、小组工作案例、社区工作案例，以及某个具体项目的案例。目前，业界常用的案例撰写方式具有固定格式，可参考“社工客”发起的“社工案例计划”[1]。有关专业案例的撰写，前文也有详细的介绍，此处不再赘述。

案例的写作方式及文风具有专业严谨性，适合业界专业人士查看学习，而对于大众而言，则有一定的门槛，其中的专业语言，晦涩难懂，其固定的写作结构及略显枯燥的文风，一般难以引起大众的兴趣，不利于大众传播。

那么，社会工作案例如何才能引起大众对服务对象与社会议题的关注呢？面向大众传播，非虚构写作的表达文学性、形式叙事性有一定的借鉴意义。非虚构写作也有一套比较系统的写作方式及技巧，大家感兴趣可进一步了解。

这里也有一些案例，可供参考，如《从瘾君子到禁毒社工，他都经历了什么……》《为发动居民一起绘制 50 平方米的地图，他们在社区走了一个马拉松》。

[1] 社工案例计划，由“社工客”微信公众号发起，通过建立社会工作案例库，实现全国社工互相学习、资源共享的目的。

③ 非虚构写作的伦理

为了维护服务对象的利益，也让相关人员避免干扰及风险，社会工作者须遵守相应的伦理操守开展工作。非虚构写作也有相应的伦理，以免遭人非议。比如，“二舅”短片随着曝光度不断增加，越来越多的大众关注，也会出现有人质疑、有人反对的现象。

为规避非必要风险，总的来说，非虚构写作有个“四不要，四要”的原则可参考。

不要增添

不要为了博取眼球，在故事中“添油加醋”。不要添加夸张的，或者没有的情节。

不要欺骗

不要为了让故事情节显得跌宕起伏而欺骗读者，虚构并没有真实发生的情节及内容。

不要对他人造成干扰

作者需要考量该故事一经传播，是否会对当事人及相关人员产生不必要的干扰，是否会给他们的生活或工作带来不便。比如，“二舅”短片的作者对二舅的住址进行了保密化处理，以免给二舅带来不必要的打扰。

不要加入未经确认的信息

如果有些信息没有得到确认，作者不能凭主观的想法进行填补，须跟当事人及相关人员进行多方求证方可加入。

要征得书写对象的同意

作者在动笔之前，需要征得书写对象的同意，他们有知情同意权，须同他们说明素材传播的目的及途径等。

要保持中立

故事中人物的观念、表达以及行为等，作者须以中立的态度进行记录及阐述，以免加上个人态度而有意无意地误导读者，导致内容失真。

要保护书写对象

在书写的过程中，作者也许已经做了相关的防护工作，但当突发情况无法避免时，作者要肩负起保护对象的责任。比如，“二舅”短片的作者虽然对二舅的住址进行了保密，但是目前互联网技术这么发达，有人还是可以识别出来，作者只能把二舅接到了其他地方进行保护。

要保护故事

一旦非虚构的故事被记录及传播出来，可能未必会按照作者当初的意图方向发展。不过，它从此也具备了一定的生命力，成为人们认识大千世界、社会百态的一个“导赏员”。如果你是作者，记得要像保护孩子一样保护你的故事，要对它负责。

一图读懂：非虚构写作的几个要点

越弱的故事，越容易传播

无意中的一次机会，听到一句话：“越弱的故事，越容易传播。”不知道大家第一次看到这句话时，是不是跟我一样觉得这句话“与众不同”。

先不急于判断这句话的对错，我们代入另一个角度看看，“越强的故事，越容易传播。”好像也对，我们也听过很多“英雄的故事”。

所以，我们做一个小调查：《哈姆雷特》和《白雪公主》两个故事，你更了解的是哪个呢？

我先预估一下调查的结果，大多数人了解的是《白雪公主》，了解的程度是至少能够说出故事的梗概。

《哈姆雷特》讲述的是叔叔克劳狄斯谋害了哈姆雷特的父亲，篡取了王位，并娶了国王的遗孀乔特鲁德，哈姆雷特王子因此为父王向叔叔复仇的故事。

《白雪公主》讲述的是白雪公主受到继母皇后的虐待，逃到森林里，遇到七个小矮人与王子的故事。

两个故事的内容都很抓人。不过在故事复杂度、戏剧冲突张力、人物性格等方面，后者都比前者弱一些。

而《白雪公主》，这个故事广泛流传，不同国度与地区，或者不同年龄层的人们，都有所耳闻。

为什么“越弱的故事，越容易传播”？我认为可能有以下几个因素。

❶ 强的故事，往往有门槛

在我们日常的生活中，流传着很多哈姆雷特式的英雄故事，这些故事有意无意地宣扬着英雄的精神，让人看得热血沸腾，也成为人们茶余饭后的谈资。

不过，“英雄故事”好像有一定的门槛与阻隔。

先看年龄阻隔。小朋友可能尚未能够理解《哈姆雷特》的故事含义，有些家长可能也未必想让自己的孩子过早地了解如此复杂的故事。

再看区域阻隔。“英雄故事”一般都有区域属性，由于信仰、文化及利益等方面的差异，他们在这个区域是英雄，到另一个区域就未必了。

比如，一个英雄打败了敌人，他所在区域的人们认为他是英雄，而在对手方那里可能遭到讨厌。

此外，故事的信息量越少，越容易传播。一般来说，信息量越少，看懂的人就越多。

比如，希望工程的“大眼睛”照片，其传递的信息很少，不需要复杂的叙事，凭一双渴望的大眼睛就感动了无数人。

❷ 弱的故事，更有亲和力

在自然界，或者在人类社会，我们可以找到很多这样的例子。故事的势能越强，反作用力越大。

我们看到小兔子在吃胡萝卜，就觉得可爱。看到老虎在捕猎，就觉得血腥，心里产生抵触。看到两个大男人在打架，我们就想远离。看到两个小朋友在玩玩具，我们也想过去玩玩。

经过万年的进化，人类造就求生的本能，趋利避害。为了生存，人们必须远离危害，不然就会遭受威胁。

同样，越强的故事及人物形象，让人产生距离感，或者自愧不如，或者敬而远之。弱的故事及人物形象，让人感觉大家都一样，容易产生共鸣。比如，如果迪尼斯动画片《白雪公主和七个小矮人》片名改为《白雪公主与白马王子》，大家看到公主与王子，会感觉两个都是高势能的人物，阳春白雪，跟自己有距离感。而“七个小矮人”比“白马王子”低势能，更易引起大众的共鸣。

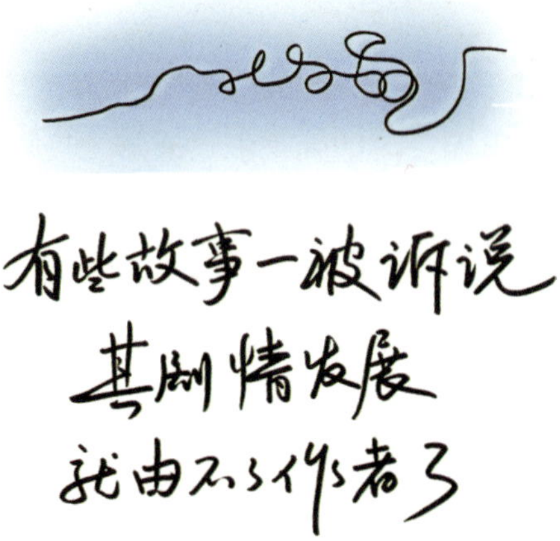

❸ 故事消耗能量越小，留存越长久

在无线电波中，频率越低，传播损耗越小，覆盖距离越远，绕射能力也越强；频率越高，波长越短，绕射能力越弱，虽然穿透能力强，但信号穿透会损失很大能量。

同样的原理，弱故事的剧情变化频率越低，冲突张力越小，人们感受及解读其故事内容消耗的能量就越小。基于人类趋利避害原则，弱的故事会流传更广泛。

比如，《哈姆雷特》中的哈姆雷特为父王向叔叔复仇，与《白雪公主》中的后母陷害继女的故事相比，后者更接近我们生活的现实，让读者消耗的能量更小，因此，《白雪公主》的故事流传得更加广泛。

再如，如果有位画家画了一幅《蒙娜丽莎的大笑》或者《蒙娜丽莎的大哭》，也很精美，不过“大笑大哭”会更消耗人们的情绪能量，有些人可能就不太喜欢。而达·芬奇的《蒙娜丽莎》只是微微一笑，就能够达到大众同频共鸣的最大公约数。

一图读懂： 影响故事传播的 4 个因素

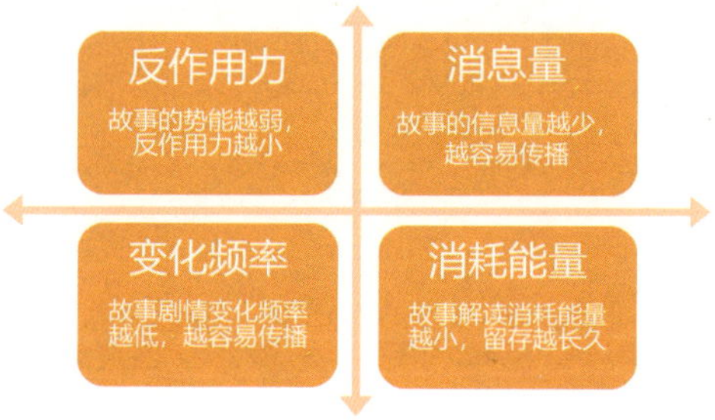

第五章

团队沟通与合作

人际交往中，我们可能会遇到的 6 种人

日常生活中，我们去看同一部电影，可能大家喜欢的东西却不一样，有人喜欢华丽的人物造型，有人喜欢震撼的视听效果，有人喜欢独特的剧情发展，也有人喜欢的是电影院爆米花的味道。

我们去一个餐馆吃饭，有人看重这里的味道，东西好不好吃，正不正宗，新不新鲜；有人看重这里的装潢与食物的颜值，第一件事情就是先拍照发朋友圈；有人看重这里的音乐，在意放的是爵士乐，还是流行乐；也有人看重这里的座位是否舒服，是否有 WiFi。

我们跟不同的人沟通交流时，也会发现人的性格各有不同。有人十分注重看起来要漂亮，出门见人，必须要穿着打扮一番；有人注重听觉上的感受，如果你对他大喊大叫的，他会十分反感；有人注重感觉，感觉对时可以一见钟情，感觉不对时，相处也不对盘；而有人注重效率，会考虑交流的过程是否有意义，是否可以得到一些有营养的内容……

一样米养百样人，我们生而不同，每个人所看重的地方注定是不同的。因此，我们在互动的过程中，可能会产生一些碰撞、摩擦，甚至冲突。这是人际互动中的挑战，也是机遇，可以让我们看到不同的精彩。

在人际互动过程中，涉及两个方面：一是自我认识，一是认识他人。而这两方面的信息，都可以通过《心经》里提到的“眼耳鼻舌身意”，即眼识、耳识、鼻识、舌识、身识、意识这六识来获取。每个人所侧重的地方不同，就会产生不同的需求及表达。

❶ 眼识：以视觉获取信息

有些人特别擅长通过眼睛去发现世界，他们喜欢看起来美的东西，看电影注重美的视觉效果；吃东西时，食物好看比好吃更重要；自己的穿着打扮也十分注重颜色的搭配，追求潮流的款式，家里的布置也要美美的，

墙上挂一些美术作品，当然也少不了鲜花、绿植的点缀……

在工作上，他们追求设计的美感，有他 / 她在，工作场所会布置得十分漂亮，工作报告、PPT 也做得很好看……所谓“颜值即正义”，便由此而来。

如果你符合以上所说的一些情况，那么可能你就是“视觉型”的人，恭喜你，你有一双发现美的眼睛，是画家或者设计师的料子。

如果我们要跟“视觉型”的人互动，可以“投其所好”。遇到这样的上司，我们最好把会议现场布置得好看一点，PPT 设计得好看一点；遇到这样的服务对象，不要吝啬赞美他 / 她今天的装扮；遇到这样的朋友，重要时刻可以送上一束鲜花，也许他 / 她会笑得灿烂。

❷ 耳识：以听觉获取信息

有人的听觉非常灵敏，这些人在音乐上有特别的天赋，甚至能够听得出音调、音阶微小的差别。他们喜欢音乐，不惜重金买一副好的耳机，或者一台好的音响，享受被各个美妙音符包裹着的感觉……

有人唱歌跑调，被人吐槽“五音不全”，而有人从来没有学过唱歌，一张口便是天籁。这是“听觉型”人的优势，他们对声音的吸收与表达都十分敏感。

有些人说话的声音很好听，在说话上注重音色音调，有节奏感，有抑扬顿挫。他们可能是天生的演说家，因为演说首先要通过声音传递感染力与鼓动性。

如果我们要跟“听觉型”的人互动，那就要特别注意说话不能太刺耳，他们可能会听着难受。同一件事情，如果用不同的语调跟他们讲，可能他们会有不同的反应。

❸ 鼻识：以嗅觉获取信息

自从人类直立行走，视线变高，我们更加依靠视觉或者听觉去捕获信息。而在嗅觉上，我们退化了不少。

但即便如此，我们身边也不乏嗅觉灵敏的朋友，他们注重空气的质量，喜欢闻花香，食物的香味……在与人交谈时，特别在意不同体味的区别。这些朋友可以闻出香水气味的区别，认为不同的香水气味，可以彰显不同的个性与情绪，会影响人际关系的亲密程度。

我们在看不见、听不到的状况下，也可以在爱人、亲人、朋友之间，识别出彼此的气味，从而识别不同的人。

嗅觉是人际互动中收集信息最私密的一个渠道。所以我们在平时的交际活动中，要注意体味的影响，在个别面谈时，尤其在夏天，要尽量避免汗臭味，以免影响交谈对象的情绪。

不同场合选择适合的香水，适当地喷洒一些，可以在社交上引起别人的好感，但要注意商务场合切忌使用有浓烈气味的香水。

❹ 舌识：以味觉获取信息

味觉比嗅觉的密切距离更近，一般需要把东西放到嘴里，我们才可以体会到它的味道，因此，我们很少依靠味觉来获取人际交往中的信息。

有些朋友味觉特别灵敏，可能他 / 她是一个天生的美食家，他们可以品尝出不同味道的差别、层次与浓淡。当人尝到不同的味道时，会有不同的生理和情绪的反应，日积月累，这些反应埋藏在我们的记忆深处，一旦再次品尝到相同的味道，当时的记忆便会被唤醒。

不同味道也会唤起不同的情绪或感觉，“酸”往往会跟“爽”连在一起；“甜”让人觉得甜蜜与幸福；“苦”让人有不可言说的回味；“辣”会让人热血沸腾……

麻辣小龙虾、螺蛳粉、重庆火锅这些典型的食物，可以广泛引起大家的“爽”“热血沸腾”的感觉，因而受到大家的欢迎，成为网红食品。

我们往往能从食物中寻找家乡的味道，从而激发起思念的情绪，联想起当年的情景，想到相关的人和事。

有时我们聚餐，彼此好像不用说太多话，也能感受到彼此的情谊，家庭团聚就吃团圆饭，朋友聚会就一起聚餐，这就是味觉唤起的力量。因此，人们常说“唯有爱与美食不可辜负”。

也有人说，天下最好吃的食物就是妈妈做的饭菜。可见味觉在人与人互动中的重要性。如果你想跟对方拉近关系，最好的方式是跟他 / 她吃一顿饭，当然最好是他 / 她喜欢吃的。

❺ 身识：以触觉 / 感觉获取信息

身识是指以全身的触觉 / 感觉来感知世界，相对前面“四识”更为广泛，即启动全身的细胞，去接触与感受外界，得到一个整体的感觉。这种感觉会让你做出判断：“此地是否适合久留？”

有人进到一个餐厅，十分看重这里的整体环境，比如，采光度、空气流通度、温度的高低、椅子舒服程度，还有桌子是否就着门口，是否远离洗手间，这些因素都会影响人的感觉，从而影响他们的用餐心情。

“感觉型”朋友能够感觉到环境及氛围的细微变化，他们在人际互动的过程中，很注重距离感，感觉到亲密可靠就会近一点，感觉陌生可怕就会远离，保持安全距离。也正因如此，他们总能找到大家相处融洽的位置，让人感觉到舒服。

如果你的朋友或爱人是“感觉型”的人，在他们伤心时，不需要讲太多的道理，有时拍拍肩膀，一个关心的拥抱，也许他们就能感觉到温暖与力量。

❻ 意识：以意识 / 理智获取信息

意识，相对前面提到的眼识、耳识、鼻识、舌识、身识，似乎更加抽象、复杂一点。看到什么颜色，听到什么声音，闻到什么气味，尝到什么味道，触到什么感觉，一般都会有直观的反馈。而“意识”是人们对外界和自身的觉察与关注程度，表现为知识、情感、意志三者的统一。

以买衣服为例，“视觉型”的朋友觉得好看就好；“听觉型”的朋友取决于是否听到有人夸奖他 / 她穿得好看；“感觉型”的朋友会先试穿一下，觉得舒服就行……而“理智型”的朋友，他们会综合以上所有因素，还会考虑这件衣服的价格是否实惠，在什么场合可以穿，等等，他们似乎在追求一个“万全之策”，希望找到一个最优解。

如果身边有这样的朋友，估计我们都会敬而远之吧。他们也有做 leader 的潜质，总希望把各方面都打点得妥妥当当的。

如果有朋友是做主管或领导的工作，他们会更加偏向于“理智型”。想象一下，如果我们的领导只是以“看起来好看，听起来好听，或者觉得这样舒服”就进行决策，我们好像也不会太放心吧。

如果我们要跟“理智型”的朋友打交道，特别是跟这样的上司汇报时，最好不要指望只是看起来漂亮就好，或者说些好话就好，而是要准备好足够的材料以及较为逻辑性的论证方法。

我们一般都是通过以上 6 个方面，与外界互动以及自我觉察。无论哪方面都没有好与坏，当然也没有绝对的划分，也不会一成不变，每个人都会根据他 / 她的处境而发生变化。

在佛学上，眼、耳、鼻、舌、身、意合称“六根”，是心的外缘，能感觉六尘并形成六识。眼是视根，耳是听根，鼻是嗅根，舌是味根，身是触根，意是念虑之根。常有人对某一侧重，谓之执着，过则谓之执念。是烦恼是开悟，看个人造化。

一图读懂：人际交往中，我们注重些什么？

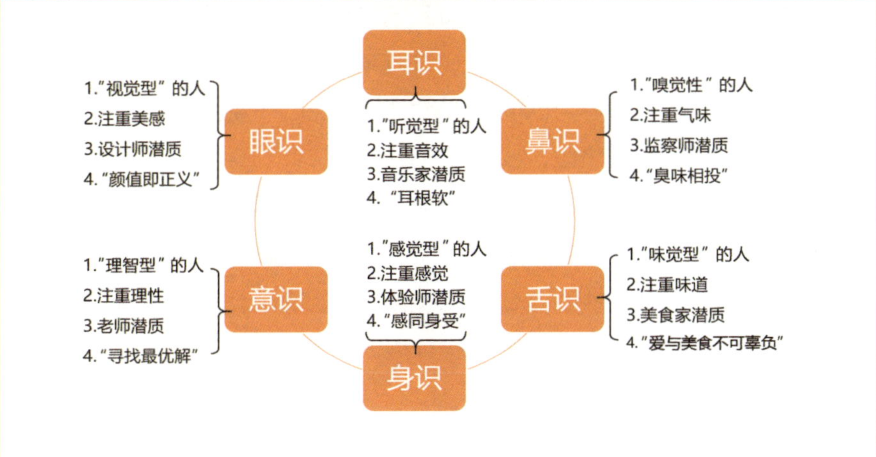

在沟通中，说服别人为什么这么难？

已经说不清楚我们有多少次产生这样的一个执念：说服别人接受自己的想法。

在日常生活中，我们时不时都会冒出一些念头：感觉对方好像不太对，我得说他一两句；看到对方要犯错误了，我得提醒他一下；觉得这个东西好，我忍不住要推荐给他。

但是说服别人，是很难的一件事，可能越想说服越适得其反。

❶ 说服别人，为什么难？

每个人都是独立的个体，都有自己独立的意志。我们都有不同的出身、经历，形成的三观（世界观、人生观、价值观）也不同，从个人的立场出发，每个人看到的世界是不一样的，心里所想的也各有差异，我们怎么能够说服别人呢？这太难了。

首先，每个人都有本能的反抗意识。精神分析心理学家弗洛伊德[1]提出，人在面对挫折和焦虑时会启动自我保护机制，它主要通过对现实的歪曲来维持心理平衡。比如，否认。通过对某种痛苦的现实有意识或者是无意识地加以否定，来缓解自己的焦虑和痛苦。说白一点就是："好吧，你说的都对，但是我现在很焦虑，我不想承认。"

回想一下自己的情况，我们希望被说服吗？就算哪次明知道自己不在理，心里也死不承认，内心独白："我怎么能认怂呢？"

我们总有个莫名其妙的心态：被说服，好像就等于被征服了。

作为一个独立人，没有人愿意被征服，就算迫于某种压力，表面上表现为服从，心里还是不服的。

其次，说服过程中，往往带有情绪。为什么要说服别人？正如上面所说，我心有期待，我希望他好，不希望他犯错。就是因为他没达到这个期望，所以要说服他。

情绪是以个人愿望和需要为中介的一种心理活动。什么意思？心理学家保罗·艾克曼[2]把情绪分为四个种类：喜悦、愤怒、悲伤、恐惧。如果个人愿望和需求得到满足，就会感到喜悦，反之会是愤怒、悲伤或者恐惧。

负面情绪会影响沟通，情绪就像一头受到惊吓而飞奔的牛，陷入一种非理性的莽撞之中。这种力量起源于本能的自我保护，就像人们在吵架的时候，一般都是红着脸瞪着眼，主要为了自我保护。

在一个人带着情绪，而且自我保护意识十分强烈的情况下，是无法有效沟通的，更谈不上被说服了。

然而，现实中有些工作岗位，本职职责就是要"说服"别人。比如，心理咨询师在辅导一个非理性情绪的个案时，他要让服务对象识别非理性情绪，然后进行调整。

---

[1] 西格蒙德·弗洛伊德（Sigmund Freud，1856—1939年），奥地利精神病医师、心理学家、精神分析学派创始人。

[2] 保罗·艾克曼（Paul Ekman），美国心理学家，主要研究脸部表情辨识、情绪与人际欺骗。

比如，社会工作者在辅导一个缺乏自信的个案时，要鼓励服务对象相信自己。虽然在专业术语上，我们一般不会称之为“说服”，说服难免让人觉得强势，而且显得不专业，因此一般称之为“辅导”。其实，两者目的都是引导服务对象改变原来的想法，换个新角度看问题。

既然“说服”难免出现在我们的工作中，从业的社会工作者，应该如何做好上述的“说服”工作呢？

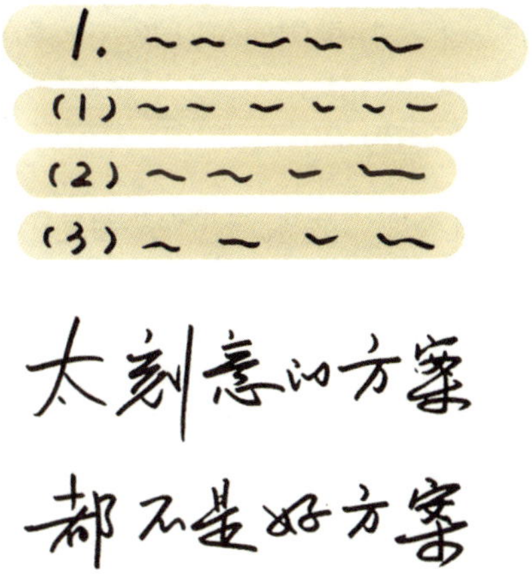

❷ 放弃说服的执念

在社会工作领域，有一个理念是“服务对象自决”。即服务对象要为自己做决定，社会工作者的主要功能是为服务对象提供多个看问题的角度，提供一些解决方案与资源，然后鼓励服务对象在此基础上进行决定。

比如，小明有社交恐惧症，他有改变的想法，但决心不足，很是苦恼。社会工作者要做的就是，鼓励他多参与一些活动，可以跟他说：

“你看，我们中心最近有个晚会，有空的时候过来看看呗，我们最近也跟一些义工朋友在做组织筹划的工作，如果你愿意，也可以参与进来，有道具组、物资组、节目组等分工小组，你想参与哪一个？可以随时跟我说。”

这样听起来是不是舒服一点？让人感觉到，“我不是被别人说服的，是我经过综合考虑，自己做的决定”。

我们还是放弃“说服别人”的念头吧。对说服者来说，放下这个执念，是摆正自己的心态，不要有过大的期望与压力。对对方而言，他的人生应该由他决定，他是自己的第一责任人，他有自我决定的自由与责任，如此也有利于增强其能动性。

人们常说：“自己选的路，怎样都要走完。”否则，就会改口成“这是你帮我做的决定，不关我的事”。

最好把选择权交还给他，并相信他可以做出比较适合的决定。

❸ 换一种方式，可能会好点

在心理学上，有个概念叫“先跟后带”，即先跟随再带领，或者先同步后带领。大概意思是先顺着（同步）对方的状态与观点，然后才带领他去要去的方向。

要同步的是什么，具体有以下几个参考点。

一是情绪，识别并同步对方的情绪。识别对方是正面情绪还是负面情绪并同步，比如对方愉悦，你也是愉悦的，如果对方正处于悲伤，你最好就不要眉开眼笑了。

二是状态，感受并同步对方的能量。感受对方是高能量还是低能量并同步，比如对方有些疲倦地窝在沙发上，你最好就不要正襟危坐了。

三是节奏，跟随并同步对方的节奏。感觉对方的语言、动作快慢程度并同步，比如对方是个急性子，同时遇到了兴奋的事，说话很快，你也跟着说快一点，他会感觉到“你懂我”。

四是观点，聆听并同步对方的观点。当他表达之后，你可以回应“嗯，是的”“原来这样”“对，没错”……

同步以上的做法，都是为了一件事情，即让对方感觉到我们的同理心，如此才能构建起互相信任的沟通基础。

更重要的是，通过同步的做法，社会工作者能够先感同身受对方的处境。通过放弃“说服”的执念，能够得到新的发现，找到彼此沟通的法门，然后，进入带领的方向。

这些是社会工作者应当掌握的沟通技巧，但我们永远都不要忘了，沟通最重要的是“真诚”，所有的技术到最后起作用的都是真诚的力量。

前面的跟随、同步、附和等，都要基于真诚的原则，即你是真的能感受到对方的愉悦与悲伤，愿意跟他一起走过高山低谷，能感受到他的快与慢，也能看到他表达的闪光点……

最后，分享一个小故事。

一个晴朗的中午，一头牛儿正在草地上慢悠悠地吃草，享受着它美味的午餐。

有个少年走过，看着好奇，想逗牛儿玩玩，就拿着一根小树枝在牛儿的屁股上打了一下。结果，这头牛儿受到惊吓，闷着头像发了疯一样往前奔跑，而前方不远处正是悬崖。

少年见状，十分紧张，他想着一定要上前把牛儿拦下来，不然麻烦就大了。他立马跑到前面，双手拉住牛角，想让它停下来。但是他发现自己越用力，牛儿的力气就越大，跑得更快了，仿佛是一列火车势不可当。

眼见危险，这时放牛倌过来了，他是位 60 岁上下的老人，看得出他经验丰富，深知牛儿的脾性。他喊着让少年让开，跑上前，与牛儿并排跑。就在牛头的位置，放牛倌一边喊着平时驯牛的口号“哞，哞，哞”，一边用右手肘时不时地轻轻推几推牛头，几下后，牛儿奇迹般地往右拐弯，并且慢慢地停了下来。

少年看得目瞪口呆，心有余悸，手里全是冷汗，几分钟都说不出话来。老人过来拍了拍他的肩膀说，没事了，以后不要再做这些蠢事。

等少年缓过神来，满脸疑惑地问老人：“太厉害了，牛儿跑得这么猛，您都能拉住它，怎么做到的？”

老人抽了口手里的烟，看着他心爱的牛儿说：“如果它愣着往前冲，首先不要猛力往回拉……”

一图读懂：“先跟后带”的沟通技巧

如何成为一个善于沟通的人？

在我们的日常生活或者工作场合中，总会看到有些人很会聊天，他们就像知心的朋友，大家都喜欢跟他 / 她打交道，说说心里话，征求对方的意见。

虽然我们不一定要立志成为一个“善于沟通”的人，不过与人互动较多的社会工作者，沟通也是一项必须具备的工作技能，可以从这些受人欢迎的朋友身上得到一些启发。

善于沟通的朋友一般具有这些特质：

· 真诚；

· 开放包容；

· 积极正面；

· 善于表达；

· 善于倾听；

· 同理心强。

你最认同的“善于沟通”的特质有哪些呢?

我们如何才能成为一个善于沟通的人，类似“真诚、开放包容、积极正面”这些特征好像只能靠个人自我感悟及自我修炼，是否有“肉眼可见”的方式，让我们可以透视“良好沟通”是如何发生的呢?

今天，跟大家分享一个沟通理论模型：乔哈里视窗。

这个理论最初是由乔瑟夫（Joseph）和哈里（Harry）在 20 世纪 50 年代提出的。乔哈里视窗从自我概念的角度对人际沟通进行了深入的研究，将人际沟通的信息比作一个窗子，并根据“自己知道—自己不知”和“他人知道—他人不知”这两个维度，依据人际传播双方对传播内容的熟悉程度，将人际沟通信息划分为四个区：开放区、盲点区、隐藏区和未知区。人的有效沟通就是这四个区域的有机融合。

❶ 开放区

开放区，是自己知道、别人也知道的区域。比如你的姓名、身高、体重、学校、学历、工作单位、职务、特长和爱好等。

开放区具有相对性，有些事情对于某些人来说是公开的信息，而对于另一些人可能是隐秘的事情。在现实的人际交往中，如果双方共同的开放区越多，沟通起来也就越便利，越不易产生误会，越容易取得双方信任，这是沟通交流的基础。

这个很容易理解，回看一下你最好的朋友，相对于其他朋友，是不是你了解他 / 她多一点，你们甚至有一些专属了解的信息、专属的话题、专属的经历等。

同理，如果一个人善于沟通，受很多人欢迎，那么，他 / 她的开放区就越大，很多人都可以对他 / 她有更多的了解。比如一个明星，他 / 她向粉丝公开自己的信息，比如他 / 她的身高、体重、学校、学历、特长、爱好、相关作品或特殊的经历等，可以拉近与粉丝间的距离。就像他 / 她开放了家里的花园，让很多朋友可以过来玩。

木村拓哉[1]就写有一本书《开放区》，在书中主要谈及了个人的感情生活及人生观，还加上了自己拍摄的照片。这本书一经出版便受到粉丝的欢迎，成为粉丝争相购买的收藏品。

❷ 盲点区

盲点区，是自己不知道、别人却可能知道的区域。比如，你的某些小习惯、口头禅，甚至某些处事方式，别人对你的一些看法，等等。

你自己没有觉察到，但别人可能一目了然。有个童话故事《皇帝的新装》就讲述了这样的场景：一个愚蠢的皇帝被两个骗子愚弄，穿上了一件"愚蠢的人看不见"的，实际上根本不存在的新装，赤裸裸地上街举行游行大典。

盲点区过大，很容易造成沟通的误会。他觉得自己没问题，但是别人都看在眼里又不说，如果没有得到有效的及时反馈，他就会陷入"皇帝的新装"的骗局中。所以，在日常的沟通交流中，如果一个人的盲点区比较大，那么，他可能是一个比较大条、自负而不自知的人，可能会引起一些人的反感与抵触。

改善措施是"请求反馈"。我们要广开言路，请求别人的反馈，避免信息闭塞。别人的评价（恶意的除外）其实都是别人送给我们的礼物，我们欣然接受，能够消除个人的盲点，对于个人成长有极大的帮助。

据说，腾讯公司创始人马化腾[2]，在QQ上线初期，为了更好地了解用户的产品体验及反馈，假扮成客服小妹跟用户聊天。后来，腾讯提出了自己的经营理念："一切以用户价值为依归。"

❸ 隐藏区

隐藏区，是自己知道、别人不知道的区域。比如，你的某些小秘密、个人隐私、某些独特的经历等。

[1] 木村拓哉，日本男演员、歌手。
[2] 马化腾，腾讯公司创始人。现任腾讯公司董事会主席兼首席执行官。

如果一个人的隐藏区比较大，他 / 她就会显得比较神秘。他 / 她很少说话，经常遮遮掩掩的，别人对他 / 她了解甚少，与他 / 她接触时难免会产生一些防范心理，他 / 她较难得到大家的信任。

改善措施是多一些“自我披露”。即在沟通过程中，多分享自己的一些信息，便于彼此了解。同时对方也会觉得，对面这个家伙挺真诚的，跟我分享了他 / 她的生命故事，他 / 她这么信任我，我也多分享自己的信息吧。彼此沟通之门，可能由此打开。

据说，华为创始人任正非[1]，早期为了推广业务，在一个国际研讨会上，站在会议大厅门口，见到进场的客户，无论职位大小、国籍中外，都亲自送上自己的名片，面带微笑、毕恭毕敬地自我介绍，从而建立了不少的客户关系。

❹ 未知区

未知区，是自己不知道、别人也不知道的区域。比如，你的潜意识、身体极限、潜能等。

有时，我们会遇到这样的情况，有些事情，你认为自己做不到，别人根据对你的认识也一致认为，你做不到。而你去尝试，结果做到了。

未知区的探索与开发，可能是以上四个区域中最难的了。因为自己处

[1] 任正非，华为技术有限公司创始人。现任华为技术有限公司董事、CEO。

于未知的状态，盲目不自知，且对未知有迷茫与焦虑感。同时别人对于你的潜能也处于未知的状态，无法给予及时的反馈。

改善措施是尝试“接受挑战”。对于未知区，有时需要一定的机缘，走出自己的安舒区，去探索新的任务与事物，激发自己的潜能，也许会有惊喜的发现。

想得太满
对创造性是一种伤害

我的前同事小王，有一次年会，总部向大家征集表演节目。小王所在的项目组想创新一下形式，就上报了一个小品节目。

小王平时比较内敛，但他是团队唯一的男生，在大家的鼓动下，他担任起男主角，而他从来都没有学过表演，也没演过小品。他不知道自己是否能做到，其他同事也持怀疑的态度。而结果却出乎意料，反响很好，大家都没想到小王原来有表演的潜力。此后，小王个性变得更加活泼主动，在很多场合，他经常代表团队做分享或汇报工作。他的表现，受到大家的好评。

回顾一下，在人际互动中，有一个“沟通视窗”：自己知道，别人也知道的“开放区”；自己不知道，别人知道的“盲点区”；自己知道，别人不知道的“隐藏区”；自己不知道，别人也不知道的“未知区”。

如果我们需要营造良好的沟通关系与氛围，最好适当地扩大自己的开放区。盲点区变成开放区的措施是“请求反馈”；隐藏区变成开放区的措施是“自我披露”；未知区变成开放区的措施是“接受挑战”。

万物皆有裂缝，那是光照进来的地方。愿你也可以打开“沟通之窗”，看到彼此的美好。

一图读懂：良好沟通的 4 个区间

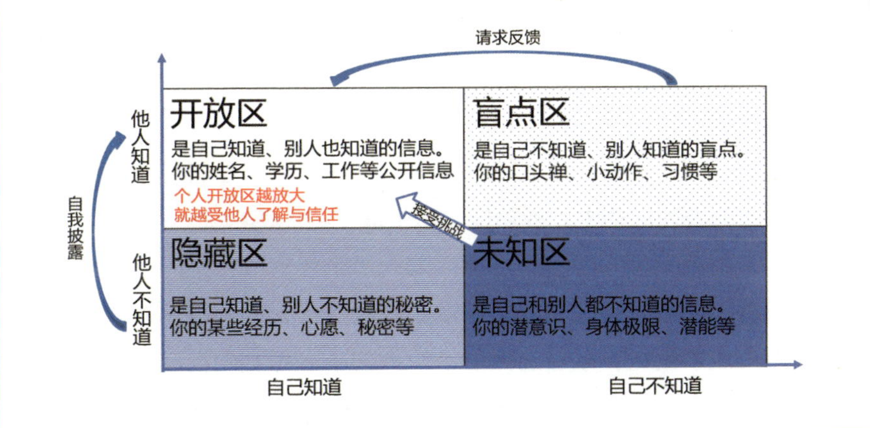

如何好好说话？关于“非暴力沟通”的 4 个要素

“这个事情，我不是说过了吗？你有没有耳朵，有没有脑子啊？！”

当听到这句话时，你会是什么反应呢？

第一种：直接刚回去：“关我屁事啊，就这么着吧！”

第二种：心想这个人神经病，不想和他说话，直接走开。

是否还有第三种方式？

在人际交往中，可能由于立场不同，观点不一，容易产生摩擦，争吵，甚至出现暴力相向的情况。

❶ “暴力沟通”是如何发生的？

在这过程中，为什么会有暴力的情况出现？大家心平气和，坐下来好好说话不行吗？在了解“非暴力沟通”之前，我们先了解一下“暴力沟通”是如何发生的。

缺乏安全感

在这段沟通关系中，彼此缺乏安全感，可能由于不了解对方，或者对于现状以及所面临的问题没有把握，心里忐忑不安。为了武装自己，表现出冷酷暴力的样子。

自我保护机制

个人缺乏安全感，就会启动“自我保护机制”。心理自我保护机制普遍存在于人的心理活动中，其功能类似生理上的免疫系统。

当个人由于某种原因将要或已经陷入紧张焦虑的状态时，就会激发心理自我保护机制来减轻或免除内心的不安与痛苦，以更好地适应生活。当别人向自己施加暴力，或者对方的言语像刀子一样刺向自己时，为了自我保护，我们会奋起抗争，这是人的本能。此时，这种“暴力”只是想告诉别人：“别那样对我说话，我也不是好惹的。”

以自我为中心

习惯“暴力沟通”方式的人，一般与其个性、职位、身份等因素相关。

比如，有些人天性要强，凡事要争个第一；有些人是单位的领导，工作中习惯以“命令”形式指示人；有些人是家长，他们觉得孩子啥都不懂，就是要听父母的。因此，凡事要按照自己的意志来，一切要在自己的把控之内，喜欢支配别人，以命令的口吻跟别人沟通。

自卑及自负

每个人都有或多或少的自卑感，而自卑与自负又仅有一线之隔，是一个事物的两面。无论是自卑还是自负，都有这样的特点：敏感、易怒、自以为是。他们的“暴力沟通”方式，貌似“强大”的行为，其实都是为了抵消内心深处的“自我不认同”。

❷ 为什么我们需要“非暴力沟通”？

如果我们没有足够的能量及成熟的应对方式，要先避免与沟通对象正面冲突，以免被攻击，遭受伤害，引致矛盾升级。

虽然“暴力沟通”有其背后的原因及动机，甚至从另一个角度看，“暴力沟通”还有“自我保护”的积极的一面。不过，伤人一千，自损八百。俗话说，好言一句三冬暖，恶语伤人六月寒。大多数人还是希望以“非暴力沟通”的方式进行互动。

在良好的双方关系中，“非暴力沟通”必不可少。如果想继续维护这一段关系，或者不想引起矛盾的升级，需要采取“非暴力沟通”的方式。

“暴力沟通”和“非暴力沟通”的区别在于，“暴力沟通”的人把所有责任都推给对方，而“非暴力沟通”愿意探索彼此内心的需求，并愿意解决问题。

“非暴力沟通”帮助我们重新构建表达自己和聆听他人的方式，使我们的言语不再只是出于习惯（本能）的自动化反应，而是建立在觉察彼此感受和需要的良好基础上，做出有利彼此的回应。

❸ “非暴力沟通”的 4 个要素

既然“非暴力沟通”在人际沟通中十分必要，那么，具体应该怎么做呢？美国临床心理学专家、“非暴力沟通”理论创始人马歇尔·卢森堡博士提出，“非暴力沟通”有 4 个要素。

观察

我们在表达自己的观点之前，先要学会观察，这要求保持客观，不夹杂任何的主观判断和评论。如果没有较为客观的观察，我们难以关注当下的实际情况，从而导致所掌握的信息出现失真或误判的情况。

如果在未了解实际的情况下，就掺杂自己的情感和评判，会使对方感到冒犯，产生逆反心理，也会影响接下来的沟通。

做好观察，说难不难，说易也不易。观察，就是把自己的所见所闻，如实反映出来，其难点在于，我们是否可以心如明镜，把观察的内容不掺杂个人的偏见，客观地反映出来。这需要“放下自己，装下别人”的内心修炼。

比如，回到开头的那个情景。可以转换一下表达：“我看到你很着急的样子，是有哪些地方还不明白吗？”

把自己所观察到的情况告诉对方，让对方感受同理心，同时也能确认沟通的信息是否有偏差。为下一步沟通铺垫良好基础。

感受

把观察到的情况反馈给对方，并得到确认之后，再把心里的感受表达给对方，让对方也了解你此刻的感受，引起共鸣，同时也引发出对方真实感受的表达。有时，感受需要合理地表达出来，千万不要一味以为对方能够主动领悟你的感受，事实上对方不一定知道此刻你是怎样的心情。

再回到上面的例子，我们可以这样表达：“看到你着急的样子，我心里也蛮担忧的。”既表达对对方的关切，也表达了自己此刻的感受，希望“将心比心”地进一步沟通。

需求

了解彼此的感受之后，再次探索大家的需求。对方有对方的需求，你也有自己的需求。这两者需求是否一致？如果不一致是否可以调和？除了需要了解对方需求之外，也要把自己内心的需求表达给对方，让对方了解你的需求。

有时，我们会自以为“我的需求，他还不知道吗？”事实上，他可能知道，也可能只是知道一点点，甚至是真的不知道。此刻，我们要合理地表达出来，让对方加以确认。

所以，可以这样表达：“你这么着急，是遇到了什么问题吗？有什么需要帮忙的吗？”“看到你这样，我不知道可以做些什么，如果可以，需要你多说一点。”

请求

把自己希望对方做的表达出来，并获得对方认可。请注意这是“请求”，不是“要求”。“请求”是把主动权交还给对方，“请求”是一个更加平等的姿态，意思是这是需要大家一起面对的问题，而不是要求对方完成。

可以这样表达：“如果需要我做些什么，请及时告诉我好吗？”“如果可以，我们一起讨论一下这个问题怎么解决，好吗？”

总结一下，为了便于理解，有一个简约的“非暴力沟通”公式：

非暴力沟通 = 我的观察 & 你的反馈 + 我的感受 & 你的感受 + 我的需要 & 你的需要 + 我请求

“非暴力沟通”并不是软弱，而是站在更高的角度，看待当下的人际冲突，避免陷入非理性情绪的陷阱。同时，以抽离的身份重新评估问题的症结，把对抗的矛头从面向对方转向问题本身。

如果你珍视并想继续维护这段关系，如果你也了解“非暴力沟通”的原理与方法，那就尝试一下吧，说不定改变就在此刻发生。

一图读懂：非暴力沟通的 4 个要素

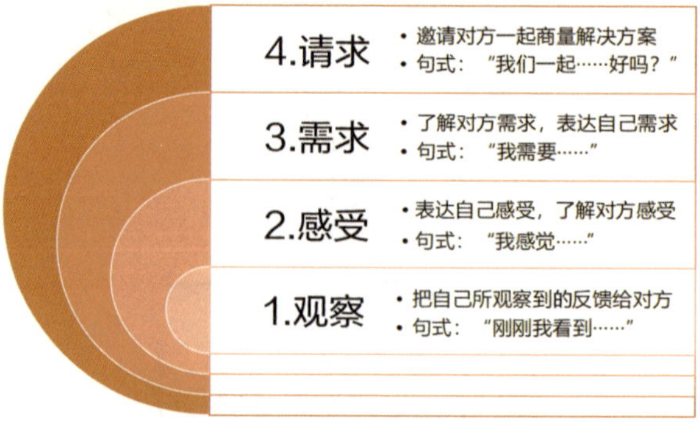

"说好话"就是"高情商"吗？

小何是一家保险公司的业务员，从事保险工作已有 3 年，他性格开朗，幽默风趣，很会察言观色，逢人就说好话，嘴像抹过蜜一样。

他到公司应聘的那一天，面试的老师都很满意他的表现。工作头一年，他确实没有辜负领导的期望。通过陌拜[1]，他与很多客户建立了良好关系，打下了不错的基础。

然而，后来他慢慢感觉力不从心。每次面对客户，他都是面带笑容，尽说好话，尽力让客户高兴。看起来自己跟客户有说有笑的，气氛融洽，但是成交率很低。他抓破脑袋也想不明白问题出在哪儿，很是郁闷，再想起自己常在客户面前强颜欢笑的样子，就更是难受。

[1] 陌拜，营销术语，指不经过预约直接对陌生人进行登门的陌生拜访，是业务人员常用的寻找客户的方式，也称为扫街或者扫楼。

有一次，他喝了二两红星二锅头，跟坐在对面工作了 30 年的同事老王哭诉：

“我已经很努力了呀，尽力讨好客户，让他开心，但是……”

“但是，你自己开心吗？”老王没等他说完，就问了一句。

“我开不开心的，不重要啊，不是说让客户高兴才是高情商吗？”小何委屈地说。

“不是的，高情商不是这样的。”老王点了根烟，向他娓娓道来其中的区别。

……

有关研究显示，一个人的成功，只有 20% 归诸智商，80% 则取决于情商。然而，很多人对于情商的理解有所偏颇，觉得这个人特别会“说好话”，讨人喜欢，他就是情商高，其实不然。

情商（Emotional Quotient），全称情绪商数。在认识情商之前，我们首先了解一下什么是情绪。

情绪是以主体的需要、愿望等倾向为中介的一种心理现象。情绪具有独特的生理唤醒、主观体验和外部表现三种成分。符合主体的需要和愿望，会引起积极的、肯定的情绪，相反就会引起消极的、否定的情绪。

平时，我们常遇到这些情况：事情按照原计划进行，内心会感到愉悦，而原本的计划被打乱，心里会变得焦虑；面对熟悉的事物，会觉得舒心，而面对新的挑战，心里会感到恐惧；如愿以偿或超出预期，会觉得兴奋，而结果没达到预期，心里会感到失落……

有些人的情绪会因外界的各种变化而波动，喜怒形于色；也有一些人，情绪很稳定，很难见到有波动，好像从来就是一个表情。

有些人说话很直，有一说一，乍听起来，让人不太舒服；也有一些人特别会察言观色，说一些让人爱听的话……

从以上的情况看，我们都不好说：谁的情商高，谁的情商低。

心理学家丹尼尔·戈尔曼[1]指出，情商包括以下几个方面：了解自身

---

[1] 丹尼尔·戈尔曼，哈佛大学心理学博士，主要研究行为与头脑科学。

情绪、管理情绪、自我激励、识别他人情绪、处理人际关系。

❶ 了解自身情绪

时刻察觉自己的情绪变化与需求，当情绪出现时，你能感觉到它的存在，尝试与它对话。你能感知到自己的开心、焦虑、恐惧、兴奋、失落……

你要了解自己是怎样的个性；是外向型，还是内向型；这个情绪的出现，是由于内在因素，还是外界因素，哪个更多一点。

你能清楚当前自己是怎样的状态，这个情绪是怎么发生的，强度如何，持续了多久，以往是否出现过类似的状况，是否能够应付。

了解自身情绪，这是第一步，看起来很容易，其实不易。需要我们有足够的抽离能力。

可以这样想象一下，假如有一天，你陷入郁闷的情绪当中，在旁边有另一个你在看着现在的你。你看到了什么？跟你熟悉的那个自己有何不同？这样抽离的视角，也许可以帮助你对自己的认识更加全面与客观。

❷ 管理情绪

合理管理自己的情绪，使之适时适度地表现出来。比如，如果自己感到高兴，不至于忘记身份场合，欣喜若狂；感到悲伤，也不必深陷其中，不能自拔。

无论如何，不要刻意回避任何的情绪。如果它是积极的情绪，那就适当地表现出来吧，好好感受它带来的愉悦与力量，并且它也能向他人传递积极的能量。如果它是消极的情绪，你要找到适合的途径释放，而不是刻意地忽视、压抑，并且它也是一种自我保护的机制。比如“焦虑”，它是在警醒你：该做调整以面对接下来的挑战了。比如“恐惧”，它是在警醒你：要远离危险。消极的情绪也有能量，就像火山中的熔浆，不知道哪一天可能会爆发。因此，要注意释放负面情绪的方式、时机及地点，以免伤及无辜。

平时，你可以看到有些人即使很愤怒了，但他还是能够管理好自己的情绪，冷静理智地（至少别人看起来是这样）处理好当前的一地鸡毛。这就是被人称为“高情商”的表现。

有时适当的沉默
就是最好的沟通

❸ 自我激励

如果你陷入消极的情绪中，你需要自我激励，相信自己能够与它很好地相处，一直以来，自己也有很多成功的处理经验。

或者你也可以找个人倾诉一下，通过他人的反馈与支持，帮助自己走出消极情绪的旋涡。

比如，你面对未知的挑战充满焦虑，而工作的目标与要求需要你跨过这道坎，你可以不时给自己打气：“我是可以的！”从积极的方面，不断地暗示自己，调动积极的情绪与消极的情绪调和，这样有助于走出低谷，重新出发。

你知道吗？我们每个人每天其实都会有消极的情绪，就像我们每天都会肚子饿一样，这没有什么大不了的。

我们每天开早会，大家在一起喊口号，像打鸡血一样，看起来莫名其妙，其实我们是为了自我激励。

❹ 识别他人情绪

识别他人的情绪，这是情商中重要的一环。我们保持足够的敏感度，从他人的神情、语言、行为当中，感受、识别及解读出他的情绪，从而做出与之相符的反馈，这是良好沟通的开始。

比如，如果他愁眉苦脸、垂头丧气、说话小声，他可能处于比较失落的情绪之中；反之，他眉飞色舞，昂头挺胸，音量高亢，他可能处于比较亢奋的情绪里。

在识别他人的情绪之前，还有一个重要的事情，就是你也能识别自己的情绪，如果我们常对自己的情绪置之不理，处于麻木的状态，我们就会失去识别情绪的敏感度。

正如你在品尝一道有苦涩味的地方特色食品，平时你对苦味不太敏感，觉得这点苦很正常，但这种苦涩味对吃不惯、比较敏感的人来说可能就会很刺激。

所以一味地“说好话”，并不是“高情商”的表现。比如，人家正在为现状而感到不安，你还在笑容满面地说：“没事，你已经很好了。”他会觉得：对面的这个家伙太敷衍了吧，他在骗我吗？他真的懂我吗？了解我真正想要的是什么吗？此时，“说好话”反而容易引起对方反感。

❺ 处理人际关系

“高情商”的表现，最后一个环节落在“处理人际关系”上。你知道吗？“高情商”一般都是别人的评价，而不是自己自封的。所以，“高情商”的最终指标体现在恰当地处理人际关系上。

良好的人际关系，应该是对等的关系，你能调适自己与他人的情绪和行为反应，而不是一味地讨好。

什么意思？比如，对方高兴时，你也笑容满面，真心替他高兴；如果对方悲伤，你也会神情凝重，能感受到他的失落。这也是同理心的表现（详情请看下节内容）。

同时，还有一个关键点，当时的你是表里如一的，这样你不用假装理解对方，“假装”是没有力量与温度的，对方也能感受得出来。

你能够识别彼此的情绪反应，真正地发自内心与对方交流，“是的说是，非的说非”。比如，对方遇到开心事高兴，你也是能感受到愉悦的氛围，为对方感到欣慰；你有焦虑的情绪，也可以适当地披露，让对方了解你的状况……

最后，“高情商”，其实就是“心里有自我，眼中有对方”，保持足够的敏感度，适时做出与双方情绪相适应的反应。

高情商的人，于人于己，体察入微、彼此真诚，表里如一，始终如一。正如《礼记·大学》里所说的格物、致知、诚意、正心。

一图读懂：高情商的 5 种表现

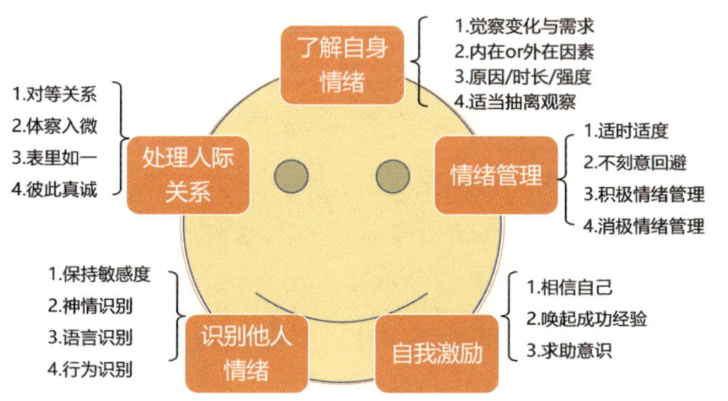

“你真的能理解我吗？”同理心的几个层次

在聊天时，我们会听到对方说：“我懂，我理解你。”这时，我们是否在想，他真的理解我吗，还是在敷衍。或者，当我们想让对方觉得自己真的懂他时，也会说出这句话。但是，我真的懂了吗？也许我自己也不知道，可能只是把这句话当作一个回应的口头禅，或者想早点结束对方的絮絮叨叨。

我们要怎样才算真正地懂得一个人，并且能够体会到自己被理解与关注，从而得到一些支持。这个过程，既需要“度人”，也要“度己”，既要有足够的敏感度，又要以适当的方式表达关注与支持。在日常生活中，我们一般很难做到。

但我们也经常会看到，有些人善解人意，是一个很好的聆听者与支持者，有极好的人缘，别人都愿意与他 / 她共事。

同理心，是心理咨询工作者、社会工作者必备的技能。在心理学上，也称为“设身处地理解”“共感”“共情”，泛指心理换位、将心比心。指设身处地对他人的情绪和情感的认知性的觉知、把握与理解，主要体现在情绪自控、换位思考、倾听能力以及表达尊重等方面。

今天，我们一起探讨下“同理心”，看一看“同理心”分别有哪些层次。为了便于理解，假设一个案例情景（案例为我虚构）。

小王，95 后男生，身高 165 厘米，体重 200 斤，大学毕业 3 年。目前，他在一家网络游戏公司做程序员，收入不错，他平时还热心公益，经常参加社区志愿者活动，并希望多认识一些朋友。但他因为肥胖，比较自卑，常因没有异性朋友而烦恼。小王在去年的中秋社区游园活动中担任志愿者，他认识了刚毕业的社工小李，而随后由于工作繁忙也没有联系。一天下午，小王在社区广场刚好碰到小李，于是，他想找小李倾诉一下烦恼。

❶ 同理心 1.0：没有交集的冷漠者

小李看到小王走过来，互相有印象，他们寒暄几句之后，话音刚落，小王略显落寞，无奈地说：“我太胖了！我很少交到异性朋友！烦恼呢。”

小李见状，感觉有点突兀，但想既然大家有一面之缘，加上自己的职业素养，无论如何，还是回应一下吧，大家都是男生，为了缓和尴尬的氛围，小李半开玩笑地说：“看起来，确实有点胖。”

小王听后，苦笑了一下，没有回应。

小李意识到自己可能说错话了，心里更加紧张，赶紧补一句：“胖与异性交往没有什么关系吧？！”

此时，空气仿佛凝固了两秒钟，小王抓了抓头说，“呵呵，可能是吧。”

小李也跟着“呵呵”两声……至此，对话结束。

回顾一下刚才的情景，代入辅导关系分析一下，小李是辅导者，小王是服务对象。两者所谈的内容没有交集，辅导者未能领会服务对象的意思与情绪，服务对象不被信任，辅导者漠不关心，不想与其有进一步的关系。

“看起来，确实有点胖。”从这句话看出，辅导者未能领会服务对象的意思与情绪（因肥胖而自卑）。

“胖与异性交往没有什么关系吧？！”从这句话看出，辅导者与服务对象所谈的内容并不契合（服务对象需要的不是这个回应）。

也许，这就是我们常说的“尬聊”吧。如果“同理心”不够，我们很可能成为话题的终结者。

❷ 同理心 2.0：一知半解的说教者

过后，小李反思了一下，第一次遇到这样的情况，手足无措，觉得没有帮助到小王，他决定找个机会，希望可以给小王一些建议。

一个周六下午，刚好他们都一起参加了垃圾分类社区宣传活动。为方便交流，小李有意跟社区服务中心主管申请，把自己与小王安排在派发宣传单小组，他们边派发宣传单，边寒暄最近的工作情况……

小李见彼此相谈甚欢，于是想继续上次的话题：

“上次听你说起关于肥胖的问题，看来，肥胖给你造成了一定的困扰。”

“是呢。”小王不假思索回应道。他有些感动，他也没想到小李还惦记着这事儿。

“那你可以减肥呀。”小李激动地说。他觉得既然对方已经意识到问题，直接解决就好了。

“呵呵，我知道，要减肥。”小李又苦笑了下，回应说。

此刻，空气好像又被凝固了。小李有点懵，也不知道说些什么好……

刚刚发生了什么？我们帮小李回顾一下：

辅导者只是反映出服务对象的部分表面感觉，在没有真正了解服务对象表达的内容前，过早提出不恰当看法及意见，并未接受他真正感受与行为的差距。

“看来，肥胖给你造成了一定的困扰。”小李的这句话反映出小王的部分感觉，小王觉得终于有人看到自己的感受，也很受触动。

但接下来，小李就直接建议小王减肥，在尚未了解小王内在需求前，过早提出不恰当的看法及意见，未免让小王感到不适，他也知道“减肥”是解决肥胖困扰的直接办法，也尝试过多次减肥，但效果甚微。小李还没真正懂他内在的困扰。

❸ 同理心 3.0：无条件的接纳者

小李回去后，再一次反思，虽然自己跟小王的关系不断加深，但自己没有更全面、更深入地评估小王的需求，上次给出的建议确实有些仓促。这么多年了，相信小王也做过不少的减肥努力，他应该需要的是关注与支持。

近期，社区的另一场活动中，小李和小王又见面了。几轮交谈下来，大家好像成为十分熟悉的朋友，见面后，又是各种寒暄……

小李觉得，这次我要吸取教训，不能成为头头是道的说教者，这样会让对方不适。我就坦诚沟通交流，给予无限的接纳与支持就好。

“跟你聊了这么多次，看得出来，肥胖真的给你造成了一定的困扰。”小李先开口。

“是呀，感谢你一直听我絮絮叨叨。”小王对小李表达感谢。

“而且，为了减肥，你还做了不少努力吧？”

“是呢，我这是遗传的，没那么容易的，其实我也认了。”

“哦，原来是这样，所以你现在烦恼的是，担心因为肥胖不受异性欢迎是吗？”

“是呀，谁不喜欢瘦呢！”

“嗯，我明白。”

……

小王心里觉得：眼前的这哥们儿真的越来越懂我了，好像我说什么，他都能理解。可是我还是开心不起来，虽然有人理解我，但我的烦恼还是没有解决呀，还是一筹莫展。

小李也纳闷了，我已经很深入同理小王的处境了，也给予无条件的接纳与支持，但好像还是没能帮助到小王。

小李带着困惑，向他的督导老张请教。老张耐心地听完整件事情，大为赞赏小李的用心，而且他的“同理心”技巧运用得相当不错，已经达到了第三个层次。小李有点惊讶，“啊？同理心还有层次呀？”

老张说，辅导者能反映服务对象的现状、感受及需求，开放坦诚地进行沟通，说明双方已建立密切的信任关系。现在，小王的困扰还没得到解决，原因是小李对小王提出的问题未能适切地给予指点和支持。

“同理心”还有更深的一个层次，即不仅要无条件接纳，还要积极投入协作，以化解对方的困扰。

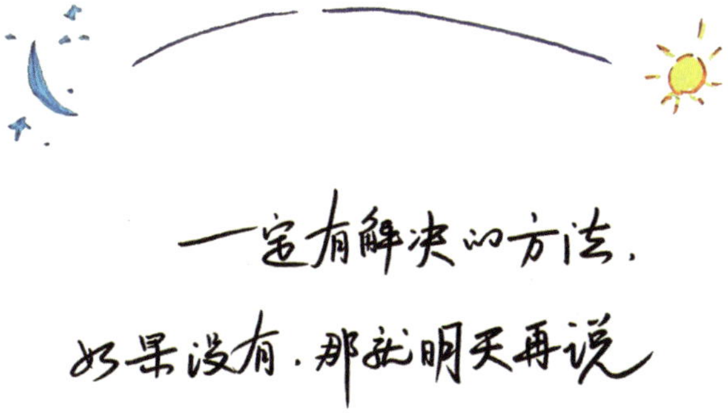

❹ 同理心 4.0：积极投入的协作者

当辅导关系到了第四个层次时，辅导者不只要反映服务对象表达的内容，内在的感觉和意义，还要进一步估计他的利益，真诚清晰地指出服务对象想法与行动的差距，并给予解决问题的一个方向，及时与服务对象讨论彼此之间的关系。

小李得到老张的提点，如果要协助服务对象解决问题，辅导者不能只做“老好人”。今天，他再次与小王会面，他们似乎不用再客套般地寒暄，直接便开始自然地交流起来：

“小王，我们认识差不多有一年了吧？”

“是呀，时间过得真快。”

“一直以来，我觉得自己十分荣幸，你能够信任我，向我分享你的故事。”

“应该是我说谢谢，谢谢你一直耐心地聆听与陪伴。”

“我也觉得收获挺多的，不过我个人觉得还是有些遗憾，还没能帮你化解烦恼。”

“千万不要这么想，是我自己的问题。”小王低下头说。

“不是呢，其实可以改变的，这段时间以来，我想把我观察到的一些情况反馈给你，不知道你是否愿意听？”小李觉得，此时小王需要他人真实的反馈。

“好吧，你说。”

“一直以来，你觉得肥胖给你造成了很大的困扰，而你很希望交到异性朋友。”

“是的，我也说过，肥胖是遗传的。”

“嗯，是的，所以这不是你的问题，知道吗？”

“啊？”小王有点惊讶。

“我想问下你，你曾经尝试过主动地跟异性朋友打交道吗？”

“很少呢，我工作的单位都是男生多，平时遇到的女生太少了，我又不敢跟她们说话，担心她们嫌我胖……”小王羞愧地低下头，声音越来越小。

“其实，如果可以，你尝试一下吧，据我了解，并不是所有人都看重外表。”

“真的吗？”小王慢慢抬起头，眼睛里充满了求证的渴望。

“真的！”小李毫不犹豫地说，“而且你现在已经迈出了第一步呀，在社区做志愿者，这里也有很多女生参加活动，如果你想多认识点朋友，可以主动走近一步，大家也希望认识你这个有爱心的朋友呢。”

“嗯，”小王迟疑了一下说，“从来没有人跟我说这些，我试一下吧，谢谢你的鼓励！”此时，他眼里出现了前所未有的光。

“加油！相信你可以的，有啥情况，随时 call 我。”小李感觉如释重负，为小王感到欣慰。

不知道有多少朋友看完了这个故事，我尝试用它较为全面地呈现“同理心”的 4 个层次。现实的情况可能复杂得多。

同理心的四个层次（一般话术）

层次一：看起来，确实有点胖。（未能领会案主最表面的意思与情绪）

胖与异性交往没有什么关系吧？！（辅导者与案主所谈的内容并不契合）

层次二：看来，肥胖给你造成了一定的困扰。（反映出案主的部分表面意思）

那你可以考虑减肥呀。（过早提出不恰当看法及意见）

层次三：看来，肥胖给你造成了一定的困扰。（反映出案主的部分表面意思）

现在因肥胖而烦恼，担忧不受异性欢迎是吗？（辅导员能反映案主的感受）

层次四：看来，肥胖确实给你造成了一定的困扰。（反映出案主的部分表面意思）

而且你很希望能交到异性朋友。（辅导员能反映案主的感受及需求）

肥胖不是你的问题，你曾经尝试过主动地跟异性朋友打交道吗？

（给予解决问题的一个新的方向或角度）

正如前面提到的，同理心的运用，是一个“度人”与“度己”的过程。

“度人”：我们是否让对方感觉到被关注，被理解，被支持。

“度己”：我们是否做到“空杯”心态，是否真的愿意把时间花在这个人身上，是否真的有勇气走进对方的内心，是否真的发自内心去聆听他的故事，是否在这种过程中自己也有所感悟。

一图读懂：同理心的 4 个层次

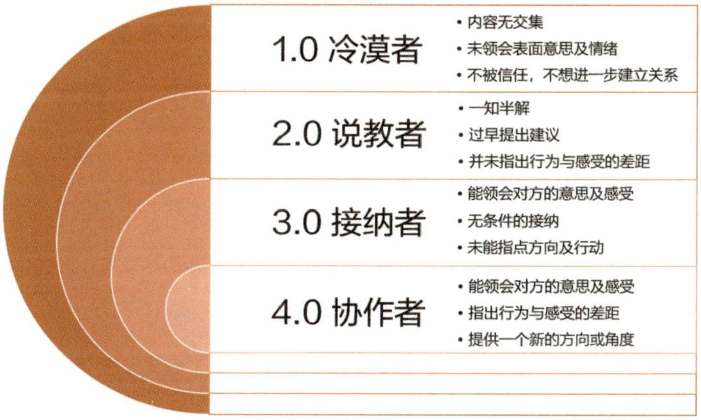

如何夸人不尴尬？“称赞五部曲”了解一下

看到一个人有很好的表现，大家一般都会称赞几句，“太好了！”“干得好！”“你很棒！”……

在辅导工作中，称赞是常用的一种手法，称赞服务对象可以增进双方的关系，可以引导对方进行自我探索，提升自我价值，同时可以让对方看到改变的开始，巩固良好行为的形成。

有人遇到了困境，可能他需要的不是建议。道理，他都懂。往往他需要的是一个认可，一个称赞，一个给予他关注与反馈的肯定。

这个称赞是基于事实、始于真诚的正面反馈。可以帮助他发现自己的盲点区，认识自己的未知区，成为一个更好的自己。

那么，如何有效地表达这样的称赞呢？

首先，我们要用心发现与总结，用心发现对方表现出来的闪光点，洞察对方内在的动力，并探索出对方这个行为背后的价值观。

比如，当一个5岁的孩子在自觉收拾自己的玩具时，我们可以向他表达称赞。幼儿阶段的孩子，可以自觉地收拾自己的东西，这个行为是值得称赞与肯定的，但是如果仅仅说一句“你很棒呀！”好像还无法呈现称赞的意义，孩子可能也是云里雾里的，“我怎么就很棒了？我自己也不知道呢。”孩子这个自觉的自理行为可能就没有下次了。

换种方式，可以尝试这样表达：

“我看到你在收拾自己的玩具哦。”

“这里变得整齐了很多，爸妈不用再辛苦收拾了。”

“我觉得你做得细心又有条理，我很开心呢。”

“你为什么会这样做呢？”（等对方回应）

“你是一个独立自觉的孩子。”

是的，也许有朋友已经看出来了，这是“称赞五部曲”[1]的做法，这一做法又有什么逻辑内核呢？

下面，我们展开来说明一下。

❶ 一眼看到的好行为

“我看到你在收拾自己的玩具哦。”这样是让称赞基于眼见的事实行为，而不是泛泛而谈。

同时，让孩子觉得，他有受到关注与重视。别人对他的称赞并不是空穴来风，也不是形式上的敷衍，这样的称赞基于事实，有让人信服的力量。

或者这本来是孩子自己不自知的行为，在他人的反馈下，他可以有更好的自我认知：“哦，是呀，原来这样，确实自己也这么做了。”

❷ 表明该行为引致的好成果

“这里变得整齐了很多，爸妈不用再辛苦收拾了。”表明他刚刚所做的行为十分有意义，而且可以引致好的成果，让对方感到价值感。

他收拾了自己的玩具，会有什么成果呢？也许他自己都不知道，如果有人把观察与总结到的成果告诉他，他会对自己的行为更有自知感及价值感：“原来自己收拾了玩具，爸妈可能就不用那么辛苦了。”

[1] 称赞五部曲，是由“正面文化”工作坊提出的理念及沟通技术。“正面文化”由我国香港多位心理学专家、教育学家及社会工作者共同创立。

❸ “我觉得……”表明称赞者自己的看法

“我觉得你做得细心又有条理，我很开心呢。”在这段对话中，加入称赞者个人的主观感受及看法，可以增进双方的关系。

一般而言，称赞是关系亲密的一种表现。发自内心的称赞，更是基于对对方的信任和认可。反之，就是“拍马屁”“擦鞋式”的称赞，这种抽离自己，把对方捧上天的做法，常会让人觉得虚假。

“我不是一个冷漠的旁观者，在我看来，你在收拾玩具时，能够做到细心又有条理，这是成长路上难得的品质，我为你的表现感到开心。”

这样把“称赞”推进更深的层次，这不仅是给对方的一个评价，更是双方为这个值得称赞的行为营造的一种共同珍视的氛围。

❹ “为什么你会这样做？”发掘对方内在动力

“你为什么会这样做呢？”这句话如果放在开头说，对方可能会觉得莫名其妙。但有了前面的铺垫，称赞者自我披露自己的感受与看法，增进了双方的关系，现在时机恰当，可以引导对方分享。

他做这个行为的原因是什么呢？当然他本来可以不那样做的。称赞，一般是指对方超出预期地做出了好的行为，大家对他的称道与赞赏。因此，他做这个行为的内在动力十分值得探索，这可能是可贵的品质，或者是其他动力，能够对他未来良好行为的形成有较大影响。因此，我们可以引导他发掘内在动机，更好地自我探索，巩固良好的行为。

此时，我们需要认真聆听对方的表达，他可能会说：“这是我的东西，我要收拾一下。”或者说：“我觉得这有点乱，收拾一下就好看一些。”又或者说：“我想帮一下爸爸妈妈。”……

❺ 最后，以一个“称赞的形容词”为总结

通过上面的引导与发掘，增进了双方的关系，也了解了对方的内在动力，到了称赞的最后一步：做总结。

这时，可以一个“称赞的形容词”作为总结。这个形容词比一开始就

说“你很棒”有更丰富的内涵，就像人吃饱要三个包子，需要前两个包子的铺垫，单单吃第三个包子是无法吃饱的。

这个形容词也不是形式地套用模板，而是要根据刚刚对方“为什么会这样做”的回答。每个人的回答可能不一样，所以每个“形容词”也是不一样的。这样的称赞才能真正赞到点儿上，说到心坎儿里。

比如，根据上面提到的对方可能的三个不同回答，称赞者所回应的“形容词”也是不一样的。

“这是我的东西，我要收拾一下。”称赞者可以表达：“你是独立自觉的孩子。”

“我觉得这有点乱，收拾一下就好看一些。”称赞者可以表达：“你是做事有条理的孩子。”

“我想帮忙一下爸爸妈妈。”称赞者可以表达：“你是懂事贴心的孩子。”

以上就是“称赞五部曲”的过程，也是我个人理解的一次示范，可能会有错漏，或者还有更好的方式，但最重要的是，称赞要始于真诚，以上那么多事情，其实就是夸人要夸对点儿，让夸赞真实可信，并让这些值得称赞的好事多发生。

当好的事情多了，不好的事情变少了。

总结一下，“称赞五部曲”：

一眼：见到的好行为。“我看到你在……（行为描述）。”

二果：该行为引致的好成果。“因为你做了……（行为描述）。所以……（成果描述）。”

三心：“我觉得……（称赞者的个人感受及看法）。”

为什么：“你为什么会这么做呢？（探索对方的内在动力）”

形容词：“你真……（正面的形容词）。”

称赞不仅对小孩适用，对成年人也是可以的。不妨试试：

“我看到你经常早到办公室，然后烧上一壶水。”

“这样大家到办公室时，马上就可以有口热水喝了。”

“太好了，我觉得这杯热水很及时，我感觉很温暖。”

“你为什么会这样做呢？”（等对方回应）

“你很会照顾人，很体贴。”

一图读懂：“称赞五部曲”

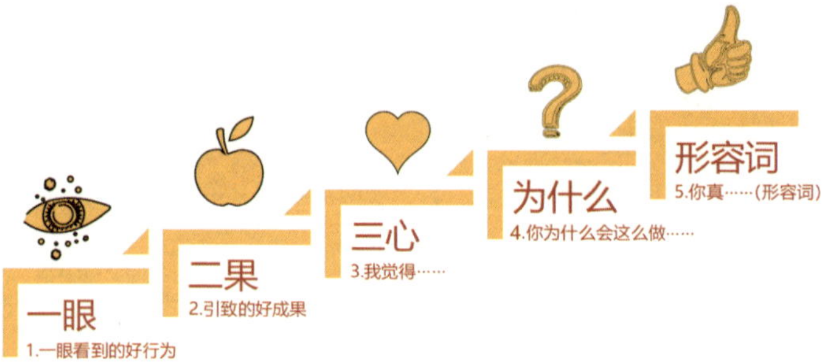

社会工作中的两种沟通用语

前几天，在我们的训练营微信群里，有位H同学提到一个情况：

他刚来到一个新岗位，在一个社区里做社会工作。初来乍到，他很热情，想尽快打开工作局面，见到居民就做介绍：

“社会工作是秉持利他主义价值观，以科学知识为基础，运用专业的个案、小组以及社区工作三大工作手法，帮助有需要的困难群体，解决其生活困境问题，协助个人及其社会环境更好地相互适应的职业活动。”

结果，居民听得一头雾水，听了半天，也不知道对面这个家伙是干啥的。我们一听，也知道这是新手的尴尬。他后来也发现，原来是自己太书卷气了。虽然照本宣科看起来很专业，但是居民听不懂这些晦涩难懂的专业术语。

后来，H同学总结经验，调整了沟通表达方式，用接地气、拉家常的口吻和居民聊天，感觉很不错，马上就可以跟居民打成一片。

最近，他在一次工作汇报会上，分享自己的工作心得。他用平时跟居民聊家常的口吻，介绍自己的工作：

“大哥大姐们好，我觉得吧，自己的工作就是给居民提供服务的，居民有啥需要帮助的，我都会帮忙，大家把关系搞好了，啥事都好说……”

他还没说完，就被旁边的督导批评，说汇报工作不能这么江湖气，显得轻浮，不够专业。这时，H 同学就纳闷了。这不行，那又不行，到底是什么情况？

我们回看一下以上情景，站在个人的角度，好像哪个都没错，但是综合看，好像又有不妥，问题到底出在哪儿呢？

在工作场景中，我们时刻都离不开“工作沟通”，沟通的重点不是你说了什么，而是对方接收到什么，又向你反馈了什么。

面对不同的对象，我们一般会涉及两种用语：服务对象用语和工作人员用语。

❶ 服务对象用语

H 同学面对的第一个场景：初来乍到，他沟通交流的对象是居民，是他的服务对象。为了更好的沟通效果，使用“服务对象用语”更加合适。

服务对象用语，是指社会工作者站在服务对象的立场，以他 / 她熟悉的语言进行沟通的用语。

如果我们的沟通对象正是服务对象，那么，最好使用“服务对象用语”，这些用语的重要特点是他们听得懂，而且能讲给别人。

比如，H 同学碰到社区张大妈，他可以这么介绍：“张姨您好，我是新来的社区社工，叫我小 H 就可以了，我希望可以为社区的长者排忧解难，以后什么地方需要帮忙可以联系我，我会尽力而为的。”

张大妈一听，她大概清楚，小 H 可以为社区长者提供一些帮助。她回去之后，可能还会跟她家人或邻居说，“社区里来了个小 H，他说可以帮长者一些忙。”于是，H 同学在社区里的口碑逐渐传播开来。

至于什么“利他主义价值观”“个案、小组以及社区工作三大工作手法”，她可能听不懂，就算现场经过 H 同学多番解释勉强懂了一些，也不好向她的家人或邻居转达。

服务对象用语的风格特点：接地气，说人话，口语化，聊天式风格。

我们跟服务对象沟通交流时，是跟一个个活生生的人在对话，如果我们都是照本宣科地背课本，会显得敷衍，人家可能扭头就走了。

相对于专业术语，“接地气，说人话，口语化”便于拉近彼此的距离。以“聊天”的方式进行沟通，不是我一口气说完我该说的，而是双方“有来有回”，有表达，有聆听，有反馈。

这样的沟通，我们也可以及时体会到对方的情绪与表达的内容，以便适时进行调整，让交流有效且有温度地进行。

所以，服务对象用语是为了提升沟通性，而不是为了彰显专业性。如果你不确定自己使用的是不是“服务对象用语”，检验的标准很简单，那就是张大妈是否可以听得懂，而且她是否可以讲给别人听。

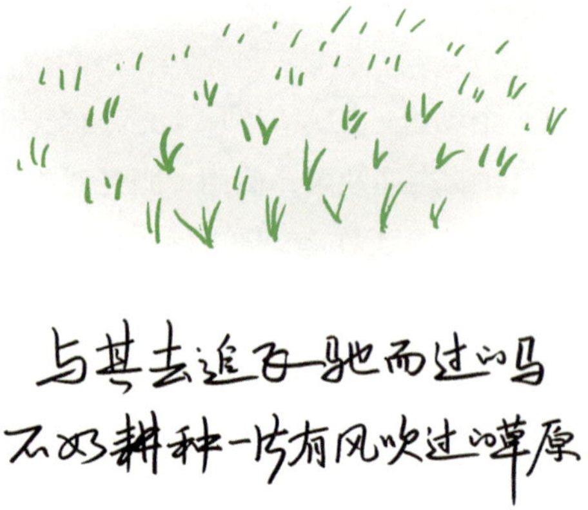

❷ 工作人员用语

H 同学面对的第二个场景，是在工作会议上，分享自己的工作心得。虽然说的是同一件事，但是这和“与服务对象沟通”截然不同。

这时，H 同学适合使用“工作人员用语”。这是一种体现工作人员身份与职责的用语。也是一套工作人员职业化的用语，工作人员烂熟于心，倒背如流，甚至有程序化的表达方式。比如律师在打官司时，表达与辩解要专业严谨，让法官或者对方律师信服。

回到 H 同学的场景，他是在工作汇报会上，他面向的对象是自己的同事、同行或者上级领导。

工作汇报的目的不是拉家常，也不是套近乎，而是总结工作经验，有效推动下一步工作开展。所以，这里使用“工作人员用语”是为了提升有效性，彰显专业性。

因此，H 同学可以这样表达：

“来到新的社区，为了更好地融入社区。近期，我通过社区走访的方式认识了一些居民，并且从中发现，从服务对象出发的沟通模式会受到大家的欢迎……”

其中“融入社区”“社区走访”“从服务对象出发的沟通模式”等表达都采用了一定的专业术语。而较为正式的会议场合，需要这样的用语。现场的与会人员（同事、同行及领导等），一般也能够听得懂术语，而且从中能够高效地获取 H 同学想要分享的工作经验，同时感觉到 H 同学有工作总结提炼的专业素养。

工作人员用语的风格特点：专业性，逻辑性，书面化，汇报式风格。

回想一下，平时我们开会，大家好不容易放下手头上的工作，一起针对某些议题探讨一两个小时，主要目的是尽可能高效地梳理出重点，达成共识，推动工作更有效地开展。

会议上，大家的共识是“时间宝贵，麻烦请讲重点，别太多口水账”，而且要求汇报者所讲的内容是有专业性的，经得起推敲的，以免浪费大家的时间。

总结一下，为了更好的沟通效果，同样一件事，我们需要根据不同场合，不同对象，选择适当的沟通用语。

服务对象用语，适用于大众传播的场合，面向服务对象及大众时，我们要“接地气，说人话，口语化，聊天式风格”，提升沟通性与温度感。

工作人员用语，适用于工作交流的场合，面向同行及领导时，我们要

“专业性，逻辑性，书面化，汇报式风格”，提升有效性，彰显专业性。

最后，补充一点，无论哪种用语，在各种沟通交流的场景中，我们都不要忘了“真诚”的力量。

一图读懂：社会工作中的两种沟通用语

如何与合作单位建立良好关系，达到共赢局面？

在社会工作中，我们常会与其他单位建立合作，以达到资源共享，优势互补，有效推进工作开展，取得更佳效果的目的。

不过，要达到双方共赢局面，需要厘清各自角色分工，以免出现遇事互相扯皮推诿的情况。

如何与合作单位建立良好关系，保持有效互动呢？以下几个要点可以了解一下。

❶ 了解合作单位的类型及相关要求

政府部门

据不完全统计，大多数的社会组织都与政府部门有相关的合作。政府每个部门有不同的业务范围，每个年度也会有不同的工作重点。平时，可通过会议交流，促进彼此了解，我们也可以通过相关部门的官方网站及印发的相关文件，了解政府部门的需求及动向。

政府部门对合作方的一般要求有：具有公信力的资质、程序的合法性、项目服务内容符合该部门的业务方向等。

基金会

每个公益基金会均有其独特使命及专注的领域。比如，壹基金专注于灾害救助、儿童关怀与发展、公益支持与创新三大领域。如果计划与壹基金合作，那么，合作方的工作内容最好要与以上三大领域相关。

基金会对合作方的一般要求有：双方的信任关系与互动、较强的业务能力、项目落地的可操作性较强等。

企业

企业参与某个公益项目，一般基于以下需求：履行企业社会责任，树立良好的公共形象，追求可持续发展战略等。作为合作方，需要深入了解企业的业务及其履行企业社会责任的动向，寻找结合点。

企业对合作方的一般要求有：切合资助方的需求、较强的项目落地执行能力、项目实施有成效与社会影响力等。

其他社会组织

各社会组织之间，也可以有互相合作的项目或行动，达到资源共享、优势互补的作用。

比如，A 机构深耕某个区域的留守儿童服务，经过多年的努力，他们在当地沉淀有丰富的服务数据，同时建立起成熟的服务渠道。而 B 组织为研究型的机构，他们近期想开展一个留守儿童的课题研究，于是，这两家机构便走到了一起。

A 机构可以通过与 B 机构的合作，提升理论研究水平，而 B 机构也可以从中借助 A 机构的优势有效开展调研工作。

了解合作单位的类型及相关要求之后，在合作前、中、后期也有一些注意事项。

❷ 合作前，互相了解

在建立合作关系前，互相了解是必要的环节。

第一，双方要互相认识。通过正式的合作洽谈会，了解对方需求及期望，即对方希望通过此次合作，满足什么需求，我们对本次合作有什么期望，双方的期望是否能达成共识，以便各自做好期望管理。

第二，做好尽责调查。不一定要进行严格意义上的“尽责调查”，至少要清楚对方团队的资质、能力及效率性。了解项目及产品的质量是否过关，对方是否存在同类合作的不良记录。

第三，签订协议。当双方的合作意向确定之后，可以书面的形式签订协议，明确各自权利与义务。以免之后职权不分，互相扯皮。

❸ 合作中，良好互动

在确定合作关系之后，双方合作开展相关活动，有以下几个要点值得注意。

履行协议

合作双方可参照协议明确工作方向，落实工作指标，保证工作质量。如果工作指标部分达到，表明目标部分达到；如果工作指标全部达到，表明目标全部达到；如果超出指标完成，表明工作成效超出预期。合作结束后，也会得到相应的履约评价。

坦诚相待，良好沟通

合作也是双方磨合的过程，难免磕磕碰碰，双方应坦诚相待，以开放、尊重、平等的原则保持良好沟通，促进合作事宜有效开展。平时，可通过开展汇报会、递送简报、呈交年度计划及总结报告、邀请参与重要活动等形式及渠道，促进双方有效互动与沟通。

处理突发情况

由于不可控的因素，项目开展过程中可能会遇到突发情况。比如，由于疫情的影响，原本的项目计划不得不进行调整。此时，双方应避免互相推脱，应以项目成效为导向，共同协商解决方案。

❹ 合作后，关系维护

合作项目结束后，并不意味着合作关系的结束，如果大家合作愉快，关系维护良好，本次合作仅是一次开始，后续可以有长足的合作。

进行项目总结

一般情况下，以项目总结会或评估会的形式进行，可参考下面的复盘六步骤。

回顾目标：根据相关协议，回顾之前双方订立的目标。

对比结果：将实际完成的指标与协议制定的目标进行对比，评估整体目标完成的实际效果。

回溯过程：回溯项目工作的整个过程，分析各个节点分别都做了哪些工作，分别产生了哪些结果和影响。

分析原因：分析哪些工作做对了，哪些可能有失误，做得好的原因是什么，做得不好的原因又是什么，分别把其中的关键因素，逐一罗列出来。

提炼规律：不同的做法引致不同的成果，是否有相关规律，提炼出来，以便于在以后的工作开展中，继续遵循良好的规律，避免不良的规律。

沉淀材料：把本次的复盘结果整理成规范化的材料，抄送给相关人员，以便于大家日后查阅，以及跟进相关事宜。

落实跟进事宜

根据复盘的结果，落实相关跟进事宜，也可有效推动下一次合作的建立。比如，对服务对象的回访，可以评估项目服务成效的可持续性，也可积累相关服务数据，如果效果好，下一次合作也极有可能达成。

致谢

双方能够建立合作，无论如何都是一个难得的缘分。要多在正式场合向对方表达感谢，认可他们的工作成效。还可以通过书面的形式进行致谢，比如感谢信。以促进双方合作的良性发展。

合作，是为了共赢。这需要双方以开放的姿态，融入彼此，彼此接纳，互相激发，发挥物理反应甚至化学反应，达到一加一等于二，甚至大于二的效果。

一图读懂：与合作单位建立良好关系

第六章

团队建设与管理

5种典型的工作团队，你喜欢哪一种？

老张是一家初创机构的老总，为了营造一种融洽的工作团队氛围，他经常跟同事们说："请大家把单位当作家，这里是大家的港湾，我们都是家人。"

平时，你是否也听到过类似的说法，你的感觉如何呢？像家一样，这样很有爱，让人感到暖心。我们好像也比较向往这样的工作环境。

不过再想想，好像有点不对。单位环境是用来工作的，家庭环境是用来生活的。家庭成员是因为亲情而生活到一起，再加上血缘关系而无法割舍。工作团队一般是为了业务开展而集结到一起，它只有契约关系，而非血缘关系。所以我们日常也会看到，工作团队成员经常有流动与更换。

如果真正把单位当作家，将会怎样呢？

❶ 家庭式团队

理论上说，由血缘关系或亲属关系组成的团队才称得上"家庭式工作团队"。常见于夫妻店、家庭作坊或家族企业等。

如果我们在这样的团队，我们可能会全身心地投入，关系亲密，彼此关爱，一般不追求个人得失。

不过，家庭生活与工作环境容易产生混淆，两者纠缠在一起。家庭关系的矛盾可能会激发工作矛盾，工作矛盾也可能会导致家庭关系的恶化，从而"相爱相杀"。

团队人数少时，大家比较珍视彼此的关系以及家族的产业，而彼此的关系与纠缠程度也会随着团队人数的增加而不断弱化。

如果跟你没有亲属关系的老板经常说："我们要像家人一样。"这可能是美好的憧憬，但实际上很难做到。

如果我们真的把工作单位当作家，可能会发生以下情况：

大家吃喝拉撒在办公室，我们希望这里有一张舒适的床，随时可以休息……

我们希望这里有“妈妈”这样的角色，她可以无条件地宠溺我们；我们希望这里有“爸爸”的角色，所有的重担有他顶着。

我们不能开除任何一个人，一家人怎么能够随意放弃呢？我们可以为这个“家”作出“贡献”甚至“牺牲”，而当我需要时，也期待别人可以这样做……

细细想想，这样的工作环境也令人“压力山大”。所以除非亲属关系，很难有严格意义上的“家庭式团队”。

❷ 乐队式团队

大家在一起，除了亲属关系，还可以因为共同的兴趣。

比如乐队，大家因为爱好音乐而组建成一个团队。大家的性格、特长可以不同，而走到一起的共同目标是创作美好的作品。

组建乐队，人数不需要太多，2—6 人就可以了。可以有一名主唱、一名节奏吉他手、一名主音吉他手、一名贝司手、一名鼓手、一名键盘手等，也可以一人分饰多个角色。他们追求创意，表达自己的主张，为世界创作美好的音乐作品。

因此，“乐队式团队”追求的是“非零和博弈”，他们要做的不是打败另一支乐队，而是以自己独特的方式表达自我，让大家看到不同的价值，这是“增量”思维。所以“乐队式团队”比较适合新赛道的创业环境。

“乐队式团队”经过长年的磨合，大家形成了工作默契，也衍生出独特的团队文化与价值观，从而拥有了生命力。这样的团队即使人员有更换，一般频率也较低，可以存在很长时间。

他们没有太大的工作压力，也不必朝九晚六打卡上班，他们可以随心随性地创作；他们也不用卷入太多的个人情感，不用像家庭关系一样沉溺其中而不能自拔，只要觉得彼此不合适，也可以自由离队。

不过他们在做出成绩之前，可能会穷困潦倒，难以维持生计。这可能也是他们追求自己的目标和理想必须付出的代价吧。

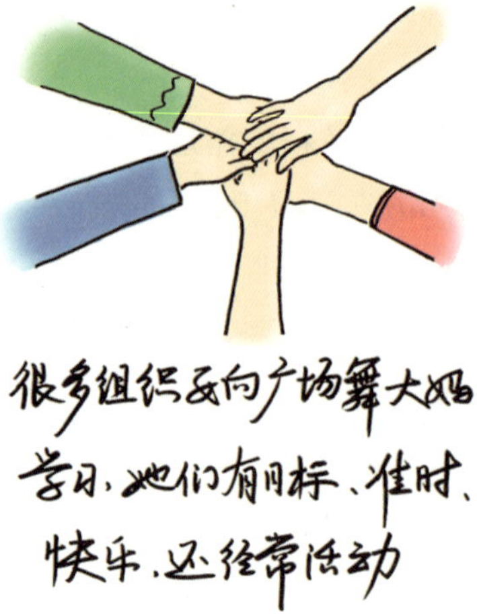

③ 球队式团队

“球队式团队”是很多创业者喜欢的团队形式。无论是工作模式，还是成员关系，它都比较适合行业竞争的环境。

成员们都是为了竞技而组建团队，他们目标明确：赢得比赛。他们激情满满，团队密切协作。

他们分工明确：教练、前锋、中场、后卫、守门员等，各自在不同位置上完成相关的任务与相关的动作，而且还要注意互相协作。

为了赢得比赛，他们团队目标强，个人需求弱。不能为了展示个人风采，或者炫技，而忘了团队合作，从而输掉比赛。如在足球赛场上，整个团队的唯一目标是把球踢进对方的球门，还有严守自己的球门。

“球队式团队”追求的是“零和博弈”，是一场要分胜负的比赛，需要在此消彼长上分出个高低。即使在分一个蛋糕，也有分多分少的问题。这是“存量”思维。

④ 军队式团队

在竞争环境上，军队比球队更加严酷，球队争取的是竞技高低，而军队争夺的是生存环境，生死攸关。

为了打胜仗，在团队管理上，“军队式团队”比“球队式团队”更加严格，等级森严，编制分明，军队一般以“军、师、旅、团、营、连、排、班”的序列进行编制，强调军事化管理，强调自上而下高效的执行力。

指挥部作出决策，发出指令，所有人往一个方向发力，这是作战胜利的关键。团队目标要远大于个人需要，“军队式团队”强调绝对服从，其重要性由此可见。

华为的创始人任正非是军人出身，带有军人情结，在企业创立之初，就推崇军事化管理，并指出，谁能勇于转型和变革、跟上趋势，谁就越有可能在没有硝烟的“商业战争”中存活下来。

为了贯彻落实公司的方针政策，华为还出台了《华为基本法》，作为公司宏观管理的指导原则，以及处理公司发展中重大关系的操作指引，要求高、中级干部必须认真学习基本法，领会其精神实质，掌握其思想方法。

因此，华为在5G技术、芯片技术等高新技术生死攸关的“商业战”中，可以突出重围。

⑤ 宗教式团队

有人因为共同的信仰而走到一起，个人需要与团队目标高度一致。“宗教式团队”的成员走到一起既是为了实现自己的内心追求，也是为了共同的目标：创造出极致的产品。成员们因对团队的强烈认同而产生坚定不移的信念及全身心的投入。

苹果公司创始人乔布斯说：“我们希望站在科技和人文的交叉口，我们希望把人性的元素带给这些工具，使这些工具不仅仅在信息上工作，也在其他方面工作。”苹果公司一直在创造“人文与科技”相互结合的极致产品，追求神迹般的产品设计，极简的禅学美感，还有宗教式的品牌传播符号，等等。

美国著名品牌咨询师马汀·林德斯特罗姆曾通过核磁共振扫描苹果粉丝的大脑，发现他们的大脑对苹果公司的反应与基督信徒非常相似。苹果公司极度推崇这种对极致产品的信仰，有着坚定不移的精神力量，同时开展富有仪式感的各种营销活动，让全球苹果粉丝为之着迷。

以上“家庭式团队”“乐队式团队”“球队式团队”“军队式团队”“宗教式团队”等工作团队形式，常见于我们的工作生活中。那么，你最喜欢怎样的工作团队呢？

一图读懂：5 种常见的工作团队类型

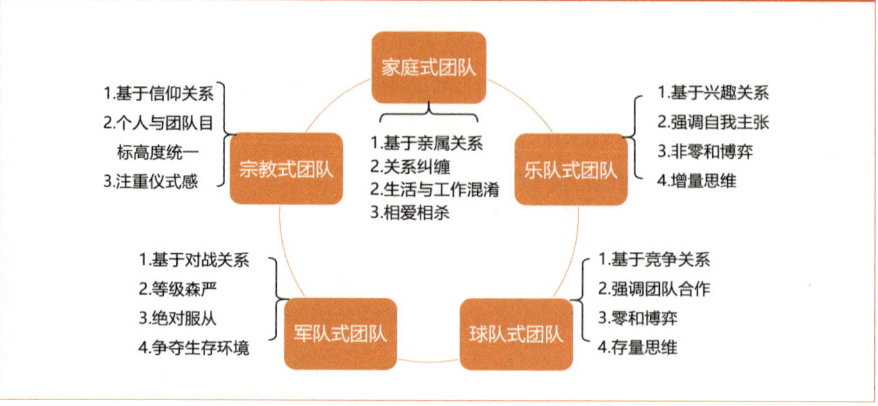

关于团队管理的 10 个非典型表现

随着社会发展，出现不同的工作需要，以及不同的团队工作模式，可能会出现以下几种团队管理非典型表现。

❶ 职业感

不打卡上班，有同事喜欢，也会有同事不喜欢，打卡是一种仪式感和职业感。

职业感有可能来自一个配套齐全的办公室，一套大方得体的职业服装，一个彰显专业的工作牌……

❷ 活力

活力体现在同事间是否可以互相调侃，互相麻烦，互相拖欠，互相合作。

一个机构、一个组织、一个公司有没有生气，门口的那盆绿植也会知道。

顽强的小强
它在地球上已经生活了3亿多年
而恐龙早就灭绝了

❸ 桌面

办公桌面可以反映一个人做事的效率，电脑桌面亦然。

❹ 合作

合作是为了走更远的路。一个人可以走得快，但要走得远需要团队。

一个人很难攀爬珠峰，登顶需要团队合作。

玄奘西行是一个人的修行，西游记团队取经是一个团队的使命。

❺ 容错

没有错误，就没有意外，没有意外，可能就没有创新。

允许犯错，犯错是创新的开始，不过最好不要在同一个地方跌倒三次，事不过三。

⑥ 边界

坐在对面的那位同事，也许是你最熟悉的陌生人。

因为熟悉而关系融洽；因为陌生而有边界感。

⑦ 争吵

同事间大吵一次，互见心底。

有可能关系会更糟糕，也有可能关系会变更好。

⑧ 组织力

个人力越强，组织力就越弱。一个组织里某个人越能打，那么这个组织就越不能打。

好组织一加一大于二，坏组织一加一小于一。

⑨ 开会

会议的成本很高，不要轻易开会，要开就要开出同等的价值。

比如，如果我们要开一个一小时的会议，本机构平均个人的时薪是50元。10个人会议的人力成本是500元，100个人会议的人力成本是5000元，当然，这仅仅是人力成本。

开会作决策，得出的不是个人最优的方案，而是要找到团队的最大公约数，让大家的认知与行动同步。

⑩ 团建

团建的意义在于，大家好久不见，见见熟络感情；互相做鬼脸，讲烂梗，敢于暴露及接纳彼此的不堪；最后，大家一起完成一件不大不小、有点趣味的事情。

90 后职场人中只有 20% 喜欢团建，团建活动怎么做？

前两天，在一次直播分享中，看到某职场社交平台发布的《2021 互联网人生存状况调查》显示，90 后职场人中只有 20% 喜欢团建，而 00 后职场人中这一人数仅占 10%。

作为 80 后大叔，第一次看到这组数据时，有点惊讶：在我们那个年代，大家都挺喜欢团建的呀，可以放下手中的工作，大家坐着大巴出去玩，出去闹，这多好呀。

但确实，随着社会的发展，时代的变迁，90 后、00 后更加追求独特的个性，在意自己的独立空间。他也许觉得，团建只是单位的事情，自己把上班时间交给你就好了，下班时间就别搞我了吧。也有一些年轻人说自己有“社恐”，或者不喜欢跟不熟悉的人玩到一起，本来就不爽还要装着团结友爱的样子。

但站在单位团队建设的角度看，团建还是必要的。如何开展一次让大家可以有新的体验与收获的团建活动，是值得组织者思考的问题。

团建活动有三“jian”，可以了解一下。

❶ 见，看见的见

首先，见他人。虽然大家都是在同一个单位，但也未必能够经常见面，或者深入了解对方。经常听说某个有故事的同事，但很少有见面机会，心怀好奇，便可以趁着团建的机会，把想见的人见一下。

虽然现在很多年轻人都喜欢独处，但每个人都不是一座孤岛，大家都有互相见面的需求，可以趁着这个机会，深入认识一下对方。

K 歌、聚餐、座谈会等传统的团建形式，是年轻人不喜欢参与团建活动的重要原因。如何提升活动的创意性与丰富性，吸引年轻人的参与呢？

电影《一代宗师》[1]中，宫二说习武有三个阶段：见自己，见天地，见众生。团建活动也可以参考借鉴。

其次，见天地。大家从办公室里出来，来到户外，看看山川与河流，草原与大海，呼吸一下新鲜空气，感受大自然的力量与美好，心里也会豁然开朗。心大了，事就小了。

团建活动，可以选取自然景观比较好的地方，在海边吹吹海风，走走沙滩，看看潮起潮落，也可以尝试下在草原上随意奔跑，一马平川。

再次，见众生。大家见过芸芸众生，人来人往，挤过地铁，走过热闹的街市，见过人生百态，听过欢声笑语，了解人间疾苦……方知人生不易，且行且珍惜。

趁着团建的机会，可以见更多的人。如果时间充足，大家可以尝试一起坐一次绿皮火车去长途旅行，不用着急到达目的地，而是一同欣赏沿途的风光，看看列车上的人来人往。也可以探访一些原生态的小村庄，看看他们与世无争的生活。

最后，见自己。见自己是个人参与所有活动的初心，也是归属。经历、体验、探索……都是为了遇见更好的自己。

团建活动中，也可以设计自我探索的环节，帮助团队成员更好地认识自己、突破自己。比如，挑战坐过山车，合作玩剧本杀，表演个人才艺等。

❷ 贱，王小贱[2]的贱

需要说明的是，这里的“贱”非贬义词，而是一种类似好朋友之间的互损与补刀。

不仅见过对方的高光时刻，还见过对方的落魄一幕，这样两人才会交心。其中的感觉只能意会，不能言传。

---

[1] 《一代宗师》是中国香港导演王家卫执导的功夫电影，由梁朝伟、章子怡等人主演。该片讲述了民国期间“南北武林”多个门派宗师级人物，以及一代武学宗师叶问的传奇一生。

[2] 王小贱，影片《失恋 33 天》中的男主角。王小贱看上去很“贱”，说话嗲声嗲气，但在该爷们的时候很爷们，多次机智地帮助女主角。

回想一下，你跟好兄弟 / 好闺密在一起时，你是否会卸下在别人面前的盔甲与面具，是否不拘小节，感到舒服就行。

为什么双方越是互相暴露得多，关系越是密切？

依据乔哈里视窗理论，“开放区”越大，越容易得到别人的理解。也可以这样认为，如果两个人的关系好，那么他们互相的开放区就大。

他们可以肆无忌惮地指出对方的盲点区，毫无保留地说出自己的秘密，大大咧咧地面对彼此的未知，因为他们充分信任对方。

团建活动中，到了一定的氛围，大家可能会互相扮鬼脸，开玩笑，揭短，甚至不自觉表现一些不堪。

❸ 建，建设的建

好了，该玩的也玩了，该闹的也闹了，大家都玩得挺开心。为了让老板感觉到这钱花得值，现在，负责这次团建活动的同事可以把价值上一上了。

即，大家该收心了，回归到正题，既然是团建，应该也有建设的意思。这里的建设包括：对团队的建设，以及对工作的建设。

第一，对团队的建设。有句话说，最好的团建就是带着团队一起打胜仗。所以，你会发现，每次做完大型活动后，大家的团队感会加强。大家向着共同的目标而努力，团队配合度马上就会增强，而且打胜仗还可以提升团队的士气，团队成员的关系也会变得紧密。一起打过仗，这是过命的交情。

当然，团建也不是一直让团队去“打仗”，而是创造一个机会，让大家脱离目前的环境、压力与困境，尝试以新的方式一起相处，从中发现新的可能性。在活动中，大家可能会发现新的沟通模式。比如，年轻的同事更喜欢“直给”[1]的方式，不喜欢拐弯抹角，他们更加有活力，而年长的同事则喜欢深思熟虑，以求周全，他们更加成熟。如果彼此有了这个新发现，大家在往后的沟通中，可能会往对方的风格靠拢一下，团队的磨合、彼此的默契就会慢慢形成。

第二，对工作的建设。通过活动，我们可以收获新的视角、新的思维模式。

比如，有些团队建设的活动，会以游戏、历奇、参访的形式进行。通过游戏的形式，模拟竞争环境，在游戏的 PK 中，引导大家总结心得；通过历奇的形式，让团队成员尝试各种体验，从而启发灵感；通过参访的形式，学习别人的优点，借鉴别人的经验。

无聊的团建都有相似的无聊，有趣的团建则各有各的精彩。

一图读懂：团建活动中的 3“jian”

[1] 直给，北京方言，意为直接、爽快。

如何有效开展一次团队会议？

“这点事儿，又要开会？”

“今天很忙，要参加好几个会！”

“有这开会的时间，我倒不如多跟进几个个案呢！”

……

以上心声，也许是我们常会有的吐槽。

开会很累，费神费时，一群想法、节奏不一的人待一个房间里，而且还要待上一到两小时，面面相觑，或沉默不语，或振振有词。

如果会议中有哪个环节跟进不到位，最后的结果有可能是会而不议，议而不决，决而不行，最后，不了了之。

如果其间大家没有共鸣与共识，开会就变成一种形式，成为到点交功课的应付，从而变得十分无聊。因此，也有很多机构以“不开会”为团队文化。最有名的便是微信之父张小龙，据说他很不喜欢开会，即使去开了，能不发言就不发言。他想把更多的精力聚焦在产品本身。

虽然参加外部的会议不在我们的可控范围内，但内部会议是我们自己必须要操心的事情。如何有效地开会，是团队每一个成员要面对的议题。

❶ 开会的意义

既然大家都觉得开会费神费时，还不一定有成效，一个团队为什么还要开会，开会的意义何在？是领导为彰显自己权威，在会议上训个话，还是别人这么干，我也要这么干的例行操作？我认为这两者都不是。

开会是为了找到团队的最大公约数，让大家的认知与行动同步。

试想一下，一个团队无论大小，每人各司其职，都在自己的岗位上埋头苦干，你知道旁边的同事在做些什么吗，TA 遇到了什么困难，TA 有什么新的反思与体会，如果都不知道，又怎么进行团队合作呢？因此，开会可以让大家暂时停下手头上的工作，一起在同一频道上观察、反思、讨论，从而在同一件事情上找到最大公约数，达到认知与行动的同步，有效推动事务开展。

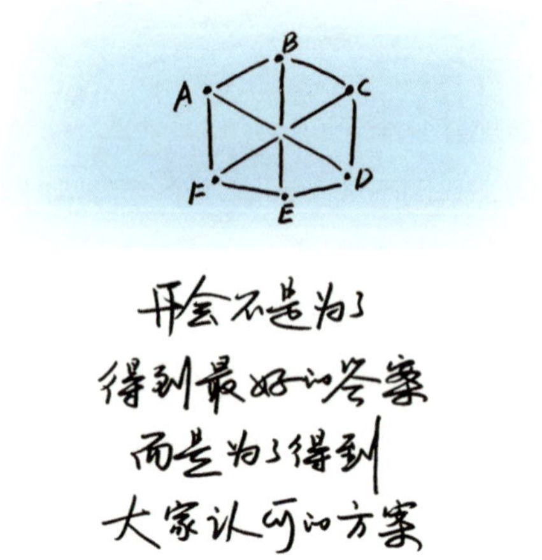

❷ 开会的成本

之前，我们就说过：会议的成本很高，不要轻易开会，要开就要开出同等的价值。

比如，我们要开一个一小时的会议，本机构个人的平均时薪是 50 元。10 人会议的人力成本是 500 元，100 人会议的人力成本是 5000 元。当然，这仅仅是人力成本。

如果再加上参与人员的误工费、场地费、器材消耗费、资料费等，这个成本也许会让大家大吃一惊。

更重要的是，如果大家都无视会议的成本与意义，多半会敷衍了事，不重视自己的发言，不聆听他人的发言，不在乎议题是否有成效，这样是在彼此消耗各自的自尊与价值感，从而导致团队各种形式主义与内卷化。

❸ 会议的类型

既然我们都已经意识到开会的意义与成本，那就好好地开会吧。在开会前，我们最好了解一下各种会议的类型，以便做好相关的准备与跟进。

例会

例会是指依据约定的惯例每隔一定期限举行一次的会议。例会适合于小团队在一定的期限内带领团队做复盘与计划。

比如，每天早上，你上班路过某一家餐馆门口、发廊门口、房产中介门口，一个领班带着十几个人一起喊口号、开会。这种就叫例会，他们叫早会或晨会。

比如，小王是某一中心主管，团队一起协定开周例会，他们选择在每周一上午进行。小王是主持人，带领团队小伙伴一起回顾上周工作，总结复盘，同时为本周计划做安排，促进同事了解彼此工作进度，达成协作。

也有团队以月例会形式进行，可以在月初开展，以月为单位做复盘与规划。

专题研讨会

专题研讨会是指专门针对某一主题开展的会议。比如为了研发一个新项目 / 产品，策划一场活动，或者针对性地讨论解决一个问题。

专题研讨会有“一事一议”的意思，通常是该项目或活动负责人组织相关人员参与，大家约定在同一时间，一起探讨该主题的相关事宜。

专题研讨会可以帮助我们高效率厘清专题的逻辑架构，深入探寻专题的前因后果。区别于其他会议，可以免受不同主题事宜的干扰。

比如，小王计划开展一个垃圾分类的项目，他计划在周三下午，约定相关的人员，一起针对这个主题展开讨论，最终达成一个解决方案。

总结复盘会

复盘，围棋术语，也称“复局”，指对局完毕后，复演该盘棋的记录，以检查对局中招法的优劣与得失关键。据说，将这一围棋术语正式引进管理学的是联想集团的柳传志。

当我们做完某一场活动，完成某一个项目，运营某一款产品后，我们可以适时开展总结复盘会。

就像已经下了一盘棋，我们要通过回顾，检视何以一步步至此的原因，从而找到规律，为下一次开局提供经验。

复盘一般分以下四步：

回顾目标

首先，我们要回头看看当初定下的目标。很多人经常犯的一个毛病，那就是做着做着就忘了当初定下的目标，导致最后的结果与当初的目标相差甚远，于是美其名曰“计划赶不上变化”敷衍了事。

有些人宁可事后不断补救，也不愿重拾最初目标的意义，从而导致目标一再偏离，恶性循环。

评估结果

把最终结果与最初目标作比较，哪些目标已达到，完成的程度如何，哪些目标未达到。如可以，用百分比量化或其他可视化的图表呈现，使结果的状况一目了然。

分析原因

分析目标完成的原因，是做对了什么工作，没完成的原因，是什么没做到位，还是做错了哪些工作。

总结经验

了解影响目标达到的原因，总结经验。失败的经验很重要，成功的经验也很重要。

把失败的经验做成一本“错题集”，以免在同一地方跌倒两次；把成功的经验提炼成“思维模型”，迁移到下一次的行动中。

动员部署会

动员的意思是发动大家参与某项行动，部署的意思是把既定主题及事项安排落实下去。

比如，小王接到上级的通知，本周内要组织团队参与总部组织的项目大赛。小王要面对的工作是，马上开展动员部署会，把上级的通知事项知会团队成员，同时动员大家参赛，并且安排好团队成员各自的分工。

动员部署会议，比较强调上级指令的传达与贯彻，让团队能够及时领会其中精神并落实行动。适合于组织战略性、单向性、效率性的信息传播与任务安排。

❹ 开会的要点

时间

合适的开会时间，是指与会人员都适合的时间段，以不干扰与会人员紧急事件处理为前提。

组织者须提前告知与会人员，以便预留时间。尽量选择在上午开会（上午时段，大家的头脑较为清醒，精力较为充沛）。

开会时长，视会议主题及内容而定，一般以 90 分钟左右为宜，如会议深入探讨需要较长时间，中间最好设置休息时间。

地点

如果是内部封闭性会议，为确保会议有效进展及讨论的质量，最好选择在安静、有一定私密性的室内场所开展。

注意光线的明亮度，以免因昏暗而让人产生昏睡感；注意空气畅通性，调节适合的空调，或者开窗通气，以免让人产生憋闷感。

同时，注意准备会议过程中需要的物资设备，比如，投影设备、音响设备、板书设备、相关资料等。

与会人员

在发布会议通知时，列明与会人员，以便让大家了解自己的角色及职责，也让大家认识到各自有任务，各自有准备，而不是事不关己高高挂起，被动参会草草了事。

一般一场会议会有以下几种角色：

主持人：把握整个会议的进程，熟悉议程及相关事宜，并且掌握引导会议有效开展的规则及技巧，比如罗伯特议事规则。

参与者：作为会议的参与者，需要清楚自己的汇报事宜，聆听其他参与者的表达，从而碰撞出不同的火花，推动问题的解决或事务的进展。

决策者：经过会议讨论后，大家达成一定的共识，需要决策者作最后决策。决策者可以是会议主持人，或者团队领导。决策者最好在聆听完所有与会人员发言后，再发表意见，以免过早发言，左右其他人员的意见。

记录员：会议中还有一个很重要的角色，那就是记录员。在会议上，也许大家都谈得口水横飞，吵得不可开交，信息高密度地输出，此时，记录员的作用就在于默默地记录下有价值的内容，并以列清单的形式呈现，让会议讨论的成果留下痕迹。

议程

关于会议议程的拟定，在发布会议通知时，我们可以提议或附议的形式进行增补，以确保议程关顾到每位与会者的意愿及想法。

主持人需要控制好会议进程，确保会议效率，最好一会一事一议。一次会议的议题 3 到 5 个为宜，如议题内容较多，可单独以专题研讨会开展。

总结

每个议题结束时，主持人最好来一个小结，在会议结束之前，来一个概要式总结，以便大家高效回顾会议讨论的成果，同时确定最后补充的内容。

会议记录

会议结束后，记录员需要及时整理会议记录，当天完成为宜，发给主持人或领导审核确认，打印存档，以便日后总结复盘之用，同时再抄送一份给所有与会者，让大家清楚明了各自跟进事项。

开会是一个技术活，需要不断总结反思再实践，希望我们都可以通过开会营造出可以碰撞火花创意的氛围，以及坦诚相待、相互促进的高效协作环境。

一图读懂：如何有效开展一个团队会议？

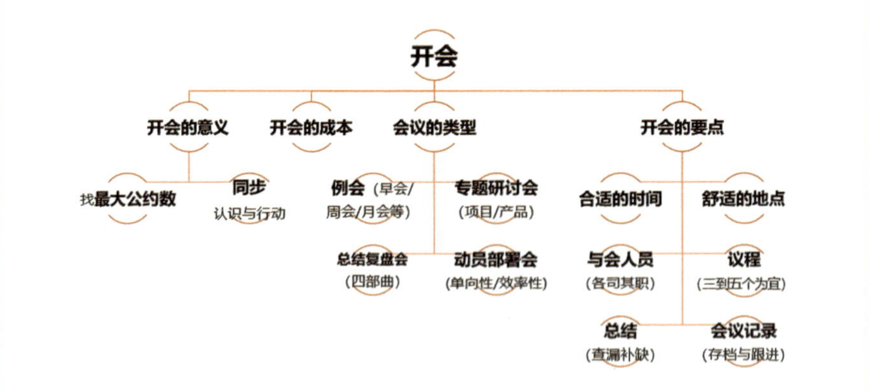

如何管理好一个微信群？

平时，我们为了方便联系交流，一般会选择建立微信群。创建者把相关人员拉进来，大家可以在群里通过文字、语音、图片、视频等形式进行互动与交流。

微信群与其他基于互联网技术而建立的网络即时通信平台一样，因其传递信息的便捷性与互动形式的丰富性，受到大家的欢迎，极大提升了大家互动交流的效率以及创建者工作的效率。

特殊情境下，在非接触的社交活动与工作沟通中，微信群发挥的功能尤为突出。而也正因为建立网络群组的便捷性，一时间有无数的群向我们袭来，眼花缭乱，都不想打开。有些群则成为“僵尸群”[1]，无声无息，或者沦为微商发广告的泛滥之地。

如何管理一个微信群，让它可以有效运转，成为我们真正有效交流与互动的平台呢？这是每个创建者需要考虑的问题。

❶ 建群之前的六个问题（5W1H）

WHY（何因）

我们基于什么原因建群？是为了推广服务，拓展人脉，沟通交流，还是直接提供服务？建群之前需要确立建立本群的宗旨，即凝结大家加入本群的核心所在。

WHAT（何型）

要做一个怎样的群？是快闪群（即聚即散），普通交流群（群友多数互不认识，只限于一般交流），深度互动群（群友互相认识，适合工作或生活较为深入的交流与互动），还是服务体验群（直接在群里为群友提供服务，

[1] 僵尸群，网络用语，是指没有人聊天，整天死气沉沉，如同僵尸一样的网络群组。

比如授课、答疑、咨询等）。

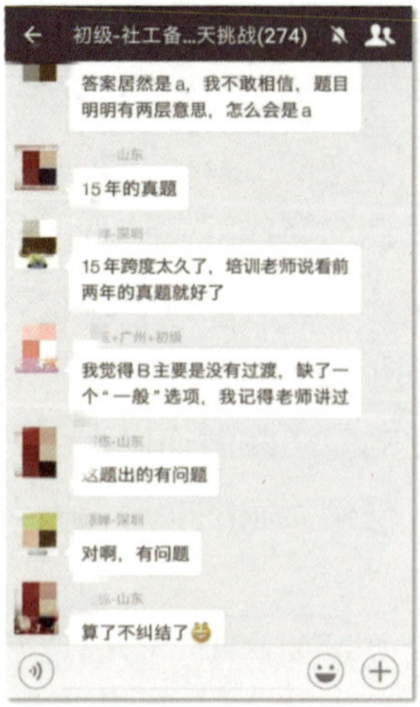

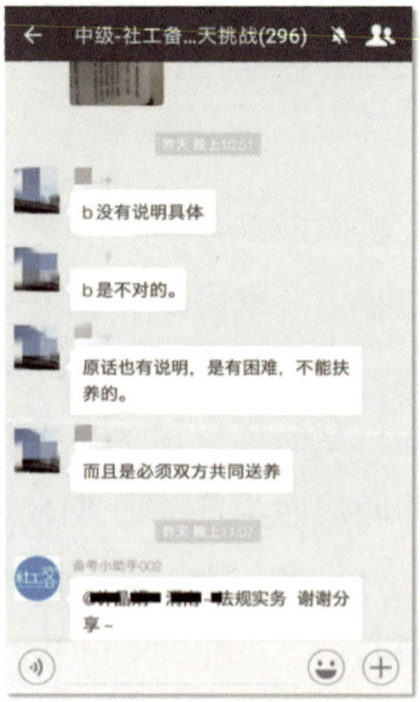

WHERE（何地）

在哪里建群？其实除了微信，QQ、微博、钉钉、抖音等网络平台都可以建群，这取决于我们的用户（服务对象）活跃在哪个平台。

据统计，截至 2021 年 11 月，微信在全国范围内拥有的用户数量总计达到了 12.6 亿人。由此可见，微信是一款国民级的即时通信软件，在微信上建群几乎可以覆盖所有人群。

WHO（何人）

进群的是什么人？需要弄清谁是创建者，谁是管理者，还有活跃者、一般参与者，以及“潜水者”。每个角色都有其不同的特点：

创建者：本群的主要负责人，他 / 她享有本群主要权利，也肩负起主要责任。

管理者（一般也由创建者兼任）：肩负起本群的主要管理工作，比如建立及说明本群宗旨、规则，还有组织本群的活动开展等。

活跃者：本群的活跃分子，积极参与本群的交流与互动，也会影响其他群友的参与性，对群有积极的促进作用。

一般参与者：平时他们会零星发表一些信息，不冷漠，也不会过度热情，不过经过管理者的引导，可以发展成为活跃者。

潜水者：沉默的大多数，他们在群里悄无声息，几乎不发表任何信息，或是选择性忽视群信息，或是默默地观望，犹如潜入水下不冒泡的潜水者。

WHEN（何时）

何时建群，运营多久，有哪些重要的时间节点，何时解散，是活动结束即解散，还是长期保留，这也是需要明晰的。

HOW（何法）

本群以什么规则运行，群友需要遵守怎样的群规，本群常规的活动如何开展，等等，才能确保群的活跃度，实现本群的宗旨。

❷ 确保群有效运转的三个要素

搞清楚以上 6 个问题后，我们为什么建群，如何运营管理，要达到什么效果，这些问题相信我们心里会有了一些答案。不过要让群有效运转，我们还需要落实这 3 件事情。

明确宗旨

根据用户（服务对象）的痛点、需求，明确社群的宗旨，让大家感到参与其中的意义与价值。

我们平时的工作生活都很繁忙，为什么要加入这个群呢；每天看着无数群跳跃的信息红点，为什么偏要打开这个群呢。每个人加入一个群，或者参与本群活动时，常常会考量这些问题。

比如，我们要建一个“社区志愿者交流群”，我们需要做些什么？

首先，我们要明确本群宗旨：促进有志参与社区志愿服务的人员及时了解社区公益活动资讯，有效参与社区公益活动，一起共建美好社区。

在招募群友时，我们即可申明本群宗旨，筛选出适合的参与者。有些朋友一直以来就热心公益，在了解本群宗旨之后，他们感兴趣就会加入。

建立群规

群规一般是指确保群有序开展活动的基本规则。俗话说，无规矩，不成方圆。没有规则的群，大家就像无头苍蝇，不知所措。可以在宗旨的指引下建立群规，以下几条供大家参考：

修改群备注：可别看这只是一个小小的动作，它是一种进群的仪式，或者是一种遵守群规的契约。不是一家人，不进一家门。是一家人的话，可以从名字上有所体现。

统一的群备注参考格式有“昵称 + 单位 / 区域 / 领域 / 爱好 / 特长等”，比如，“社区志愿者交流群”的群备注可以是“小王 – 书法”，这是小王加入本群的一个身份标签，也是大家互相认识，彼此交流合作的基础，群里有关书法，或需要写字好看一些的活动，大家也会立马想到小王。个人昵称不一定硬性要求真名，是否要实名制，主要取决于社群互动的需要。

真诚交流、文明发言、合法合规：国有国法，家有家规，群也有群规。微信群的互动交流都是在线上，有一定的隐匿性和便捷性，但这不能成为大家“乱放炮”“乱灌水”“人身攻击”“恶意刷屏”的理由。

如有违反以上规则的人，管理者需要及时警告制止，或者移出本群处理，以免其他群友受到不良影响。

谢绝无关广告：群里有几十人，甚至几百人，是信息高速有效传达的场域。有些人也想借着这个平台夹带一些“私货”，符合本群宗旨的内容尚可促进一些有效互动，如果是无关的广告，则对其他群友造成困扰，应当制止屏蔽。

规则不需过多，简单明了，便于群友记住并遵守即可。

组织活动

管理者需要组织开展促进群友有效互动、交流的日常活动。

有了群宗旨和群规之后，并不是就万事大吉了。如果没有组织并落实常规的日常活动，群宗旨和群规就会成为空谈，该群也会成为“僵尸群”，无声无息。

比如，“社区志愿者交流群”的管理者，或者其他授权人员可以定期（每周或者每天）在群里发布一些相关的信息，组织一些相关的活动。

比如，“每周活动预告”，每周一在群里发布本周的活动计划，以便大家了解并参与；“每天分享”，每天在群里分享相关资讯，确保群的活跃度。有人说，没有这么多内容发，怎么办？其实，就是在群里分享一下每天的社区新闻、天气情况，或者简单地问声好，相信大家也能感受得到其中的意思。

总结一下，微信群可持续运转的三个因素：①明确宗旨，本群为何成立（why）；②建立群规，本群如何才能有效运转（how）；③组织活动，本群日常需要开展什么活动（what）。宗旨指引规则建立，规则促进日常活动有效开展，日常活动的开展促进宗旨的实现。三者像齿轮般互相咬合，互相影响。

③ 线上建群需要注意的几个问题

注意保密原则

注意群友个人信息、影像等资料的保密：涉及敏感主题（比如，自闭症家庭互助交流群）的封闭性社群，可考虑签订保密协议，向所有成员申明，分享的资料仅限群里成员内部交流之用，切勿外传。

尊重群友的决定：尊重群友不愿出镜，不愿意发言，甚至使用昵称的决定。

避免群友分享私密的资讯：注意及时提醒群友不要在群里分享个人私密的信息，比如个人家庭住址、个人私密照片、私密证件信息等，以免造成不良影响。

注意建立安全感

一个群可以有效地互动交流，最大的原因是大家觉得在这里有安全感，愿意分享自己的信息、观点、建议等，也会觉得通过别人的分享，自己有所收获。管理者让大家建立起安全感，需要作出以下努力。

营造契约精神：及时说明本群建立的背景、宗旨、规则等，让所有群友清楚明了，参与讨论表决，达成共识，遵守本群的契约。

促进群友相互认识：可以让群友统一修改"群备注"，作简单的自我介绍，促进大家互相认识与了解，促进人际关系建立与连接。

促进群友探索自己：群也是一个社交场域，根据"镜中我"理论，他人对于自己的观点和反应，有助于开发自己的未知区，开始发现自己之旅。

促进大家互动交流：创造机会，让群友团队合作完成某一个任务或某件事情，有助于提升团队安全感及凝聚力。即使是一起回复一句话、回复一个表情，大家也会感觉到团体的力量。

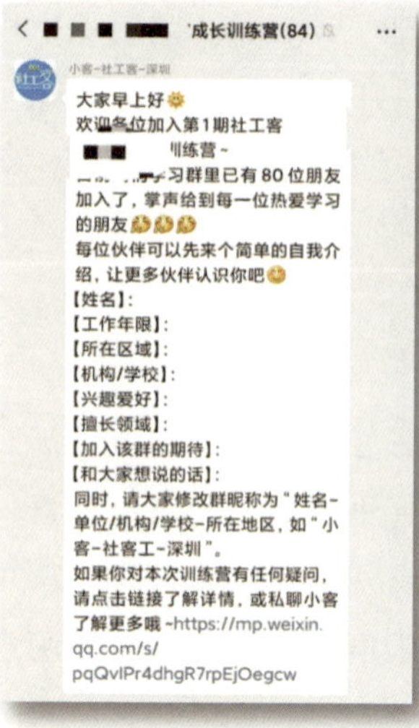

避免信息过载

发布重要信息要注意规范：正式通知或资讯的文字信息最好先打草稿，尽量做到正式规范，列明要点，避免错漏或口水账，从而让大家高效收获信息，并引起重视。

避免恶意刷屏：在每次讨论开场时说明，为确保讨论的质量及进程，避免恶意刷屏或人身攻击，如有经警告仍不改者，即可"踢走"，以免影响其他群友。

善用工具提升效率：比如，使用"群公告"，便于所有人查看到重要的信息；善用"群投票"，可以让大家及时参与，并能快速统计数据；使用"共享文档"，便于大家快速输入信息，线上协作……

线上建群的局限性

微信群及其他网络群组很好用，不过也不是万能的，我们需要清楚它的局限性。

首先，线上建群比较适合建立“弱关系”。线上社群虽然可以通过各种互动，让大家熟悉起来，但毕竟是虚拟的关系，大家参与的成本较低，群友进出都不会有太重的负担与责任。因此，线上群组建立的人际关系是一种“弱关系”。如要建立“强关系”，还需要增加线下的互动。

其次，线上群组一般适合发布“浅内容”。由于线上群组的互动在网络工具上开展，网络的传播性较强，参与者的隐藏性较高。因此，线上群组一般适合发布可公开且通俗易懂、大众化的内容，不宜涉及太深入的内容或主题。

最后，参与者的互动缺乏“触感”。由于线上活动不能面对面，不能有肢体的接触。因此，参与者在群组互动的体感与共鸣感上，相对现场活动较弱。

所以，如果可能，还是多创造机会线下来相会。

一图读懂：微信群如何有效运转？

制订年度计划的 5 个参考因素

年初，团队开会谈论最多的议题可能就是“年度计划”。有人说，世事变化万千，计划赶不上变化，我们还有必要制订计划吗？

有人制订计划往往也是为了应付上级检查，就像有些孩子为了完成老师布置的作业，草草了事，做完之后就放到一边，从此尘封。

特别是在外部环境变化无常、充满不确定的时期，制订计划好像成为无用功，好不容易订立了目标，却因各种突发的因素而被打乱。

个人认为，越是不确定的时候，越需要制订计划。我们无法控制外界的变化，不过可以梳理内在因素，找到一些确定性。

❶ 我们为什么要制订计划？

如果没有计划，大家就像一群无头苍蝇毫无目的地乱飞，整个团队犹如一叶孤舟迷失于汪洋之中，没有方向感，没有时间感，一次小风暴可能都会导致翻船。

计划就像是一张航海线路图。在扬帆出航之前，为了避免迷失方向，我们应该先绘制好这张线路图。

制订年度计划，首先是团队主管的职责，主要体现在确定方向及赋予希望上。

在大家开工之前，主管需要跟团队一起商讨，订立本年度工作的方向，使团队每个人都清楚工作目标与重点，工作有抓手。

同时，要让团队成员了解工作目标的意义，看到这个目标有达到的希望。比如，我们今年的目标之一：服务对象人数要达到 1 万人。一年下来，我们的工作可以让 1 万人受惠，功德无量，团队的小伙伴们可以直接看到其中实在的意义。

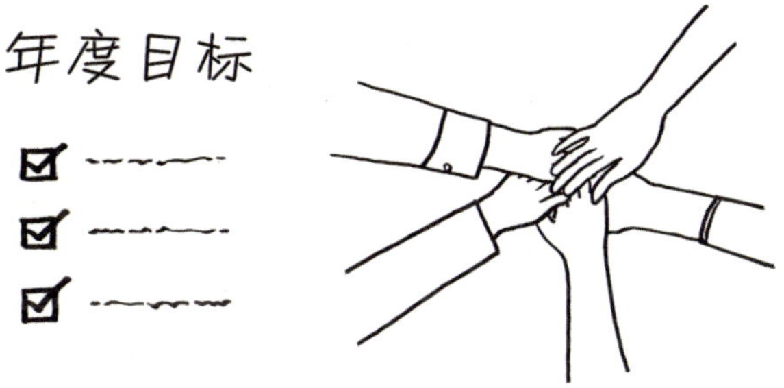

这个目标也需要有一定的操作性，怎么说？第一，它参考了去年的目标（服务对象人数达 8800 人），第二，经过分析，前几年的年度增长率为 15%，所以今年“1 万人”的目标是有希望达到的。

计划的目标一经确定，团队成员的工作规划也会逐渐明朗，可按照不同的时间颗粒度（年、月、周、日）推进工作安排。

❷ 制订年度计划目标的参考因素

计划的重要性，我们都了解。那么，如何制订年度计划，才可以避免形式化，有效指导我们的工作呢？影响年度计划及业绩的因素中，存在很多变量。来自外界的是社会环境、行业趋势、资源配比等，来自内部的主要是组织能力，比如组织管理、工作模式、员工能力等。年度计划目标定多少才合适，以下公式供大家参考。

年度计划目标 = 上个年度计划目标达到的情况 × 行业趋势 × 资源配比 × 组织能力

以上一年度的计划及成效作为参考基础

年底复盘，经过团队的共同努力，上一年度计划的目标达到情况如何，是没达到，刚好实现，还是超额完成。我们从中可以得出一些规律，在现在的社会环境与行业趋势下，大概清楚本团队在当前资源匹配下，可以实现什么样的目标。

比如，去年 10 人的团队在工作饱和度足够的情况下，可以实现 200 万元业务量，在内、外界因素没有太大变化的情况下，那么，今年的计划目标可以定在 200 万元或以上。

根据近 3 年的增长率，确定下个年度的增长幅度

有了上个年度的计划及成效作为参考的基础，那么，下个年度计划的目标增长多少合适呢，增长 10%、30%，还是 50%？这个增长率由行业趋势、资源配比以及组织能力等因素决定，需要团队主管对内外因素有充分的认识与深入的分析，才能得出相对合理的标准，否则容易出现误判的情况。

也有一种较为简单的做法，以近 3 年的增长率为参考。比如，A 团队营业额 2019 年度的增长率为 30%，2020 年度的增长率为 25%，2021 年度的增长率为 35%，那么，2022 年度增长率可以定为 30%。

结合当前团队的状况与资源的规模

即当前团队的情况如何，人员是否有变动，规模是否有变化，大家的工作能力是否有所提升，工作模式是否有优化。总之，如果该团队的组织能力变强，计划目标可以提升一些，反之降低则较为合理。

此外，资源的规模也是重要的因素，如果本团队决定下个年度多投入一些资源（人财物等），以推动业务的增长，那么理论上，年度计划目标也应有所增长。

考量社会环境与行业的发展趋势

即我们现在所处的社会环境发生了什么变化，将会对行业发展造成什么影响。我们不仅仅要埋头苦干，耕自己的一亩三分地，还要学会观察天气的变化。做对的事情比把事情做对所能达到的效果更好。

发展趋势分析

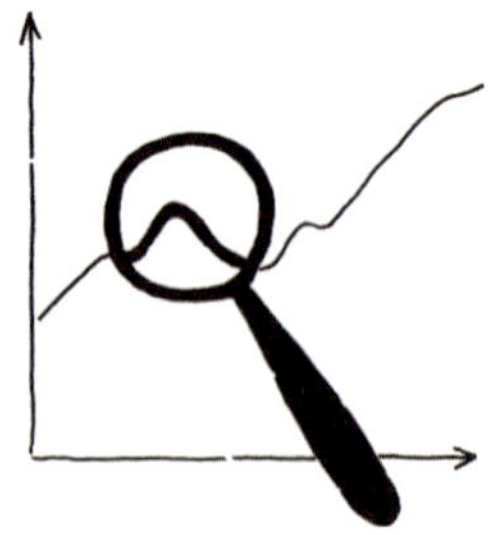

比如，新冠肺炎疫情对于大规模的实体活动业务有限制，而对于医疗、公共卫生等行业有很大的助推作用。据中研普华研究分析，受新冠肺炎疫情影响，我国消毒液市场有 13.7% 的增长。

参考合作协议的指标

如果只是某一项目的团队，制订年度目标最直截了当的做法，就是参考该年度合作协议的指标。根据甲方的要求，按时按质按量完成年度的交付就可以了。

不过这只是按时交足功课而已，如果要给人超出预期的效果，以上的几个因素最好都考虑一下。

❸ 关于计划落实的几个要点

年度计划的总目标已经确定，接下来就是抓落实了。如何落实才能避免让年度计划成为一份形式化的作业？有几个要点值得注意。

制订计划的颗粒度

年度总目标好像很遥远，要年底才能知道是否可以达到，团队成员仍然有茫然的感觉。

有驾驶经历的朋友也许会深有同感，我们开车到目的地，知道总路程是多少，但是如果路途中没有相关的路标，时不时提醒我们还有多远，我们的心里该有多慌！

所以，团队主管需要注意把握计划的颗粒度。这个颗粒度就是年度计划实现途中的路标，把年度计划再以月度计划作为划分，让大家清晰可见，一步一步地去实现它。

再往下，个人还可以制订周计划、日计划，还有小时计划，高效人士甚至以分钟为工作时间颗粒度。

2002 年，比尔·盖茨[1]到北京访问，长达几天的时间，被以 5 分钟为单位，规划出了每一天的工作量。

[1] 比尔·盖茨（Bill Gates），微软公司创始人，慈善家，1995—2007 年连续 13 年成为“福布斯”全球富翁榜首富。

中国的微软同事，为了安排好时间行程，一遍又一遍地测量，从电梯口到会议室需要几分钟，会谈几分钟，每一个会议室都安排好了等着签字和沟通的重要客人。

这当然是一个比较极端的例子，不过可以从中看出，明确计划的时间颗粒度可以有效提升工作效率。

把计划公布出去，张贴出来

很多计划不了了之的原因多半是没有公开，生怕别人知道，从而石沉大海。

如果该计划由团队协商，已达成共识，这就代表了团队集体努力的成果与集体意志，是十分珍贵的东西，需要引起足够的重视，并且让它发挥出最大的作用。

把计划公布出去，张贴出来，已完成的进度及达到的目标标成蓝色，未完成的标成红色，新增的标成绿色。它就像一个公正的时间证人，见证我们工作的进度与成效。提醒我们哪些地方已经达到目标，哪些地方还需改进，以便我们及时进行调整，未雨绸缪，不要等到下雨了才补房顶的漏洞。这才是计划落实的重要意义。

分工与合作

在落实年度计划的过程中，可能还会遇到一个实际的问题：如何处理好团队分工与合作的问题。

有人说，很简单呀，直接把指标平均分下去就行了，如果一个团队总共 6 个人，把年度指标平均分成 6 份就好。这样分工的优势是方便年度考核，劣势是成员各自为政，独扫门前雪，彼此工作割裂，不问整体计划与目标的意义。

因此，团队负责人恐怕不能直接把指标平均分了就高枕无忧，还要思考哪些工作可以让成员独立负责，哪些工作需要集体作战，比如，个案工作可以让成员独立负责，社区工作以集体合作为宜。

计划赶不上变化怎么办？

有句话说：“唯一不变的是变化本身。”只有清楚这一点，我们才能放弃用计划确定一切的执念，以及懒于制订计划的推辞。

世上充满不确定性，唯有尽己所能制订计划，才能找到属于自己的一些确定性。计划犹如汪洋中的灯塔，黑夜中的北斗。

面对变化的冲击，我们需要及时评估与复盘，为下一步计划做出适当的调整。

可参考复盘六步骤进行操作：

回顾目标：回顾一下，当初定下了什么目标，此时不要过多自我怀疑，请相信我们当初的决定是有根有据的。

叙述过程：为达到这个目标，我们做了哪些行动，具体发生的过程是怎样的，叙述出来，让大家同步认知。

评估结果：评估当前的结果是否达到，未达到，刚达到，还是超额完成。

分析原因：分析其中“未达到 / 刚达到 / 超额完成”结果的原因，哪些因素影响了这样的结果。

推演规律：是否有规律影响这样的结果，推演出来。

形成文档：最后将以上的内容记录在案，存档起来，为接下来的工作提供参考，避免在同一个地方跌倒两次。

如无重大变故，可以“大方向不变，小方向调整”为原则，继续前行。

一图读懂：如何制订年度计划的目标？

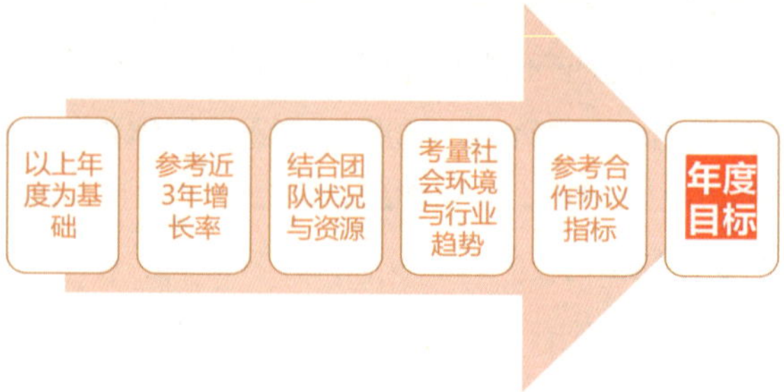

年度计划目标=上个年度计划目标达到的情况×行业趋势×资源配比×组织能力

天天做“救火队长”怎么办？如何做好时间管理？

如果生命只剩下一个客观可衡量的维度，那可能就是时间了。上天对大家的馈赠都是公平的，每人每天都只有 24 个小时。

每个人都可以有自己的选择，有人在凌晨 4 点起床，有人睡到自然醒；有人在晚上 10 点前一定要睡觉，有人喜欢熬夜到凌晨两三点。

一个人在这 24 小时里所经历的事情，就会形成这个人的生命体验。每个人都是独立的个体，无论如何经营自己的人生都有其独特的价值。

有人问，如何可以在有限的时间内，多一些体验？如何提升时间管理的效率？下面这几点可以了解一下。

❶ 意识到时间的宝贵，时间是不可再生资源

时间不仅具有有限性，还具有不可逆性，时间过了就是过了，用完了就是用完了。比如，今天是 2023 年 3 月 10 日，过了之后就不会再有了。所以，时间是人生中最宝贵的资源。而人的生命也是用时间来表达。

现实中有更为实际的表达，我们的工作价值用时薪来衡量。如，一个餐饮店的洗碗工时薪是 20 元，店长时薪是 100 元。

为什么店长的时薪这么高，从经济的角度看，他创造的价值（利润）更高，在营业的时间内，他需要带领整个团队创收。

如果他天天跑去洗碗，是很亲民，但他未必是一个好店长。

为什么？很简单，给大家算一个账。店长与洗碗工的时薪差是 80 元，也即他每洗一小时的碗就损失 80 元，洗得越多损失越大。他应该做回自己的工作，发挥自己原有的价值。

再举个例子，在孩子的成长中，为什么说亲子陪伴十分宝贵，因为孩子成长的时间也只有一次。

他们在 1 岁时独立行走，牙牙学语，3 岁上幼儿园，6 岁第一次毕业，18 岁成年礼……这些重要的时刻，家长如果错过就是错过了，用金钱也买不回来。

❷ 明确事情的优先级，不要把时间浪费在琐事中

当面对繁复的任务事项，不知道从何下手时，我们一般以“拖延”抵触，或者以“我很忙”为由陷入无效的努力中。

时间管理“四象限法则”[1] 可以帮助我们分清主次，厘清行动的思路。

“四象限法则”把要做的事情按照“紧急、不紧急、重要、不重要”（轻重缓急）排列组合分成四个象限。

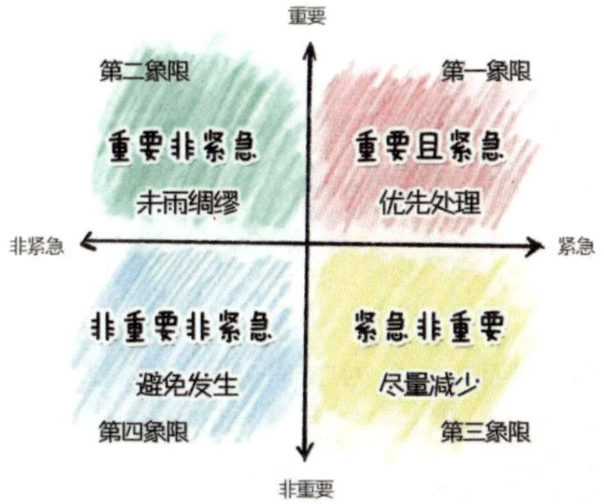

[1] 四象限法则，是时间管理理论的一个重要观念，核心观点是把主要的精力和时间集中地放在处理那些重要但不紧急的工作上，这样可以做到未雨绸缪，防患于未然。

第一象限

重要且紧急的事情。面对这类型的事情，我们要立马做，用心做。

它们具有时间的紧迫性和影响的重要性，如果我们不优先处理，将会对整个项目产生根本性的影响。比如，重要的会议、洽谈与对接工作等。

第二象限

重要但不紧急的事情。这类型的事情十分重要，但没有时间的紧迫性；对项目的发展有根本性的影响，但这个影响不是马上可以看到。

这些事情有极大的隐藏性，如果我们意识不到，就会转化成“第一象限：重要且紧急的事情”。

我们大多数时间管理的失败，或者工作规划的失误，往往在这个环节出现问题。比如，战略规划、团队建设等工作。这些工作现在不做，好像也没有什么影响。但是这些事情如果一直被搁置，我们就会成为“救火队长”，天天在救火。

在所有的事项当中，我们的工作重点应该放在第二象限上。俗话说，未雨绸缪。尽可能地把时间花在重要但不紧急的事情上，这样才能减少第一象限的工作量。总而言之，有空闲，多规划。

第三象限

紧急但不重要的事情。它们看起来很紧急，但是对整个项目没有产生根本性的影响。

这类型的事情，很有迷惑性，往往让我们陷入“看起来很忙”的窘境：感觉做了很多事情，却没有实质性推动项目的进展。

面对此类型事情，我们要尽快做完，或者授权其他人帮忙处理，以节省时间处理重要的事情。比如，无关的电话、打扫卫生等。

第四象限

不重要也不紧急的事情。这类事情没有紧迫性，也不对项目产生根本性的影响。

面对此类型的事情，我们要明确态度：尽量少做。比如，闲聊、刷朋友圈等（休息放松时除外）。

③ 做好自我能量管理，提升时间管理的效度

我们做事的效率跟自身的能量状态有很大关系。能量高时效率高，能量低时效率低。

一大早起床，我们吃完早餐，能量满满，头脑清醒，效率较高，适合做费脑的事情。比如工作规划、专题会议等。

下午，我们的能量消耗得差不多了，处于困乏状态，这时适合做简单琐碎的工作，不用费脑力，也不用太大的体力。

我们不可能每时每刻都像机械那样高效地工作，所以做好自我能量管理，并据此合理掌握做事节奏，才能提升时间管理效度。

④ 增加时间的厚度，多维做事情

如果我们的工作事项比较繁多，但是又要准时完成，我们要开拓多维度开展工作的思维，即“多管齐下”。

“多管齐下”可实现的前提是，这几件事情都不需要深度思考，这些事情同时进行时，不会有太大的冲突，还可以提升做事的效率。

比如，我们要做一顿饭，不用等饭煮熟之后，再去炒菜。一般的做法是，先洗好米放在电饭锅里煮，然后，洗菜、切菜、炒菜……这样几件事情可以同一时间完成，大大提升了效率。

再举个例子，在工作中，临近下班的一个小时，你发现还有这些事情

要做：

· 你是今天的值日生，要打扫办公室；

· 给办公室的盆栽浇水；

· 收听公开课，明天上午写方案书时要用到相关的知识点；

· 明天下午要做外展活动，移动音箱要充电；

· 整理本月纸质版的资料，并归档。

乍一看，还有这么多事情要做，心里十分焦虑。其实，稍做规划，就可以提升效率。

首先，你可以先给移动音箱充电，接着打开公开课收听页面，边听课边完成打扫卫生、盆栽浇水等不费脑的体力工作，最后趁休息之余，整理纸质版的资料。

如果我们把生命历程比作一场电影，在同一时间轴上，可以合理插入多轨素材，比如视频、图片、文字、音乐、音效等，虽然元素众多，但稍做编排，就可以做出美妙的片子。

⑤ 用钱买时间，把时间投资在更高价值的事情上

还有一种节省时间的方法，那就是用钱买时间。什么意思？时间还能买卖？是的，其实现实当中很多买卖在本质上都是时间的买卖。

比如，你每天出售 8 小时给受雇的公司或单位。你要到另一个区参加一个会议，发现时间很紧迫，如果坐地铁就来不及了，这时你可以叫辆出租车。

要给合作单位送一份文件，你如果亲自跑一趟来回要一个小时，所以，你一般会叫个闪送。

随着业务不断拓展，很多繁复琐事你无法抽身处理，可以聘请一个助理帮忙打点，然后你专心做好自己核心的业务……

诸如此类，有太多这样的情况了。有句话说："能用钱解决的问题都不是问题。"

以前觉得应该只有土豪"站着说话不腰疼"，才会说这种话。现在反而觉得有一定道理。

我们要学会用钱买时间，把时间投资在更高价值的事情上。

但是，问题又来了，我们应该用钱买哪些时间呢？要买那些价格低于你单位时间收益事项的时间。

举个例子，如果有一个业务主管的月薪是 8000 元，时薪约 50 元。如果他用了一个小时去送一个无关紧要的文件，这样会浪费时间与成本，因为同城快递才 12 元，比他时薪的 1/4 还低一点。

❻ 创造美好作品，经得起时间的考验

平时，我们吐槽时间不够用，一般都是在无关紧要的事情上浪费了太多的时间。

有关研究表明，科学家根据端粒以及细胞的分裂周期，测试出人类的理论极限寿命大约是 120 岁。

如何在有限的生命周期，发挥出更大的价值。有句话说得好：“有的人死了，他还活着。”更多的意思是他的作品（精神）还在活着，他在有限的时间内创造了无限的价值。

比如，莎士比亚是欧洲文艺复兴时期的戏剧家，但他的作品现在还在流传，延绵几百年。

所以，当我们专注于一件事情，并把它做好，自然会有时间的馈赠。

一图读懂：关于时间管理的 6 个要点

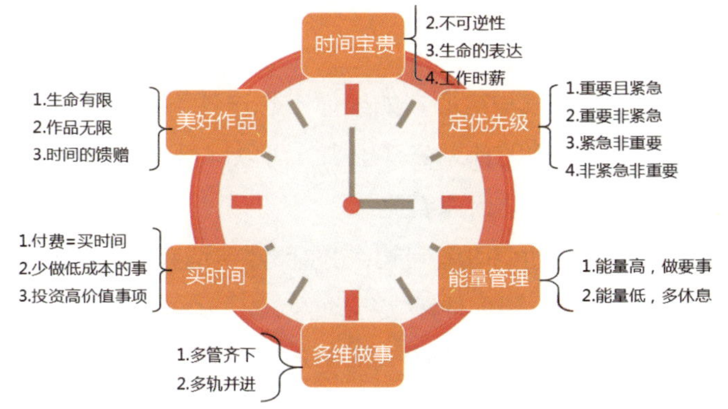

“拖延症患者”自救指南

首先，一般情况下，拖延症并不是一种病。所以，标题用了双引号。它也不是洪水猛兽，它是每时每刻存在于我们工作生活中的一种状态。

大多数人都喜欢待在自己的安舒区里，按着自己的节奏行事，不到最后一刻，不做出改变的行动。

我也一样，包括现在写文章这件事，每次要打开文档，都有千百种的不愿意。但是已经立下 flag：周更。如果每周不能写完一篇文章，心里也会很焦虑。而最轻松的一刻，就是每次写完最后一个字时，可以感叹一句：“终于完成了。”

有人羡慕艺术家的生活状态。他们可以慵懒的、发呆的状态等待灵感，然后去完成一件美妙的作品。

而我们大多数的工作需要有计划性与效率，如果由着自己的性子行事，可能这件事情就不了了之，甚至会影响其他人的进度。

克服拖延，其实就是克服人性弱点的过程。下面是克服拖延症的一些做法，供大家参考。

❶ 公开计划

这种做法，需要勇气与决心。如果你不想这件事情一直拖延下去，最好的方法就是把这个事情的计划公开出去，可以向身边的亲友、同事公开，也可以在朋友圈立 flag，让大家看见。

下次朋友聚会时，他们可能问起，“你那件事情完成得怎么样啦？”这句话有无比的力量，它会督促你落实行动。

我在写《同行者：社工客创始人的十年行思录》之前，其实心里一直有出书的想法，但总是因为各种原因而搁置，不了了之。直到有一天，看到一位朋友的新书出版，心里一激动就说了一句：“我也要出书了。”从此，朋友圈一下子都知道了，朋友每次碰面都会问起，于是我不得不把这件事情放到日程上，以免下次没脸见人。

❷ 设定 deadline

俗话说，今日事，今日毕。如果一件事情，我们给它设定最后的期限，效率会提升 80%。

有人说，deadline（最后期限）是最大的生产力。那么，问题来了：这个 deadline 如何设定才合适呢？

比如，上级交代一个新任务，近期要启动一个新项目。按以往的情况，我们可以用一个星期完成方案书。

我们要不要把完成的期限放到一个月之后，这样可以有更多时间完善计划。实际经验告诉我们，这样其实效果不会好太多，甚至会更糟糕。我们容易产生错觉：不用急，时间还有很多。

没有系统的计划及效率的行动，最后的效果会十分不理想。

关于“任务的理想期限”的设定，这里有个计算公式分享给大家：

任务的理想期限 =（以往同类型任务的完成期限 +1 个工作日）× 难度系数

“以往同类型任务的完成期限”是指我们可以从以往的成功案例中获取经验，当作参考。

“+1 个工作日”是留给不可预测变化的期限。

“难度系数”是相对以往同类型任务的一个参数，同等难度，系数为 1；高于以往同类型任务的，系数大于 1，反之小于 1。

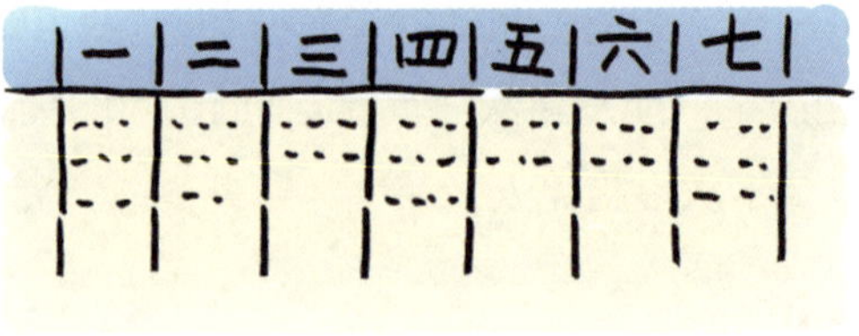

他不是没有时间
而是这件事在他那
没有时间表

❸ 明确事情的优先级

当我们面对繁复的任务事项，不知道从何下手时，心里往往以“拖延”抵触。

时间管理“四象限法则”可以帮助我们分清主次，厘清行动的思路。我们可以把要做的事情按照“紧急、不紧急、重要、不重要”（轻重缓急）进行排列组合。

重要且紧急的优先处理；紧急非重要的高效处理；重要非紧急的提前处理；非重要非紧急的不用处理。这样可以让时间发挥更大的价值。

❹ 营造高效率的环境

环境会对人的行为产生影响。回想一下，在什么环境下，自己的工作效率比较高。据相关调查发现，安静、没有干扰的环境，会让人的工作效率提高。

免受干扰，可以避免工作时间碎片化，便于有较长时间专注于工作上。

有些人白天在办公室，一个字都写不出来，而到了晚上，文思如泉涌。这不是矫情，而是因为夜深人静，没有太多的外界干扰。

同时，整洁的工作桌面也有助于提升效率，凌乱的桌面容易分散人的注意力。时不时就会被桌面上某个文件、某样东西吸引，从而打断了思路。

⑤ 拆分任务目标

当我们要立项做一件事情时，一开始往往不知所措。特别是重大项目，我们会觉得这是无法完成的任务。

“罗马不是一天建成的。”我们要学会拆分任务目标。把大的目标拆分成一个个小的目标。这样一来，看起来遥不可及的宏大工程，我们也可以一步步实现。

比如，建造一栋 100 多米高的大厦。乍看起来，好像是天方夜谭。

我们尝试拆分目标：①绘制建筑图纸；②组建建造团队；③打地基；④建主体框架；⑤添砖加瓦；⑥装修，完善水电气设施等。这么一看，好像也没那么难了。

⑥ 能量高的时候多做重要的事

本节开篇就说到，拖延是每个人都会有的状态，人非草木，孰能无情。有情感波动，也会有能量高低。

我们不可能每时每刻都像机械那样高效地工作，机械也有加油充电的时候，人更加需要休息及补充能量。

通过自我觉察，如果发现自己的能量比较低，不要勉强工作，因为这样可能效率很低，而且容易出错。此时要适当地休息，吃点东西补充能量，或者暂时抽离目前的状态，换个环境放松一下。

当满血归来，能量高的时候，一定要把时间放在第一象限及第二象限的事情上，“好钢要放在刀刃上”，即多做重要的事情，此时能量足，也是作抉择最好的时机。

❼ 保持专注

保持专注，说来容易，做到很难。一要排除来自外界的干扰，二要自己沉下心来。心理学上，把这种状态叫作“心流”，指一种人们在专注进行某行为时所表现的心理状态。

其实每个人都有自己的心流状态。回想一下，自己在做哪件事情时，很投入，完全没有感觉到时间的流走，而自己也没有觉得累，还有一种莫名的兴奋和充实感。

记住这种感觉，然后尝试在目前所做的这件事上找到这种感觉。

❽ 远离手机

手机已经成为我们工作生活中不可或缺的一部分。

如果你要专注在某件事上，最好不要登录微信、QQ、抖音、钉钉等软件，它们闪动的头像或红点，会让人有点击的冲动。

远离手机，告别拖延。可以把手机放在自己伸手不可及的地方，以免时不时想拿起手机看两眼。

❾ 唤起成功的经验

我们走到现在，之前肯定有过战胜拖延症的经验。当时是什么情况，当时感觉怎么样，是如何应对的，我们可以进行心理建设，相信自己这次也是没有问题的。

❿ 那就这样吧

如果前 9 条都没有用，看起来都懂，做起来就懵。不要紧，一直以来，你也相安无事，那就这样吧。

最后的话：不要急，慢慢来，最重要的是要快。

一图读懂：“拖延症患者”自救指南

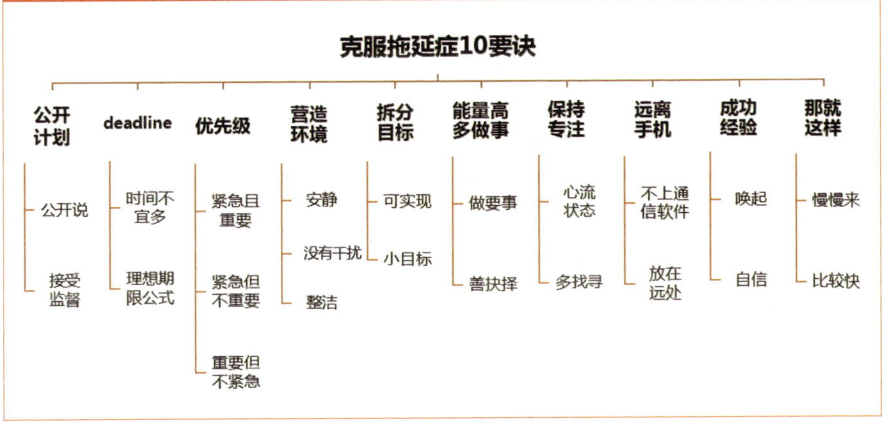

如何应对小组活动中的突发情况？

在新社工成长训练营的小组工作[1]实务学习板块中有一个案例练习：小组开展过程中，李同学退出引起的小插曲。

案例背景：

为帮助新生尽快适应大学生活，学校社工小冯开设了一个成长小组。在第三节小组活动中，组员李同学因为不能接受别人对他的评价而中途退出。在第四节小组活动中，组员之间出现了以下对话。

组员 A：“上次小组活动中，李同学生气直接离开，这次小组他又离开了，我们又没对他怎么样，我觉得他有点儿过分。”

[1] 小组工作，社会工作的基本方法之一，也称为团体工作。指以团体或小组为对象，并通过小组或团体的活动为其成员提供社会服务的方法。

组员 B："是啊，我对他也很不满意，他真有点儿莫名其妙。"

组员 C："对啊，他觉得自己被挑战了，就直接离开，真的很差劲。"

其他组员同声附和，纷纷表达对李同学的不满。

此时，你觉得小冯应该怎么做？

这是小组工作，或者团体辅导中，我们随时可能会遇到的突发情况。成员之间产生矛盾冲突，作为带领者该如何应对？

训练营里的同学们反应敏捷，基本上都能理出两三个解决要点。这证明大家经过专业的训练，心中有一定的章法，能够以专业的理念与手法来解决问题。这也是专业训练的意义。

最后，我总结一下，该案例中，带领者需要考虑的几个要点。

❶ 注意"先处理情绪，再处理事情"原则

李同学的退出，大家都看在眼里，且引起了大家的关注。如果带领者避而不谈，反而会引起其他组员的不满或猜忌。组员为什么会有这些意见，他们在表达什么诉求，组员的需求是带领者必须要关注的。

❷ 注意识别小组发展的阶段

带领者需要有足够的敏感度及评估能力。目前小组到了第三、第四次活动，小组进程如果到了中后期，是一个容易激发矛盾与碰撞的阶段，带领者须评估"李同学退出"这个事情的发生是符合正常规律，还是属于突发情况。

如果符合正常规律，按照常规的操作指引处理就好；如果是突发情况，那就要再次评估，及时做出恰当的应对措施。

❸ 选择适当的带领方式

在常规情况下，在小组中后期，带领者可选择的带领方式是参与式或推销式。依据是什么？

有个“情境领导”理论，该理论模式由行为学家保罗·赫塞[1]创立，他指出，在一个团队中，领导者根据情境的不同，通过对被领导者准备程度的判断，适时地调整自己的领导风格，以达到实施影响的最佳效果，从而使领导者带领团队成员取得良好的工作绩效，提高成员的满意度，并实现团队成长。

“情境领导”根据团队成员的“能力”及“意愿”两个维度，可以划分为以下 4 个阶段，这 4 个阶段同时也是小组不同发展阶段中组员表现出来的 4 种状况，其相应的领导方式分别如下。

没能力，没意愿或不安

一般表现在小组初期，我称之为“新生懵懂期”。大家初来乍到，不知所措，互不认识，面对新的环境，缺乏安全感，参加小组的活动，也没有表现出强烈的意愿，不知道自己该怎么做。

此时，恰当的领导方式：告知式领导。该阶段的组员对接下来的活动还没完全准备好，因此，领导者需要明确地告诉他们做什么，应该怎么做。

这一阶段需要一个强有力的领导者带领大家尽早走出懵懂、混乱的状态，不需要过多的支持行为与双向沟通。否则，小组可能会陷入更混乱的局面。

没能力，有意愿或自信

小组经过前期的破冰阶段后，进入“小白迷茫期”。大家开始互相认识，也对小组的情况有进一步的了解，开始认同小组的目标，对于小组的活动表现出一定的意愿及信心，但是尚缺完成小组任务的能力。

这时，恰当的领导方式：推销式领导。该阶段的组员，他们已经有一定的意愿及自信，只是缺乏能力。

因此，领导者可以通过教授、指导、鼓励等方式，引导组员习得方法与技能，有效地完成小组任务。

有能力，没意愿或不安

小组进入中后期，我称之为“老油条倦怠期”。经过领导者的指导，大

[1] 保罗·赫塞（Paul Hersey），世界组织行为学专家，“情境领导”模式创始人。

家也掌握了相关的能力，可以胜任小组任务。

不过这个时候，大家容易出现倦怠的情况，小组发展以及组员的成长都进入了瓶颈期，可能会有“老油条”出现，即他有能力，但是不太愿意做事了，或者他也为一成不变的现状而感到不安。

这个阶段恰当的领导方式：参与式领导。参与的意思是，都到这个时候了，大家知根知底，领导者你也别端着了，可以与组员共同参与，体验其中的挑战，为组员提供便利条件与沟通的平台，与大家一起探索走出困境的路。

有能力，有意愿并自信

小组成员经历过新生懵懂期、小白迷茫期、老油条倦怠期，最后，大家来到了成熟阶段，我称之为“毕业生成熟期”。此时，大家有意愿和自信，也有能力去应对挑战，以及完成小组的任务。

这个时候，恰当的领导方式：授权式领导。即领导者对组员高度信任及充分授权，采取“无为而治”的态度，尽量不发出指令，也不提出建议，保持默默关注的态度，只在需要必要支持的时候出现，把空间与舞台留给组员，放手让组员自主地去完成任务。

值得注意的是，“情境领导”的 4 个阶段可能会交替性、反复性出现，领导者需要及时识别团队的状态，并采取与之适应的领导方式。

回到本节开头的案例，小组发展到中后期，大家已经彼此熟悉，对小组已形成一定的归属感，有小组目标的认同感，同时组员间也会经历激荡期，大家都敢于表达自己的真实想法，希望得到关注。

此时，适合采取“推销式领导”或“参与式领导”。具体怎么做呢？

比如，推销式领导，带领者可以说：“谢谢大家刚刚表达的意见，我也明白了大家心中的想法，过后我会跟李同学进一步沟通，了解情况，为不影响小组的目标及进程，要不我们先接着往下走……”即如果小组进程遇到困境，带领者可以给予一些指导与建议，让大家更加清楚地看到问题所在，找到解决方案。

而参与式领导，带领者可以说：“刚刚听到大家的一些内心想法，也明白大家对于小组及组员都是有期待的。对于李同学的突然离组，我也感到遗憾！现在我们遇到了这个问题，我们一起商量一下，看看怎么办……”即先同理大家的感受，然后参与决策化解困境的行动。

❹ 恰当处理突发情况

带领者需要注意评估是否要把个别事件转为小组共同探讨的议题。值得注意的是，案例中的小组为“适应大学生活”的成长小组。所以，需要评估“李同学退组”这个个别事件，是否刚好也是大学生生活适应中的典型事件，是否可以回归到小组主题的探讨上，如果处理得当，可以把团队危机转化成机会。

最后，再补充一下。在我看来，小组工作的核心精神是让个人变得更好，若不是，便失去小组的意义。而对于个人而言，参与团队活动是为了让自己变得更好，若不是，他 / 她可能就会“离队”。

小组工作可能是社工三大工作手法中，最被低估的。很多人片面地认为个案工作微观且深入，它才是最专业的，或者往宏观上讲，认为社区工作很高大上。但中观的小组工作也很重要。手法无论大小，都是为了解决问题。

在日常的工作与生活中，小组工作的应用也挺广泛，在家庭生活、团队管理与发展、团体辅导活动以及社会组织培育等方面都有较大的应用效果。

可以思考一下：下面的几种组织形式，你觉得哪些可以作为小组工作呢？

- 一支足球队；
- 从深圳同坐一辆大巴去广州的乘客；
- 一个社区服务中心的工作团队；
- 报名了华东五市旅游团的旅客；
- 小区里的广场舞队；
- 买了月卡，经常到某一餐厅吃饭的顾客；
- “社工客”所组织的训练营社群。

一图读懂：“情境领导”的 4 种方式

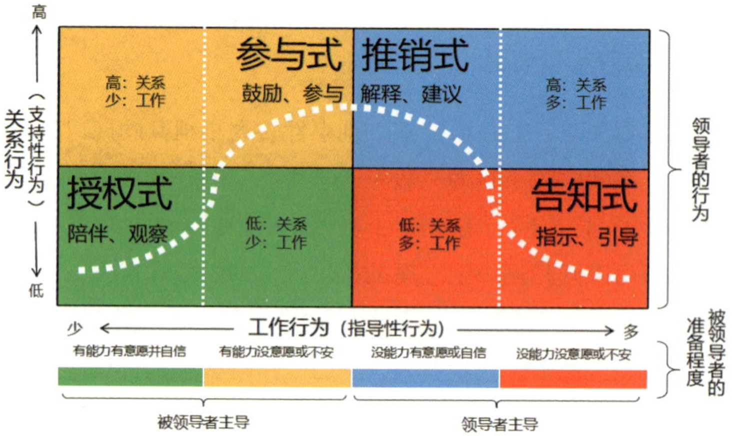

职业倦怠了，怎么办？

老李从事目前的这份工作已有 10 年，在行业里已算是前辈，也受到大家的尊敬。他在一家机构里担任高管，管理 100 多人。目前行业环境变化多端，他几乎每天都像“救火队长”一样来回奔波，感觉自己心力交瘁，疲惫不堪。

大刘入行 7 年，她性格直爽，做事干练，已经担任服务总监 2 年。以其能力，她早已胜任该岗位的工作，不过她觉得自己到了职业发展的瓶颈期，犹如“七年之痒”[1]，干什么都不起劲儿，不知道自己接下来何去何从。

阿豪工作了 3 年，一直以来，他激情满满，经常是最早到办公室，又最后一个走。由于积极认真的工作态度与表现，他今年升任项目主管。正当他劲头十足的时候，家里人却泼冷水：“以你的能力在其他行业可以赚得更多。”阿豪虽然很喜欢目前的工作，不过家人的意见，还有接下来跟女朋友结婚成家的现实要求也摆在面前。他一时间也不知道怎么办了，工作没有了动力与方向。

小王入职将近 1 年，刚毕业那会儿，他激动万分，觉得自己在大学的理想终于实现了。他踌躇满志，奔赴上任，希望可以在岗位上发挥自己的专业价值。然而，在这一年里，他发现现实与理想有些区别，每天做着的工作好像跟专业没有多大关系。于是，他开始应付了事，逐渐感到失落与迷茫。

不知道以上朋友的情况，你是否也遇到过，或者正在经历。这些情况可能是“职业倦怠”的表现，我们需要留意一下。

[1] 七年之痒，一般是指人们爱情或婚姻生活到了第七年，因爱情或婚姻生活的平淡，而感到无聊乏味，进入倦怠期，从而经历的一次危机考验。

❶ 何为职业倦怠？

职业倦怠，是指个体在工作重压下产生的身心疲劳与耗竭的状态。最早由弗罗伊登贝格尔（Freudenberger）于 1974 年提出，他认为职业倦怠是一种最容易在助人行业中出现的情绪性耗竭的症状[1]。

这里有两个特别的要点：首先，职业倦怠是一种情绪性的表现，而情绪会受到个体与外界因素的影响，因此，职业倦怠因人而异，同一份工作，同一个岗位，不同人会有不同的反应。

其次，职业倦怠最容易在助人行业中出现，这种现象值得探讨。建筑工人、手艺人、程序员，他们是否会有职业倦怠，或者会不会以另外一种方式表达。

社会工作者、医生、教师、律师、警察等职业，他们的工作对象是人，人相对于物更有多变性，工作难度增加，情感投入程度加深，从而可能更容易导致职业倦怠。

职业倦怠最常表现出来的症状有以下几种。

工作热情丧失

工作者目前没有了之前的那种精气神，对职业前途感到无望，心如止水。

工作态度消极

对周围的同事、服务对象、合作伙伴以及其他与工作相关的事务态度冷淡且逐渐抽离。

工作流于形式

工作没有规划，应付了事，破罐子破摔。工作时混日子，当一天和尚，撞一天钟，得过且过。

自我价值感降低

对自己工作的意义和价值评价下降，找不到工作成就感，或者自己也意识到了问题，但是一直未作出改变。

---

[1] 郝滨 . 催眠与心理压力释放［M］. 合肥：安徽人民出版社，2009.

内卷了，怎么办
那我外卷一下吧

❷ 出现职业倦怠的原因

工作内卷化、形式化

工作者面对日复一日、冗繁复杂、按部就班的工作，感觉自己付出再多的努力，也不会有太大的收益，工作热情与价值感逐渐下降。

比如，在前台做咨询服务工作，每天坐在同一个位置，面对同样的问题，回答了无数次，容易让工作者失去工作的热情与活力。

个人心力消耗过多

工作者每天跟不同的人打交道，需要情感投入，感觉自己劳心劳力，不断地给别人提供帮助，而自己却得不到关顾。

比如，工作者向服务对象提供深入的个案服务，需要投入大量的心力与精力，如果他 / 她得不到及时的自我调整与督导支持，也会引致耗竭性的职业倦怠。

期望管理有落差

工作者自我期望与工作实际的情况存在差距，没有得到及时调整，而导致消极怠工。

比如，工作者原本期望自己可以像个专家一样提供专业的服务，实现专业价值，但是现实情况里，他 / 她只能做一些行政琐事；又比如，工作者期望的薪酬与其实际的薪酬存在差距，导致心理不平衡，无心工作。

受到工作环境与外界因素的影响

“人在情境中”理论指出，人受到所在环境压力和人们彼此冲突的影响和困扰。

比如，工作者的工作环境是否舒适，同事关系是否融洽，合作伙伴的支持程度如何，服务对象的好评度如何，社会各界的认同度如何，等等。

价值观冲突

最深层次的冲突是价值观的冲突。

比如，工作者的个人价值观并不认可该专业及该行业的价值观，或者与上司、相关同事有价值观冲突。因此，他 / 她工作起来十分不顺心，要么应付了事，要么选择离开。

❸ 应对职业倦怠的方法

当我们或者身边的同事出现职业倦怠时，也不用有太大压力。职业倦怠是一种常见的工作状态，它不是洪水猛兽，没什么大不了。

它有时只是因为我们累了，需要休息一下；有时因为我们觉得孤立无助，需要找人支持一下；有时因为我们还没掌握工作方法，总结优化一下就好。

应对职业倦怠有以下几种方法，可以尝试一下。

督导支持

当我们工作遇到困境时，首先的解决方案是寻求支持与帮助。督导可以发挥三大功能：行政功能、教育功能，还有支持功能。即化解工作者在工作计划、分工、授权、评估等行政方面的困惑；教授相应的工作知识及技能，使工作者提升工作胜任力；在心理与情感上提供支持与关顾，让工作者感到温暖与力量。

如果你身边没有专门的督导人员，可以找同事、朋友、家人倾诉，征询他们的建议，也能发挥一定的督导功能作用。

休假调整

有时我们对目前的工作感到倦怠，其实只是累了。那就需要休息调整，趁着周末，选择适合自己的方式，好好地放松一下。比如，爬爬山，逛逛街，看场电影，听首歌，做个手工之类的。

或者也可以提前安排好工作，休个年假，来一次长途旅行，放空一下，之后满血归来。

学习提升

有句话是这么说的：“解决一切问题的前提是让自己变得更好。”如果我们觉得目前的工作或者职业生涯到了一定的瓶颈，我们可以通过学习进修，提升一下自己。眼界打开，认知一扩大，问题就小了。

我们可以参与一些优质的课程学习，或者看一本好书，或者请教一位行业前辈，从而提升自我能力与素质。

工作优化

日复一日重复同样的工作，难免让人觉得厌烦。我们可以通过复盘，优化迭代工作的流程及模式，提升工作效率，从而留出更多的时间与精力开拓新方向，取得更好的工作成效。

比如，我们可以优化项目各环节的工作流程，形成操作指引，避免无效动作，这在一定程度上也可以促进团队协作效率。项目工作也可以总结梳理成典型案例，提炼出工作模式，不仅可以供业界同行参考，更甚者可以推动行业的发展。

自我探寻

“我是谁？我从哪里来？我要到哪里去？”这是人生终极三问。对这些问题越清楚的人，他 / 她的方向感与目标感就越强，他 / 她做这件事情的动力，不是来自外界的影响，而是来自内生的动力。

回到具体的工作中，可以问一下自己：“我是什么类型的人？我适合哪方面的工作？我喜欢这份工作吗？我适合做这份工作吗？我将会做出怎样的工作成效？……”

自我探寻得越清楚，相信你也会越笃定自己想要的是什么。

使命召唤

最后，讲讲“使命”，这个话题未免有点沉重。使命是什么？是指一个人一生只为它而来。这世间，有很多事情经由一些人去完成，有人准备好了，使命也会降临到他 / 她身上。

比如，孔子为使命而周游列国；唐僧为去西天取经而历经九九八十一难；红军为取得胜利而开始长征；袁隆平为了解决人们的饥饿问题，历经千辛万苦研发出超级杂交水稻；乔布斯为了伟大的产品而舍九取一……

有人说，这都是伟人要做的事情，平凡如我，谈何使命？

然而，每个人都有其天命。街口的早餐摊，张大爷的油条炸得特别好吃，温暖着无数上班族的胃；小区里的保安亭，李大哥日夜为我们站岗，他认得出每天进进出出居民的脸，守护着一方安宁；一个普普通通的社会工作者可能解决不了很多的社会问题，不过在他 / 她面前的这位服务对象得到了关顾与支持。

使命不需要刻意追求，时机合适，时间到了，你准备好了，它就会出现。

子曰：“吾十有五而志于学，三十而立，四十而不惑，五十而知天命，六十而耳顺，七十而从心所欲，不逾矩。”

五十而知天命，如果我们还不知，最大的原因是我们还年轻。谁的青春不迷茫？青春正当时，那就享受当下吧，去感受它，体验它，经历它……直到找到自己此生的使命。

一图读懂：如何应对“职业倦怠”？

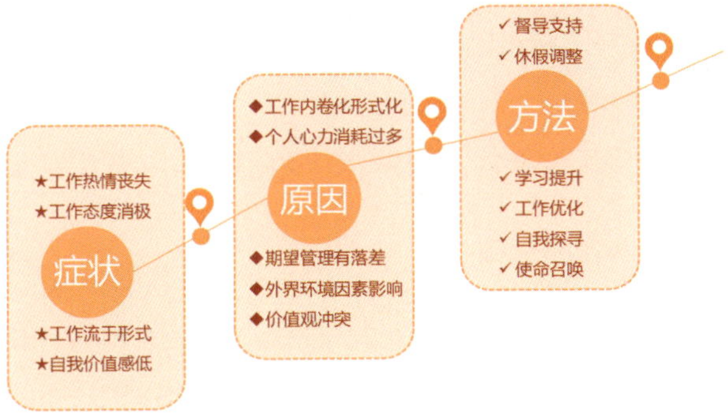

离职员工如何做好交接工作？

职场上，人来人往是常态，人员流动是不可避免的事情。由于主观或者客观的各种原因，总有人会选择离职。

这是主管上司头疼的问题，于工作而言，这会给团队造成一定的冲击，可能导致工作断层；于个人而言，个人情感难以割舍，毕竟大家一起共事多年，早已习惯了对方的存在，如果对方突然离去，难免会有伤感。

如果离职者去意已决，说明他 / 她已经深思熟虑，与其在这耗费精力，不如离开。这对双方也未必不是好事。此时，双方比较理性的做法是抓紧时间做好交接工作，好聚好散。

如果你作为其主管，那就好好地祝福他 / 她吧，并尽快找到适合的人员来接手，以确保团队工作可以正常运转，把不良影响降到最低。

作为离职者，最好也预留足够的交接期（一般为提交离职申请之后的一个月）做好交接工作，助力团队顺利过渡，帮助新同事妥善接手，在团队里留个好名声。

如何处理离职交接工作中遇到的问题呢？不同单位都有其不同的解决

方案，我在此分享一个离职交接工作的“123 要诀”：

1 个出发点：以工作得以顺利延续为出发点。

2 条原则：清单式交代，师傅般传授。

3 颗心：离职者诚心，接手者虚心，上级主管关心。

那么，离职交接工作具体需要做些什么呢？有以下几方面重点工作。

❶ 关于工作内容的交接

为了让新同事尽快上手该岗位的工作，工作内容方面的交接是重中之重。在交接期内，离职者担任师傅的角色，逐步把该岗位的工作要点及技能传授给新同事。如果该岗位有岗位职责与工作内容说明书，效果更佳。

师徒式教授也可以让新同事尽快掌握相关的工作技能。比如，师父做一遍，徒弟看一遍；然后徒弟做一遍，师傅看一遍。经过来回几次手把手的教学，师傅可以不断地矫正、优化徒弟的做法，直到其符合工作标准。工作内容可以分为以下几种类型：

业务性工作

特指该岗位开展业务的工作。比如，如何跟进个案，如何开展活动，如何开展项目等。

行政性工作

是指该岗位需要负责的行政工作。比如，熟知及遵守单位各项行政管理规定，按时呈交各种报表，定期汇报工作及参加会议等。

外联性工作

是指对外联系的各项工作。比如，主管部门的联络，合作单位的关系维护，同行之间的交流活动等。

此外，还有一些重要的工作也需要提及。比如，有待跟进的工作，原本离职者计划在近期启动某个项目，也开始做了前期的工作，在“人财物”方面有了相应的准备。这方面的工作妥善交接给新同事为宜，以免工作断层，项目推进工作受阻。

❷ 关于物品资料的交接

工作相关的证件

比如，工作证、出入门禁卡、差旅卡、食堂饭卡等。

也许有人会问：“工作证件，为什么不能给离职的人留作纪念呢？”是的，工作证件也是要移交给单位的。一般而言，离职后，离职员工与单位之间便解除了劳动关系，不需要向对方负责。相关证件如果还在离职员工手上，可能会导致单位不可控的影响，如产生不良影响，该员工也会有相关的嫌疑。因此，还是按时转交工作相关证件吧，以其他物品作为纪念为宜。

工作相关的资料

比如，工作档案、个案资料、项目资料等。

如果大家平时就做好了档案管理的工作，这部分的交接就会顺畅很多，否则会比较麻烦。离职者应当在离职前，把相应的文书及资料补齐，通过清单式一一列明，转交给接手的同事，以免日后档案资料出现错漏的情况时，互相扯皮。

接手的同事拿到这些工作资料，也可以随时进行查阅，了解各项工作的背景以及进度，从而更好地推动接下来的工作开展。

工作相关的办公设备

比如，工作电脑、工作手机、移动硬盘以及其他办公设备等。

办公设备属于单位的公共财产，原则上，离职者在离职前也应及时移交相应的办公设备，这样既能确保接手的同事有效开展工作，也能避免设备遗失或者资料泄露的风险。

管理不仅要管
还要理，梳理的理

❸ 关于相关人员的交接

有哪些人员需要参与交接程序呢？我们的工作需要跟很多人打交道，这些人际关系也是该岗位工作开展的有力保障，不能因为有人离职而中断了。因此，需要注意这些人员的交接。

熟悉相关的同事

如果可以，离职者可以带着接手者认识平时需要交流合作的各位同事，帮助其融入新的工作团队，有效开展团队协作。

介绍相关服务对象

妥善的离职交接工作中，如果条件允许，一般也会设置服务对象告别仪式，以处理好服务对象的离别情绪，同时也向服务对象介绍接手的新同事，让服务对象明白：人员替换了，但是服务并没有中断。接手的新同事也可以通过此机会，尽快建立服务关系，少走弯路。

走访相关合作单位

合作单位的支持也是工作开展的重要保障，离职者可带领接手者逐一走访合作单位，向对方解释工作变更的情况，同时介绍新同事，以便双方的合作关系得以续存。

另外，还可以向接手者传递一些工作上的小贴士。

比如，工作环境。工作环境是多在户外，还是多在室内；工作氛围是偏严肃认真，还是偏轻松活泼……这些提醒虽小，但可以让接手的同事有充分的心理准备。

比如，有用资源。我们在工作期间也会积累不少的资源，可能是某项工作保姆级的操作指引，也可能是某个急速提升工作效率的小秘诀……这些都是便于工作开展的有用资源。

以上的内容，最好是当面交接，当面沟通的效果最佳，电话沟通次之。如果由于不可控因素，离职者离开匆忙，交接时间简短，或者在离职交接期内，尚未找到合适人选接手，以上内容，可由离职者形成书面内容，做成《离职交接备忘录》，留给接手者，亦可很大程度上化解交接的困境。

在工作程序上，我们可以参考以上的交接工作要点及流程，避免工作遗漏带来的麻烦。离职者与接手者最好有一次正式的当面交接面谈，如需要，上级领导也可在场，适时给予补充和支持。

然而，交接工作的最终成效还取决于交接双方的投入程度，否则也会陷入形式化的应付。

离职者诚心，接手者虚心，上级主管关心。各自有心，便会省心。感谢曾经在交接工作中给予过我们支持与温暖的伙伴吧，因为他 / 她是我们的师傅。

一图读懂：离职交接工作"123 要诀"

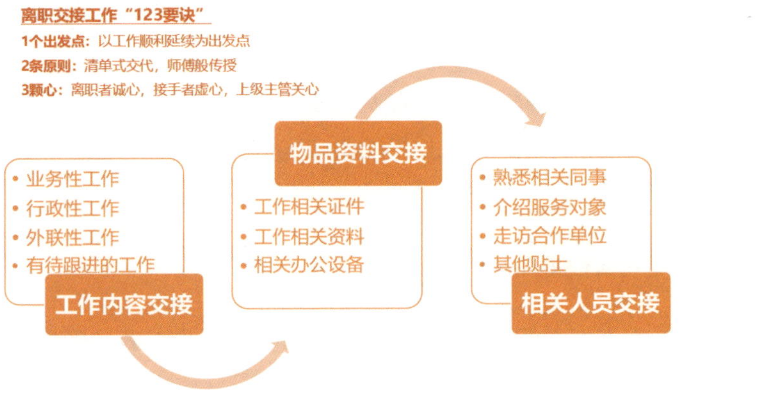

职业生涯规划需要注意的 3 个问题

经常听到身边的朋友提到，对自己现在所做的工作感到迷茫，好像看到了行业的天花板，不知道自己该往哪儿走。

在职场中，我们在每个阶段会遇到不同的烦恼。

有些朋友刚出校门，上岗不到一年，从学生转变成职场人，感到不适应，就像愣头青一样，几乎都在懵懂中度过。

有些朋友工作了三五年，工作上已经得心应手，不过面对一成不变的工作内容，自己也慢慢感觉到枯燥。

有些朋友的职业生涯已经来到“七年之痒”的瓶颈期，可能处于内外忧患的窘境：于内，看着日复一日、按部就班的工作，自己的职业倦怠日益加深；于外，看到同辈的朋友有不同的成就，面对外界的诸多诱惑，内心跃跃欲试。

于是，就像汪洋中的一艘帆船，不知道何去何从。

职业生涯规划，就是我们如何驾驭这艘帆船，历经风雨，穿过惊涛骇浪，到达彼岸的历程。

在航海的过程中，有些必需品要在启航前就准备好：指南针、线路图以及充足的食物等。

指南针为我们指引方向，避免迷失的风险；地图为我们提供最优线路的参考，避免走弯路；充足的食物可以为我们补充能量，确保前进的动力。

❶ 规划前的准备

首先，我们要先回答那三个灵魂考问：“我是谁？我从哪里来？我要到哪里去？”

“我是谁？”我们在职业生涯规划过程中，也要自我探寻：自己是什么类型的人，自己是否适合这次航行，自己的优势与劣势是什么，自己的能力水平如何，需求与能力是否匹配……

“我从哪里来？”探寻自己的初心是什么，我从哪里启航，起点在哪儿，起点的基础如何。比如，自己现在所做的工作，是基于什么原因，是个人的内心选择，还是受到某人某事的影响。

“我要到哪里去？”明确我们要到达的彼岸，自己要成为怎样的人，是否有画面感，画面是否清晰可见。比如，你的理想职业是要成为一个受人尊敬的老师，你可能会勾勒过自己站在讲台上的形象与画面。

灵魂三问之后，我们就可以清点启航前的物资了。

指南针

方向是恒定的，而且具有唯一性，我们只要朝着既定的方向走，就不会迷失。比如，老师这个职业的指南针是“教书育人”，无论使用什么方式教学，传道、授业、解惑，本质只有一个，那就是教育学生，让他们成为有识之士。

线路图

从此岸到达彼岸，线路有很多。为了更便捷地到达目的地，我们会选择最优线路，这些线路一般都是前人探索过的。这样我们可以少走弯路，避免风险。比如，成为一名老师的常规路径：一般需要经过师范类的课程学习，学习相关的技能，获取教师职业资格证书。

物资储备

在航行过程中，我们要清点一下物资是否齐备，要备够多少的物资才能出发，也要估计什么时候需要及时补给。比如，想成为一名教授，要先评估一下，自己的学历是否满足要求，如果不满足，在进修学习上是否有足够的经费保障。

❷ 规划的方向

职业生涯规划大体可以分为两个方向：横向发展与纵向发展。

横向发展

你可以跨领域涉猎相关的知识，综合相关要素再重新进行组合，从而得出创新的方案。

有些朋友的好奇心比较强，喜欢四处探索，点子特别多，社交能力了得，擅长整合资源，再发挥牵线搭桥的作用，可以做出很多创新的探索。

比如，有位老师在教学之余，喜欢玩音乐与跳舞，后来，她发现“奥尔夫音乐”[1]可以激发孩子的潜能，促进他们参与互动，并且充分表达自我。于是，她就把“奥尔夫音乐”融入教学当中，创新的形式让人耳目一新，深受孩子与家长的欢迎。

---

[1] 奥尔夫音乐教育体系是当今世界最著名、影响最广泛的三大音乐教育体系之一。由德国音乐教育家卡尔·奥尔夫所创立，最大特点在于关注孩子内心世界的开发。

纵向发展

你可以专注于一个领域，十年如一日地深耕下去。对于这个领域的所有知识点，你能倒背如流，而且融会贯通。

每个领域都有一座珠穆朗玛峰，为了到达顶峰，很多人不辞劳苦地往上攀爬。人一生的时间与精力都很有限，但聚焦就会产生巨大的力量。

比如，有些资深的社会工作者一直专注于青少年服务领域，经过多年的实践与探索，他们十分清楚青少年各个阶段的心理与行为的特征，了解青少年的需求与痛点，并且总结出独到的服务手法，这就是专注的力量。

③ 自己想成为哪种人

也许会有朋友问，自己目前适合横向发展，还是适合纵向发展呢？这个问题没有明确的答案，取决于你当前的状态，而你当前的状态又主要有以下两个影响因素：

一是“内在动因”。前面提到的灵魂三问：“我是谁？我从哪里来？我要到哪里去？”

有一个简单的检验标准，就是你做这个事情的时候，是否产生“心流”。在心理学中，心流是指一种人们在专注进行某行为时所表现出的心理状态，心流产生的同时会有高度的兴奋及充实感。

二是“外在因素”。你现在所处的环境及资源支持你往哪个方向发展，检验的标准：你想往这个方面发展时，你是否感觉到外界对你的支持（如人财物等）。

比如，你想深耕心理咨询这个领域，在继续深造的过程中，需要大量的资金与时间，但是目前的现实条件不允许，那么你可能就要作出其他的选择。

最终，你想成为怎样的人呢？以下三种角色可供参考。

专家

即深耕某一领域的专业人才，“纵向发展”，找准一个方向钻研下去。无论是实务还是理论，这类人都功力深厚，基本功扎实，对特定的议题有独到的见解，他们在这个领域有一定的话语权。

一般而言，专家型的朋友耐得住寂寞，有较好的耐心及恒心，他们专注投入，很少受到外界的干扰，他们按照自己的节奏，一步步推进计划。

比如，有些朋友对社区营造工作有浓厚的兴趣，他们长期扎根在社区，熟知“人文地产景”[1] 等理论模型，开展工作得心应手，而且得到相当的成效。经过多年的深耕实践，他们成为该领域的专家：社区营造师。

[1] 人文地产景，为日本社区营造专家宫崎清教授主张的社区营造议题。

管理者

类似“横向发展”，这部分朋友擅长打点各种人际关系，整合各方资源。

相对“专家”而言，管理者具有更加综合的知识，他们情商比较高，善于沟通交流，能够综合大家的建议，引导大家找到共识，并且带领团队落实各种措施与行动。

一般来说，管理者型的朋友总是充满激情，积极影响身边的小伙伴，他们反应比较快，对外界的变化保有较高的敏感度，能够比较理性地调整方案。

现实中，有些朋友很适合做管理的工作，他们可能没有耐心长期沉浸于某一个领域，但他们可以在多变的环境中，找到合适的解决方案，这样更能激起他们的工作动力。

比如，小雪在大学就做过学生会的部门主管，逐步形成了自己做管理工作的经验与方法。她的兴趣不在于跟进个案，但她擅长团队统筹的工作，面对复杂的人际关系，她也能妥善处理。所以她有做“管理者”的潜质。

创业者

这也许是职业生涯规划中最具挑战的角色了，这类人既需要在某个领域深耕多年，称得上是专家，又需要具有很好的综合能力。

他们觉得当前的工作或工作环境，无法更好地自我发挥。因此，想尝试创业，按照自己的想法创造一个小天地。

创业并不是适合所有人的选择，它需要极大的勇气与冒险精神。不仅需要深耕某一个领域的专业技能，还需要综合性能力。

如果说，专家型的朋友像是“丨”，管理者型的朋友像是“T”，那么，创业者型的朋友就像是“十”，即方方面面都要能“打”。

比如老张，他在青少年辅导领域做了多年的前线工作，也在机构里做过相关的管理工作。这些年来，他累积了丰富的实务经验及管理心得，自己也有自主创业的强烈愿望。于是，他辞职出来，自己创办了一家青少年服务中心。

最后补充一点，职业生涯规划只是人生旅程当中的一部分，就算走了很多弯路，我们也不必过于焦虑，因为这并不能代表最后的结局。路途中，行色匆匆，也不要忘了欣赏路上的美景。人生没有白走的路，每一步都算数。

一图读懂：职业生涯规划需要注意的 3 个问题

第七章

组织创新与发展

我们建立一个组织的内心动力是什么？

我们常常会说不忘初心，那初心是什么呢？

佛教中的初心，指“初发心”，来源于《华严经》[1]。初心是菩萨修行的开始，觉悟成佛是菩萨修行的结果，初心与正果是密不可分的。

种瓜得瓜，种豆得豆，播下什么种子，得到什么结果。所以，不忘初心，方得始终。

初心，一般意指做某件事最初的愿望、最初的原因、最初的念想。这种念想可能是一刹那的触动，犹如电光石火般被击中，迸发出最直接的想法。

就像孩子看到气球就开心，看到糖果就想吃。这是一种纯粹的力量，没有受到外界任何的干扰，完全从内心激发出来。

我们做任何一件事，都是有初心的，只是有时自己知道，有时自己不知道。如果我们知道，心中就会有一种笃定感，自己做这件事不是因为谁，而是完全由于自己的初心，因此，外界的质疑、诱惑，以及挑战，对于我们的影响也就不大。

如果不自知，那么我们可能需要做一些探寻的工作，拨开迷雾，找到那颗尘封的初心。探寻得不够深，做的事情就会只停留在表面。要找到初心，找到最初触动内心的那颗种子。

这颗种子从何而来？来自内外两个因素的结合。

❶ 来自内部的“个人准备”

个人“三观”

个人的价值观、人生观和世界观。即认为什么东西有价值，什么是好

[1] 《华严经》，大乘佛教重要经典之一，全称《大方广佛华严经》。

的，什么是不好的，什么值得做，什么不值得做，如何看待人生。人间百态，人生起落，自己应该怎样过这一生才有价值，对世界是怎样的看法，这个世界为什么会这样，还可以怎样，这个世界会好吗。这些就构成了我们的三观。

个人阅历

有些事情需要经历过才会看得更加透彻，个人经历过一些事情，才会确定自己想要做的是什么。

2004 年的圣诞节，李连杰携妻女到马尔代夫度假，带着孩子去海边玩，刚好遇到印尼大海啸，一瞬间水就到了腰间，幸亏 4 个当地人跳下水把他们全家救了出来，否则后果不堪设想。

经历这次海啸大灾难后，李连杰的人生观彻底改变，他发起成立壹基金，以帮助那些遭受灾害的人们。

个人能力

俗话说，机会总是留给有准备的人。我们决定做某件事情，证明自己已经有了相应的认知能力，可以识别到问题所在，还有做这件事的意义以及大概的方向。

不一定要完全准备好才出发，也不一定要具备所有能力及资源才开始做事，有些能力可以在“事中历练”，有些资源可以在过程中筹集。

❷ 来自外界的“使命召唤”

来自内部的因素已经准备好了，还需要等待外界条件的成熟，即“使命召唤”。世间上有些事情总会有一些人来做，不是你，就是他。而我们需要时刻留意外界召唤的信号，它可能来自一个人、一件事、一封信、一个电话……

有这么一个故事：

一天，小村落下了一场非常大的雨，洪水开始淹没全村，一位神父在教堂里祈祷，这时洪水已经淹到他的膝盖了。

一位救生员划着舢板来到教堂，跟神父说：“神父，我来救你了，赶快上来吧！”神父说：“不用急！我深信上帝会来救我的。”

过了不久，洪水已经淹过神父的胸口了，神父只好勉强站在祭坛上。这时，又有一位警察开着快艇过来，跟神父说："神父，我来救你，快上来，不然你真的会被淹死的！"神父说："不！我相信上帝一定会来救我的。"

又过了一会儿，洪水已经把整个教堂都淹没了，神父只好紧紧抓住教堂顶端的十字架。一架直升机缓缓飞过来，飞行员丢下绳梯之后大喊："神父，快上来，这是最后的机会了！"神父还是意志坚定地说："不，上帝一定会来救我的。"

最后，洪水滚滚而来，固执的神父最终被淹死了。

神父上了天堂，见到上帝后很生气地质问："主啊，我终身奉献自己侍奉您，为什么您不肯救我！"上帝说："我怎么不肯救你？第一次，我派了舢板来救你，你不要；第二次，我又派一只快艇去，你还是不要；第三次，我再派一架直升机来救你，结果你还是不愿意接受。"

同故事里的神父一样，我们可能遇到过很多机会与援助，都因自己没有留意而错失。过后，就像至尊宝所说的那样："曾经有一份真挚的感情摆在我的面前，我没有珍惜，等我失去的时候才追悔莫及，人间最痛苦的事莫过于此……"

人生不如意十有八九。而当机会再次出现在我们面前时，为了让自己牢牢抓住，不留遗憾，我们需要识别一些东西。就像孕育一颗种子，需要天时、地利，还有人和。

天时

孔子曰："天下有道则见，无道则隐。"一件事情做与不做，或者成功与否，天时很重要。时间不对，事情就不合时宜。一代人有一代人的使命。李连杰发起成立壹基金，源于印尼大海啸，刚好也赶上政府、企业以及社会组织三方联动，大力发展公益事业的契机。

地利

我们想做某件事情，也需要考虑落地的因素与条件，是否遇上合适的环境背景，是否具备相当的空间平台，是否匹配足够的资源支持。

人和

我们心生做这件事的想法，是否受到某个 / 某些人的启发或者点拨，当自己提出这个想法时，是否得到一些人的理解与支持，这件事情是否惠及更多人，这都是能够做成事的重要因素。

③ 不忘初心，方得始终

“不忘初心，方得始终”的意思是只有坚守本心信条，才能德行圆满。种瓜得瓜，种豆得豆。只有始终本着瓜的种子基因，方能得到瓜的果实；只有始终本着豆的种子基因，方能得到豆的果实。如果不能坚守本心，或者受到外界的影响而偏离，也许就不能得到原本的果实。

不忘初心，方得始终。一个人做事情如此，一个组织做事情亦是如此。

来自组织的内在价值观与外界因素相碰撞，就会衍生出“初心”的种子。

回顾“社工客”的发展历程，也受到内外因素影响。

内在因素

价值观：连接产生美好。

外界因素

天时：从 2007 年起，国内开始大力发展社会工作事业。

地利：移动互联网的兴起，为信息传播提供了便利的平台。

人和：社工可以为有需要的群体提供服务，而社工对社会认知度、自我认同感也有迫切需求。

这些因素衍生出“社工客”的初心：成立“社工客”新媒体平台，通过移动互联网的形式，让更多人认识、了解、接受社工的服务。

从而探寻出“社工客”的初始使命：助力百万社工成长。

什么是组织的使命？对内是组织共识的最大公约数，对外是组织对于社会的贡献。

怎样才能履行这个使命呢？我们需要分别从“To B”和“To C”两个方面着手：

To B（面向组织）：提供招聘平台服务；品牌传播顾问；新媒体赋能；培训、督导、顾问支持等。

To C（面向个人）：通过线上课程、线下课程及相关知识服务，为社工成长赋能。

在开展业务的过程中，一路上，我们踩过很多坑，做的事情很杂乱，感觉啥事情都可以做，线上线下各种形式都可以，男女老少各种人群来者不拒，做着做着大家感觉到迷茫，我们什么都可以做，好像又什么都做不了。我们到底是做什么的呢？最后，还是要回归到组织的使命“助力百万社工成长”，聚焦到为社工及机构赋能的业务中来。

组织不是一台机器，它也是有生命力的，它更像一棵树，价值观（初心）是种子，使命是枝干，愿景是果实。当我们谈价值观、使命与愿景时，总觉得“高大上”，其实，这些都是实实在在，需要脚踏实地实干的。为避免悬在半空中，需要根部延展吸收营养来支撑。

有一个记录种子生根发芽全过程的短片，呈现了种子在发芽前，要用3天生长胚根，这3天种子都是沉寂的，只有一条主根往深处钻的景象。之后4天，主根不断生出侧根，才到后来的发芽。也即种子需要7天的生根，才有能量让胚芽破土而出。一个组织的幼苗不断生长的过程，也是不断扎根的过程。

一个组织的创立基于初心（种子），需要适合的土壤与养分，还要经得起时间的考验，用足够的时间去沉淀自己的核心领域（主根），核心领域做好后，再扩张衍生其他领域（侧根），储蓄足够的能量才能让组织立足（种子萌芽，破土而出）。

回归初心，找到元点，然后生根，先主后侧。主根够深，方可立足；侧根延展，供给充足。接下来的就交给时间吧。

一图读懂：基于组织使命的业务规划

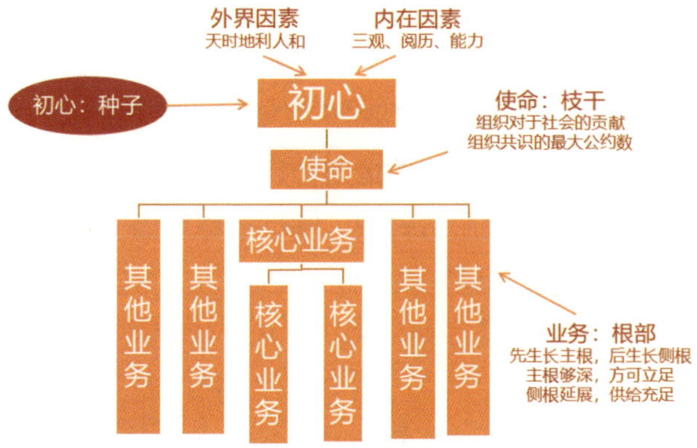

如何有效地表达出使命的力量？

“一个组织的使命是什么？”这又是一个灵魂考问。随着组织发展，这也是作为组织负责人，迟早要面对的问题。

“使命”字面上看起来很抽象，很容易让人想到是关于情怀的东西。跟很多朋友谈起，大家也觉得使命看起来很高大上，在实际工作中它好像没什么用。

❶ 何为使命

“使命”这个词的定义，并没有那么抽象。“使命”最早出自《左传·昭公十六年》：“会朝之不敬，使命之不听。”指出使的人所领受的任务，应负的责任。

而在英文中，“使命”叫作“mission”，牛津词典的解释是使团的使命，执行任务的布道者。

由此可知，使命最重要的特点是“利他性”。所以，一个组织的使命不是为了自己，而是为了他人。使命是在自己所信仰的价值观下，制定出来的行动的指南与利他的责任。

德鲁克说，组织是社会的器官。它是为了解决社会问题而存在的。所以，制定使命时，组织要清楚“我是谁”“我为何而存在”等问题。

使命是一个组织迷失方向时的指南针，动力不足时的发动机。具体点说，使命可以指引我们明确服务对象，制订战略规划，落实具体行动。如果有人说使命仅是情怀，那只能说明他对使命的认识还不够。

❷ 找寻组织使命的重要性

使命十分重要，但是很多组织对于使命的理解与把握处于模糊不清的状态。因而也把握不清组织的定位，组织为何而存在。所以很多组织的使命，看起来都差不多，往往还把“愿景”和“使命”混淆了。

愿景，是指希望看到的情景，是一个想象的画面。而使命，应该是清晰具体的，就像一道有旨意的命令。

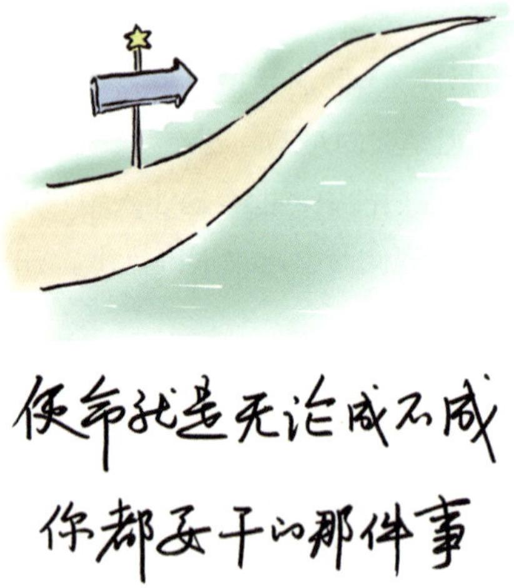

比如，有一些组织，这样描述使命："建设和谐社会，创造幸福生活。"看起来，这符合我们全人类宏大的愿景，但对于一个组织来说，服务对象不清，行动方向不明，从而显得虚无缥缈，遥不可及。

如何有效地表达使命？为方便理解，下面我列举一些例子来说明。

"免费午餐"的使命：帮助中国儿童免于饥饿，健康成长。

"爱的分贝"的使命：让世界听到听障人群的生命乐章。

"蓝信封"的使命：陪伴留守儿童健康快乐成长。

以上使命的表达十分清晰，简短有力，又能打动人。同时，公益组织的使命要尊重人，尊重人性的光辉，并协助它发挥出来。

❸ 如何有效地表达组织使命

下面，我们总结一下，有效表达组织使命的几个要点。

明确描述服务对象

上述三个组织的使命，他们都有明确的服务对象，通过调查，就可以知道服务对象大概的数量。

比如，据《2020 年中国儿童人口状况事实与数据》，2020 年农村留守儿童达到了 4177 万人，占全部留守儿童的 62.4%，占全部农村儿童的 37.9%。这些有关留守儿童的数据，可以为"蓝信封"制定工作目标与行动策略提供清晰的指引。

立足于准确的需求

明确了服务对象之后，也要找准需求。比如"免费午餐"，帮助中国儿童免于饥饿，健康成长。儿童的需求有很多，而解决营养摄入的健康成长问题十分重要，区别于一般的食品援助机构，"免费午餐"为孩子提供的是一顿热气腾腾的有营养价值的午餐，而不是一包方便面。

表明"利他"的精神

使命的表达应该具有"利他性"，也许有人又会质疑：你又在这谈公益情怀了。其实不是，使命的"利他性"，即使是商业组织亦然。

比如，阿里巴巴公司的使命是"让天下没有难做的生意"，而不是"我要做一个 101 年的企业"。因为你做 101 年的企业对于用户来说，没有实际的意义。

科特勒在《市场营销原理》里，提到了两种导向的使命表达方式：

一种是产品导向，从企业出发，注重说明企业做了什么产品。如，我们提供世界上最好的网上搜索引擎；我们出售运动鞋和服装；我们经营折扣店。一种是市场导向，直接说明如何“利他”，为他人带来什么福利。如，整合全球信息，使人人都能访问并从中受益；将灵感和创新带给世界上的每一位运动员；花得少，过得好。

不难看出市场导向的使命表达在“利他性”上更加清晰，也就更能打动用户。而所例举的3个例子也正是谷歌、耐克、沃尔玛公司的使命。

在公益组织方面，比如“自闭症康复训练互助会”，起初他们是自闭症孩子的家长发起的一个互助组织。他们是自助，也是利他，通过把自己的成功经验分享出去，让更多的自闭症患者受益。所以，他们的使命是“让更多的自闭症孩子独立成长”。

申明要达到的成果

使命也要以成果为导向，注重实效性。比如“蓝信封”的使命：陪伴留守儿童健康快乐成长。

对服务对象而言，这是对他们的一个承诺，可以让他们看到希望；对捐赠者而言，可以让他们看到公益行动的意义与实效，从而使项目收获更多的支持；对组织自身而言，可以让组织内部成员看到自己工作的价值，从而更加坚定地走下去。

表达要简短有力

我们发现任何的使命，或者行动纲领，都是简短有力的，这是为了降低传播成本。

在视觉上，不用移动视线，让人一眼就可以看到，所以使命要很简短，简短到可以印在名片上。

在听觉上，不用停顿，一句话就可以说完，简短有力，便于记忆，可以口口相传。

定期检视有效性

使命制定之后，也不是万年不变的，这取决于外界环境的变化，组织自身的发展。

因此，我们需要定期检视，根据实际的情况而进行适当的调整。每个生命体都有周期，组织也一样，或是道路曲折而中止，或是功德圆满地转身。

如“社工客”的使命：助力百万社工成长。针对的是行业发展初期，社工在成长方面的需求。当行业发展到一定阶段，社工需求也发生变化时，“社工客”的使命也需要进行适当调整。

如需要，可参考下面这个使命表述句式：

__________（动词开头 / 具体行动）__________（精准服务对象）__________（解决的问题 / 满足的需求）。

每个组织都有其天赋与价值，如同一个人一样，生来有价值，有“利他”的使命，很多时候需要我们自己去找寻，从内而求：我是谁？我从哪里来？我要到哪里去？

一图读懂：如何有效表达组织的使命？

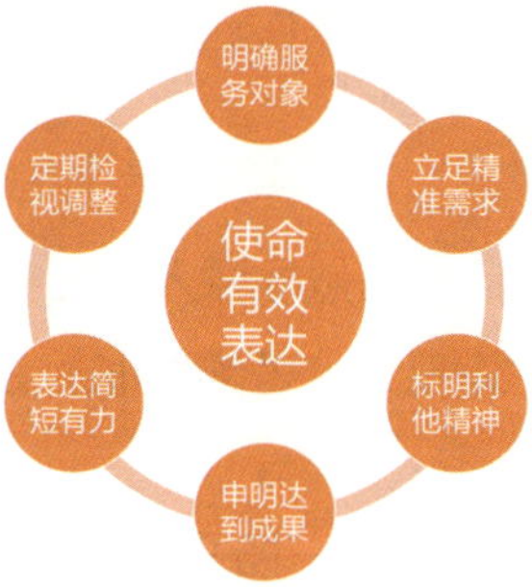

使命有效表达的参考句式：

陪伴（动词开头）留守儿童（精准服务对象）健康快乐成长（解决的问题/满足的需求）

一个社区社会组织的诞生

张叔是广东韶关人。退休之后，孤身一人的他从老家来到深圳，跟着儿孙一起生活，享天伦之乐。

儿子和儿媳每天上班，早出晚归，孙子正在上中学，多半时间待在寄宿学校。因此，大部分时间是张叔一个人在家。以前在单位，他总是停不下来，忙着各种工作，感到很充实。而现在突然没事儿干，他觉得很无聊。

每天起床，张叔不是看看电视，就是看看报纸，心里闷得慌，在房子里走来走去。一天，他终于受不了了，自己一个人下楼到小区里逛。

他发现有很多跟他差不多的老人，三三两两在一起打牌、下棋。张叔见状，也上前凑热闹，虽然大家来自五湖四海，口音不一，但用基本的普通话交流还是可以的。

❶ 组织种子：孕育组织的初步想法

几天下来，开朗又有亲和力的张叔自然而然地融入了老伙伴们的队伍。随着深入了解，张叔发现大家不仅在棋牌上有兴趣特长，还热衷于文艺表演。

有一天，张叔一时兴起，提议在小区里搞一场文艺晚会，没想到伙伴们一拍即合，一下子点燃了大家心中的小火苗。

张叔充分发挥了以前在单位筹划活动的特长，他担任本次晚会的总策划及导演。他的生活又开始忙碌起来。在张叔的精心策划下，老伙伴们积极配合、社区也大力支持，晚会取得圆满成功。

叔叔阿姨们玩得开心，小区居民也看得津津有味。张叔更加乐开了花，自己玩得开心，还能给别人带来开心，何乐而不为。

有了第一次成功的经验，随后的一个月，张叔和老伙伴们又组织开展了两次文艺晚会。大家都轻车熟路，活动同样圆满成功，受到欢迎。居民们也逐渐意识到小区里有一群能歌善舞的老年人，每当小区广场有音乐响起时，大家都想过去看看。

❷ 组织萌芽：形成相对稳定的组织形态

老伙伴们都热衷这些活动，还有几个热情高涨的骨干出谋划策，决定组织一支文艺队，便于大家日后的交流及活动开展。张叔想为这个新队伍起一个名字。大家集思广益之后，最后确定名字为“D 小区长者文艺队”。

大家一致推荐张叔为队长，张叔觉得盛情难却，欣然上任。随后，张叔提名三位骨干，协助日常的团队管理工作，分别为组织委员负责日常活动的组织及开展，生活委员负责日常活动的后勤工作，宣传委员负责团队对外宣传、联系的工作。

同时，为了方便大家日常开展演练活动，张叔在征询大家的意见后，将文艺队划分舞蹈小组、歌唱小组、话剧小组等功能组别。

明确分工后，大家组织活动的效率有了很大的提升。二三十个有空闲又有活力的社区大妈和大叔在一起，虽然有时难免争吵与摩擦，在张叔的协调下，队伍的沟通合作也算井然有序。

❸ 组织成苗：从自我娱乐到服务他人

在大家的集体协商下，文艺队每天有两个集体演练的时间段：上午 8—9 点、下午 3—4 点。时间如有冲突，各小组根据实际情况进行调整。

大部分队员一天的行程是这样的，早上 6—7 点起床，在家准备早餐，早餐后，帮忙送孙子孙女上学，回来后，刚好是 8 点左右。然后，去参加文艺队的演练活动。活动之后，买菜做午饭，之后，接孩子中午放学。中午小休一下，下午 3 点左右，又去参与文艺队的演练活动。4 点半左右，去接孩子下午放学。

所以，几乎每个时刻，我们在小区里都能看到大叔大妈们忙碌的身影，就像张叔所说，本来百无聊赖，现在感觉过得很充实。

一天早上，张叔送完孩子上学之后，遇到社区社工小李。在交流中张叔得知小区存在共享单车乱摆放的情况，还有小区单车失窃事件也时有发生，这些情况主要发生在孩子上下学、小区人流量大的时候。小区保安也加强了多重保障措施，但还是防不胜防。

“你们还需要志愿者吗？”平时热衷志愿者服务的张叔有些想法。

“如果您有时间的话，欢迎加入。”小李高兴地说。

“除了我，我再问下我们文艺队的其他人，看他们是否有兴趣参与。”张叔饶有兴致地说。

“好的好的，谢谢您。”小李心怀感激。

张叔回去后，和老伙伴们说起这件事情，没想到大家也在关注这些问题，对于张叔的提议也有共鸣，大家再次一拍即合，纷纷报名做志愿者。

小李和张叔讨论商量后，为了让长者更好地参与社区治理事务，同时不让大家太过劳累，对大家的志愿服务流程与内容进行了优化：

既然长者是小区里最活跃的身影，那就发给每位长者一个“D 小区平安巡逻志愿者”红袖章，在大家每天接送孩子上下学，以及在小区广场参加活动时，戴上这个红袖章，适当维护一下秩序，或者顺手摆放好乱摆放的共享单车。

二三十个人的志愿者形成网络的效应，也带来一定的威慑力。从此，小区共享单车摆放有序，单车失窃事件几乎没有发生，其他治安状况也有所好转。

为了解决问题
而成立组织
还是为了组织生存
而找问题解决

④ 组织成树：自我独立与跨界合作

文艺队志愿服务社区的行动，得到小区居民的一致好评，大家路上遇见都纷纷竖起大拇指。文艺队的伙伴们有一种前所未有的自豪感。

张叔与伙伴们通过这次行动，逐渐意识到自己不仅是广场舞自娱自乐的大妈大叔，还可以为小区发挥更多的余热。

有位伙伴向张叔提起，目前，小区里还有一个更加棘手的“老大难”问题：小区花园的某条小道铺建工作，由于责任问题纠缠不清，小区业委会与物业公司一直没有得出解决的方案，社区居委会也多次出面，协商未果，居民多年出行不便的症结一直悬而未解。

张叔了解之后，与小区老年人协会负责人、社区社工小李商量，大家也一致认同解决问题的必要性。随后他们相约一起跟业委会、物业公司洽谈。看到张叔还有协会出面协调，大家都很给面子，也愿意共创美好的社区环境。了解各方需求之后，业委会与物业放下成见，求同存异，协商出了一个合理的方案，厘清了各自分工，多年难题，最终得到解决。大家都很开心。

过后，小李看到文艺队已经具备社会组织的基本条件，有组织宗旨、团队架构、组织规则，也有常规的活动形式。目前，相关部门也在大力支持社会组织的发展，促进各级社会组织共建共治共享社会治理新格局。

在小李的建议与支持下，张叔及其伙伴协商一致，在街道办进行登记备案，正式成立社区社会组织“D 小区长者文艺协会”，这样大家可以更加名正言顺地开展公共活动，对外开展合作交流还可以获得相关部门的支持。

⑤ 组织生态：可持续发展

很多人以为社会组织登记备案后，就基本可以说是功德圆满了。但是，很多登记在册的组织由于没有得到合理的发展，变成了僵尸组织。张叔也深知其中的道理，认为一个组织要想得到可持续的发展，需要考虑以下几点。

一图读懂：组织自运转的增长飞轮

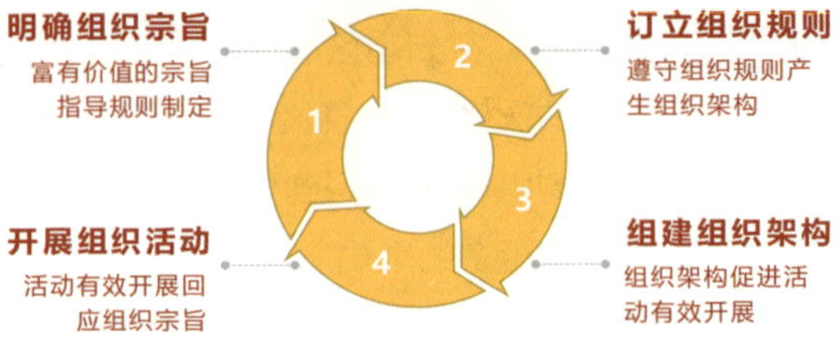

明确组织宗旨

根据组织成员的需求及想法，大家经过探讨，达成共识，明确组织宗旨，让所有成员感受到参与其中的意义与价值。

确定“D 小区长者文艺协会”的宗旨为：让 D 小区爱好文艺的长者有效参与文艺活动，促进身心健康，同时为共建美好社区生活发挥余热。

组织宗旨是组织的立足点，为组织发展确定方向。在招募成员时，我们可申明组织宗旨，也可筛选出“适合的参与者”。以免有些人懵懂加入，又没有团队归属感。

订立组织规则

俗话说，无规矩，不成方圆。没有规则的组织，成员就像无头苍蝇，不知所措。协会在宗旨的指引下建立起组织规则，便于成员有效交流，参与各种活动。

例如，在组织活动时，大家不得迟到早退，如有特殊情况，须向组长申请；有相应的奖惩制度，三次警告仍然不改者，则通过团队决议令其退出。

组建组织架构

文艺队原本已有组织架构的雏形，为了更加规范化发展，遵循社会组织有效运营的相关规章制度，张叔躬先表率，以促进有效团队治理。

比如，组织的主要骨干，通过团队会议表决，正式产生，而且按照每届任期 3 年进行选举，通过这样的新老更替形式，不断输入新鲜血液，避免组织老化，促进组织可持续发展。

开展组织活动

协会有了精干的组织架构，相关骨干积极发挥作用，组织开展各种团队活动，以实现组织宗旨，避免徒有空壳，成为僵尸组织。

比如，每天例行开展的歌唱组、舞蹈组、话剧组等演练活动；每个季度以及节假日开办的社区晚会；年中及年末组织大家参与区里的文艺会演；组织大家继续参与小区平安巡逻等社区活动。

组织宗旨指导规则制定；在组织规则下，产生精干的组织管理架构；管理骨干促进常规活动的开展；活动顺利开展回应组织宗旨。这是组织自主运转的增长飞轮。

某种程度上，社区社会组织可以促进城市社区的随迁长者从离散状态转向有组织状态，让长者老有所乐、老有所学、老有所为。

一图读懂：一个社会组织诞生的 5 个阶段

聚焦的力量，组织发展的“单点突破”战略

可口可乐的传奇总裁罗伯特·伍德鲁夫曾经说过：即使可口可乐全部工厂都被大火烧掉，给我 3 个月时间，我就能重建完整的可口可乐工厂。

大家可能会觉得这话是不是太狂了，他在吹牛吧。我曾在很多次的

“品牌建设”课程上做过一个调研，问在场的同学：“伍德鲁夫所说的，你相信吗？”结果你猜怎么着？每次几乎都有约 80% 的同学是相信的。

随后，我也会追问一句：“为什么呢？”大多数同学异口同声地说：“因为他们有品牌啊。”那么，什么是品牌呢？

品牌不是他们的工厂、设备、原料，这些物料都是可以被摧毁的；品牌也不是他们的秘方，据说曾经有人做过实验，在盲测的情况下，很少有人能分得清可口可乐和百事可乐。

还有什么呢？他们还有发达的销售渠道，是的，销售渠道是他们强大的竞争手段。不过如果东西都没了，还拿什么来销售呢，到底是什么可以让渠道商重拾对他们的信心。

这是一场有意思的讨论，最终决定可口可乐品牌的第一因素是什么，可能每个人都有其不同的看法。为了了解大家对它集体认知的最大公约数，我又让现场的同学在不讨论的情况下，分别在标签纸上写一个对可口可乐印象最深刻的形容词，结果得到三个出现频率高的词：爽、红色、快乐肥仔水。

“爽”是频率最高的，一款饮料给人“爽”的感觉，这需要独特的工艺（二氧化碳溶解于水生成的碳酸 H_2CO_3），还有长年累月通过广告不断地树立“夏天喝可乐”的清爽年轻形象，给大众心里留下深刻印象与认知。大家生活里已经习惯了有它的存在，也许这是可口可乐有信心起死回生最重要的原因。

强大如可口可乐这样的百年品牌，尚要在一个点上做到极致，让产品抗打，才能在大众的心目中占有一席之地。作为初创者，或者变革者，我们更需要聚焦，力出一孔，单点突破，才能突出重围。

有时候，我们会盲目地以为自己可以做很多事情。需要及时认识到自己的渺小，才能避免这样盲目的自大。

有张认知边界的示意图，可以说明人用尽一生时间学习所到达的认知边界：小学阶段只是一个小点，中学阶段扩大一些，大学阶段再扩大一点，而且向某个领域深入延伸一点，硕士阶段在某个领域再延伸长一点，到了博士阶段，才有可能触及现有的知识边界。

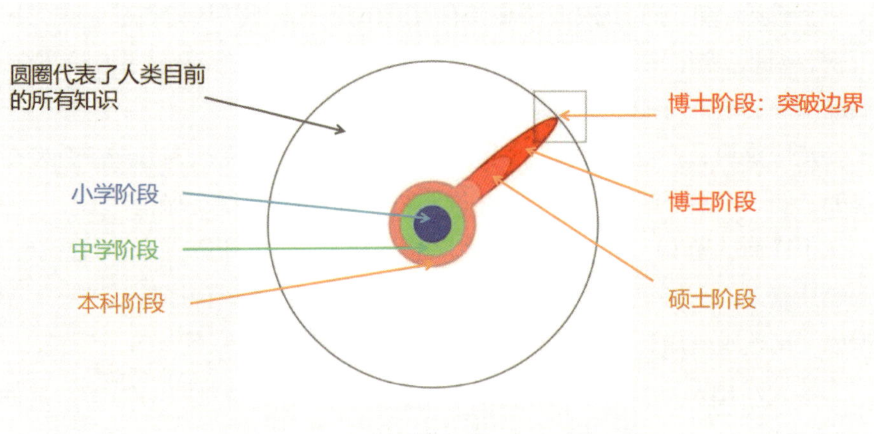

几乎穷尽一生的学习，尚难达到知识的边界。多数人的智商都在 90—100，超过 120 的只是少数，那么，普遍的我们在工作中怎样才能找到属于自己的一片天地呢？

保持敬畏心，敬畏自然法则，敬畏对手，不妄想在自己不熟悉的领域可以有多大收获，而力求在自己熟悉的领域做到最好。

一个组织须力出一孔，才有机会突出竞争的重围。有一个“压强定律”：同样作用力，受力面积越小，压强越大。在资源有限、精力有限的情况下，选择单点突破，击穿阈值，会提升成功的可能性。

怎样才能找到这个“单点”呢，什么才是我们“单点突破”战略中的“单点”呢？我们要注意业务中那个增长最快最强的点，也即要注意识别 10 倍速增长的关键要素。

在开展业务的过程中，一般会涉及产品、价格、渠道与推广 4 个环节要素，如果其中某一个要素呈现 10 倍速增长的情况，可能就会有“单点突破”的机会。

❶ 产品优势

如果某款产品当下十分流行，这是以产品为突破点的机会。比如，当下养老服务比较热门，做养老项目或产品可能是个风口。

不过风口抓到了，关键还是要有过硬的产品，不然风口过后，也会摔下来。因此，产品是我们要考虑清楚的第一件事情。如果这个事情没做好，后面所做的事情可能就是泡影。

具体来讲，产品要注重以消费者（服务对象）的需求为导向，开发功能时，要求产品 / 服务有独特的卖点，把产品的功能诉求放在第一位。

也许有人会说，我们不太强调产品，我们营销做得好，公关做得好，产品质量差点，我们也活得很好。现实中确实也存在这种现象，因公关做得好，虽然服务质量一般，但又能不断拿标。

不太注重产品质量，也生存得很好的组织，是因为他们选择了其他“突破点”：价格优势、渠道优势或者推广优势。

❷ 价格优势

如果同样的产品或服务在价格上比别人的低，那确实是有优势的。“物美价廉”从来都是广大用户（消费者）的需求。

怎样才能做到价格优势呢？我们可以做短期的让利，但是长期如此肯定亏本，合理的做法应该是“借资源、修内功”，力求把总成本降低，这才能做到真正的价格优势。

我们要先了解产品的成本构成：研发费、物料费、人工费、运营费等。一般定价规则可以参照：定价≥研发费 + 物料费 + 人工费 + 运营费。

在研发与运营产品的过程中，如何在确保品质的情况下，降低成本，从而在发展中建立稳固的竞争堡垒，这是每一个经营者需要面对的永恒主题。

价格优势在公益领域发挥得最为明显，有些社会问题，需要极大的社会资源以及大量的志愿者一起合力解决。公益组织相对于商业机构更能动员这些力量。

而在公益界，“定价”这个概念在大家的心目中很薄弱，还会有迷之困惑：“什么？都是公益的，还要定价？”当然，公益也是有成本的，只不过大多数情况下，公益项目的“付费者”与“享用者”不是同一个人，就引起大家“公益是免费”的误解。

而公益项目一般不收取“享用者”（受助者）的费用，也会引起一些挑战，比如难以甄别“享用者”（受助者）的真需求，难以确保他们的持续参与，难以得到真实的评价反馈等。这是导致公益项目／产品无法进行有效迭代升级的根本原因。

因此，公益项目在宣传时，标明“本项目由 ××× 单位资助”等字样，比标明“公益免费”字样更合理。对于资助者而言，这是一种鸣谢，而更重要的是对享用者而言，这是一种责任意识，有助于避免资源浪费。

❸ 渠道优势

产品做好，也已定好价，下一步以什么方式卖出去，就是渠道方面要做的事情。可以自建渠道，也可以找渠道商合作。

渠道，是指产品从生产方（服务提供方）流转到消费者（服务对象）手上的全过程中所经历的各个环节和推动力量之和。

说得通俗一点，即你以什么形式把产品 / 服务交给用户。可以分为“线下”及“线上”两大渠道。

线下渠道，一般指实体性的交互场景。比如实体商铺“华润万家”，为各产品商家提供货架销售产品；比如社区服务中心，是居民可以接受现场服务及参与现场活动的场所。因此，线下渠道一般都是连锁经营式分店、分机构在物理空间上的拓展。

线上渠道，一般指非实体性的交互场景。比如电视购物渠道、电话销售渠道、网络销售渠道、直播带货等，这些都属于线上渠道的范畴。线上渠道的兴起，取决于 4G ／ 5G 网络、物流配送、线上支付等现代通信数字技术基础设施的建设。如果网络很慢，经常卡顿，大家是没有耐心看直播的，如果没有便捷的物流系统及线上支付系统，网上购物也会十分麻烦。

线下与线上渠道各有优势，线下渠道门槛高，可以给人实体场景体感以及人际直接互动感；线上渠道门槛低，可以更便捷拓展交互广度以及提升效率。

如果没有足够的资金及资源拓展线下渠道，中小组织可以选择线上渠道的技术赋能，促进 10 倍速的增长。

疫情期间，很多线下渠道受到极大冲击，实体商铺、餐馆、培训机构等都要实行严格的人数管控，而线上渠道则可以发挥优势。

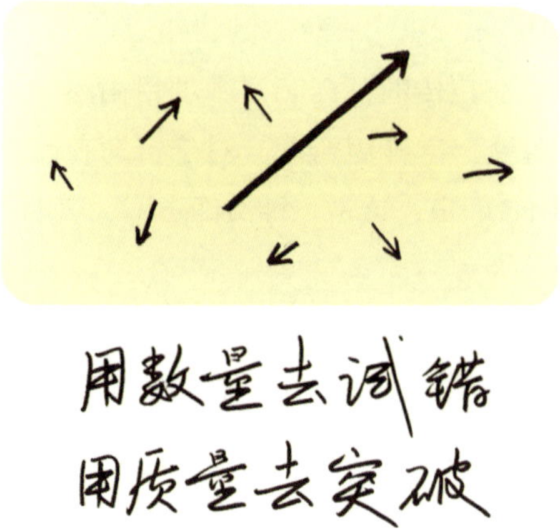

❹ 推广优势

推广是指为获取更多潜在用户（服务对象），而进行品牌宣传（广告）、公关、促销（募捐）等一系列的营销行为。

品牌宣传，可以借助各大媒体做广告，比如电视广告“今年过节不收礼，收礼还收脑白金”，比如“快・更稳”，苏炳添[1]代言小米手机的户外广告。也可以借助自媒体、新媒体，进行品牌宣传，比如喜茶[2]的微信公众号，推文做到了10W+，不仅可以跟粉丝更加直接地互动，还省去了不少的广告费。比如开心麻花[3]开设的抖音号，在品牌宣传与粉丝互动方面，发挥了不少的作用。

对于中小组织或公益组织而言，也许没有太多预算做电视广告、户外广告的投放，不过，仍然可以通过自媒体、新媒体，做到自我发声与品牌传播。如今正是新媒体（微信、微博、短视频、直播等）的高速发展期，

[1] 苏炳添，中国田径短跑运动员，全国百米纪录保持者。
[2] 喜茶，新晋茶饮品牌。使用真奶、真茶首创芝士茶，由此开创了新茶饮行业。
[3] 开心麻花，以“为人民娱乐服务”为宗旨，深耕喜剧领域19年，首创“贺岁舞台剧”概念，已发展成为不断创造优质原创喜剧内容的新型娱乐公司。

如能善用也可以为组织带来 10 倍数的推广效果。

每个组织成功都有其原因，有其擅长的突破点。有的擅长做产品，有的擅长做渠道，有的擅长降成本，有的擅长做推广。这取决于组织的资源背景、团队基因以及自我定位。

那么，如何才能做好“自我定位”呢？可以了解一下“三环定位法”。

⑤ 三环定位法

我方所强

首先，我们要思考清楚的第一个问题是：我方所强。我们所擅长的地方在哪，自己在做哪个领域的工作时得心应手，“我方所强”可以来自自身天赋、团队基因、专业能力。

社会所需

我们也常说，项目要立足需求，从服务对象出发。而什么需求才是他们真正所需呢？马斯洛需求层次理论指出，人的需要由生理的需要、安全的需要、归属与爱的需要、尊重的需要、自我实现的需要 5 个层次构成。依次由较低层次到较高层次发展。一般特征是，越是低层次的需求，越是刚性需求，数量越大，潜力越大；越是高层次的需求，越是弹性需求，数量越少。

对手所弱

要做好一个项目，还要考虑一个因素：对手所弱。我们现在所做的项目，很多机构也在做；虽然我们做得不错，但别人家机构做得也不赖。那么，还有哪些地方对方没做到位，这就是我们可以突破的空间。

“单点突破”战略有一定的冒险性，需要舍九取一的勇气与魄力，犹如带领先锋部队突破重围，如果你已经准备好了，那就尝试一下吧。

一图读懂：组织发展的“单点突破”战略

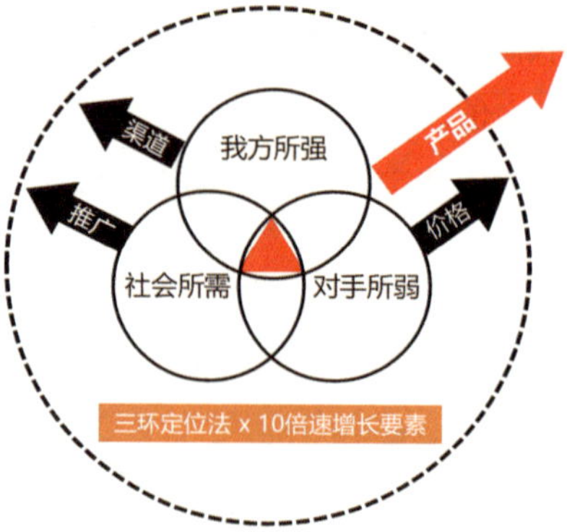

提升组织公信力的 8 个维度

公信力，是指信息或其来源可信度的主观及客观组成，是一种社会系统信任。公信力对于社会组织至关重要，组织团队要像鸟儿爱惜自己的羽毛那样爱惜组织的公信力。否则，无法得到相关方的支持，以及公众的信任，项目无法开展。

一般而言，我们要想了解一个社会组织，可以通过以下方法：体验一下他们的服务，看看他们的相关资料，或者听听别人的反馈。

如何树立公信力，这也是组织管理者及其团队需要思考的问题。一个社会组织的公信力来自组织运作过程中积累的社会认可和信任程度，良好的公信力来自遵守法律约束和自律规范两个方面。可以通过以下几个维度来提升组织公信力。

❶ 主创团队的承诺

社会组织的创立是从利他精神出发，以创造社会价值为目的。它是社会的器官，为社会这个大系统排忧解难。一个有公信力的社会组织，它经得起“我是谁，我从哪里来，我要到哪里去”的灵魂考问。

创始人的发心是什么，主创团队为什么要发起这个组织（价值观），他们是怎么做的（使命），打算做成怎样（愿景），这既是对自我的探寻，又是对外界的承诺。探寻得越清楚，内驱力越大，越能兑现承诺，公信力也越强。

如果时机适合，把这些内容公布出去，向别人讲述组织的成长历程，也叫“品牌叙事”。这样可以促进大众对组织的了解，也能起到监督促进的作用。

比如，主创团队可以说明组织的缘起、现状还有展望，梳理发展过程中的大事记等。然后，把这些信息发布在相关的媒介（年报、项目画册、官网、官微等）上，让公众知晓及了解。

❷ 服务对象的好评

组织做得好不好，最终还是要落到服务成效上。首先，组织所开展的项目要切中真实的需求，识别刚需，厘清哪些是雪中送炭，哪些是锦上添花。

然后，组织要提供富有品质的服务或产品，满足服务对象的真实需求，解决他们的问题。在这个过程中，组织方需要做好项目管理与运营，把握项目进度，促使相关的资源得到有效发挥。

比如，组织的项目团队要时刻做好能力素质提升，严格遵循工作操守，落实需求调研、分工执行、过程评估、成果评估等工作，真正做到急服务对象所急，想服务对象所想。如此，也会得到服务对象发自内心的好评。

❸ 资助方的认可

社会组织所开展的公益项目，一般是资助方委托实施方解决某个社会问题，或者向某个人群提供服务。因此，在申请项目前，作为实施方的社会组织要适时了解资助方的意向，才能“投其所好”。在项目实施的过程中，也要注意是否偏离资助方规定的最初方向。

项目实施方需要及时向资助方反馈项目进展情况。可以通过项目简报、汇报会、网络公布项目动态等形式进行，如果条件允许，还可以邀请资助方参与项目的相关活动。

比如，邀请资助方参与实地考察，担任志愿者，与服务对象接触、互动，增强他们对项目的体感。这样也有利于维护双方的关系，为下一次资助打下基础。

如果发现项目方向有所偏离，双方可商量调整方案，以免项目结项时因不符预期而起冲突，导致双方关系僵化。

比如，前一阶段由于疫情影响，原本计划线下开展的大型活动无法开展，项目实施方需及时向资助方反馈，商定调整方案。实施方积极主动，凡事有交代，有助于赢得资助方的认可。

❹ 主管部门的评定

每个社会组织都有主管部门。有些社会组织比较惧怕主管部门的管控，可能感觉像家长盯着孩子一样，浑身不自在，因此，敬而远之。

不过，社会组织要落地开展项目工作，离不开主管部门的监管与支持。社会组织负责人还是要及时向主管部门汇报工作，与其被动逃避，不如主动正面地互动。政府主管部门也希望营造共建共治共享的社会治理新格局。

比如，社会组织可以积极参与主管部门组织的会议及活动，了解最新政策动向。参与评优、等级评估等，得到主管部门的相关授证，这些也是组织公信力提升的重要途径。

❺ 合作方的支持

得道者多助，失道者寡助。如果一个社会组织的项目做得好，而且通过共创的方式，达到双赢的局面，就会得到多方的支持，合作方陆续加入，组织公信力也会不断增强，形成正向的互相影响效应，形成项目的“增长飞轮”：

更好的项目成效，引起更强的公信力；更强的公信力，引起更多合作方加入；更多的合作方加入，也会助推更好的服务成效。

社会组织需要建立合作方名录，适时维护双方的关系，保持良好互动。比如在节假日，互相赠送组织年报、项目画册、纪念品等；将合作方名称列入鸣谢单位名录，在合适的场合表达谢意。

❻ 同行的协同

一个有公信力的组织，在业界也会有口碑，受到同行的尊重。为了更有规模性及影响力地解决某个社会问题，社会组织需要联合同行的力量，一起发起某个活动、项目或者倡导某个议题。

同行之间存在竞争关系，良性的竞争可以促进彼此发展。卓越的组织会有更高的格局，随着时代发展，可能真正打败我们的并非同行，而是“外来的竞争者”。

比如，真正跟青少年服务机构竞争的，可能不是对面那家同行机构，而可能是“王者荣耀”。

因此，业界有公信力的组织，一般都要担当起推动整个行业发展、营造行业生态的使命。

比如，如果本组织在某个领域有所建树，可以组织撰写工作操作指引，或相关的蓝皮书，也可以发起行业交流研讨会，一起梳理探讨工作与研究的成果，联合同行的力量，一起把该行业做强做大，从而更好地服务大众。

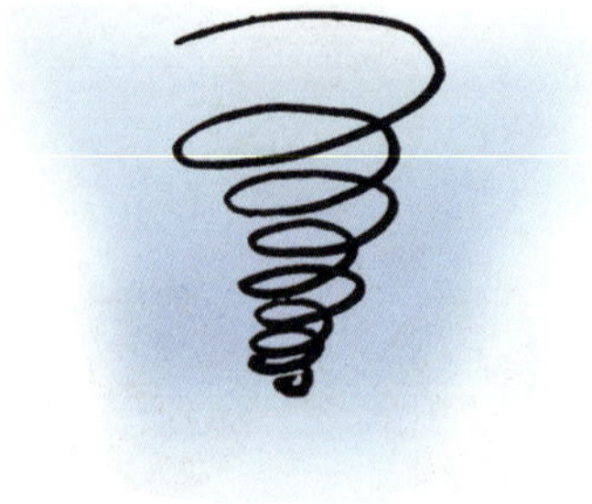

专注未必是好事
有时会忘了周边

7 第三方评估机构的评定

社会组织做得好不好，公益项目做得是否有成效，可以通过自评、他评与第三方评估的方式进行评估，这其中，第三方评估较为客观。

评估可分过程性评估与结果性评估：

过程性评估是指项目方案仍在实际执行过程中，我们所进行的评估。这种评估可以提供相关过程中的信息，使项目方案实施方进行方案运作修正。

结果性评估是指项目方案结束时，对项目进行的总体评估。比如，协议到期，预算周期结束，各方（特别是第三方评估机构）一起检视项目方案的成果或成效。

组织团队“以终为始”地开展服务，平时就做好过程管理与适当调整，最后的结果性评估应该也不会太偏离原定的目标。

因此，组织需要从项目的有效性、项目效率、项目影响力、项目公信力以及项目可持续性等方面做好迎评的准备、经得起各个维度评估的考验，得到良好的评估结果，也会促进组织公信力的提升。

❽ 公众的信任

最后，组织还需要向社会公众交代，做到信息披露，公开透明。比如公开团队架构、年报、年度收支情况等信息，这就像一个组织的开放区，开放区越大，就越容易得到公众的信任与支持，反之则可能遭到质疑与反对。

同时，组织如果有条件，还可以创造公众参与的机会或平台，促进组织与公众的良好互动。比如面向公众发起募捐、志愿者招募等，这也是公众参与公益行动的重要方式。

除了在适当的场合口头致谢，组织还可以有书面的证明与致谢，比如，捐赠证明、感谢信等，让公众感觉到参与富有意义，并且感受到组织方的用心。

此外，组织也要注重公益传播的作用。把我们所关心的问题、行动以及成果，通过各种传播的渠道及方式，让更多人知道，扩大项目影响力。更多人了解，就会有更多人相信；更多人相信，就会有更多人关心；更多人关心，就会有更多人参与。

一图读懂：提升组织公信力的 8 个维度

错位竞争：组织如何找到自己的生态位？

福特[1]在制造福特汽车前，曾经去做调研，向顾客提出两个问题："你对交通工具有什么要求？""你希望坐什么出行？"大家一般会说："要跑得更快的马车！"

因此，福特也得出了他的至理名言：如果只是为了迎合人的需求，恐怕创造不了汽车。

是的，如果只是一味地追求跑得更快的马车，那么只能找来更优质的马匹，或者改善更好的轮子，而这些资源，一般都已被巨头垄断，其他竞争者不能获得优质的资源，无法在行业中立足，最后，整个行业陷入内卷。

❶ 通过组合创新，找到核心竞争力

打败马车的不是另一辆马车，而是汽车。相对于马车，汽车是一种创新的产品。创新理论家熊彼特[2]认为，所谓创新就是要建立"生产要素的重新组合"，即产品创新、技术创新、市场（领域）创新、资源配置创新、组织创新。

产品创新

即向用户提供一种全新的产品，或者某种产品的一种新的品质，让用户得到全新的体验。

比如，某个组织开发了一款专为长者健康管理而设计的智能手环，为长者提供健康管理的整套解决方案。

[1] 亨利·福特（Henry Ford，1863—1947 年），美国汽车工程师与企业家，福特汽车公司的建立者，是世界上第一位使用流水线大批量生产汽车的人。

[2] 约瑟夫·熊彼特（Joseph Alois Schumpeter，1883—1950 年），美籍奥地利经济学家，创新理论的鼻祖，在经济思想发展史研究领域占有独特的地位。

技术创新

是指采用一种新的生产技术或方法，这一技术或方法是其他组织在实践中很少使用或者尚未了解的，能够促进服务效率提升。

比如，某个组织运用设计思维与方法，引导青少年参与社会实践，提升综合素质，同时为一些社会问题的解决带来新活力。

市场（领域）创新

是指其他组织没有进入的市场（领域），这个领域尚处于空白状态，有待开发。

比如，以前很多组织都在关注留守儿童“吃饱穿暖”的问题，而心灵陪伴方面则很少涉及，因此有些组织从心理关怀、心灵陪伴切入，得到很好的反响。

资源配置创新

是指获得原材料或半制成品的一种新的供应来源及创新配置，让社会问题的解决方案总成本降低，行动效率提升。

比如，垃圾分类的项目，如果专门聘请正式员工来跟进，不仅人力成本升高，而且工作人员与社区居民之间变成“服务与被服务”的关系，反而效果不好。而有些环保组织通过“社区、社区居民、社区志愿者、社会慈善公益资源”等进行配置创新，不仅促进项目总成本降低，而且项目成效也有所提升。

组织创新

通过组织形式创新，形成新的生产力，让组织行动效率提升，形成独有的竞争力。

比如，“阿米巴”经营[1]管理模式下的乡村振兴自组织孵化与发展、“一对一”结对子的精准扶贫计划、东西部协作的“牵手计划”等，都是通过组织创新的形式提升行动效率。

---

[1] “阿米巴”经营，以各个阿米巴的领导为核心，让其自行制订各自的计划，并依靠全体成员的智慧和努力来完成目标。

❷ 重建价值网，找到自己的生态位

达尔文[1]的“性状趋异原则”指出，在很多情况下，取得成功仅仅是由于变得与众不同或者更加不同，从而减少了竞争。

组织一旦选择重新组合各种要素，就会形成自己新的价值网，价值网就是组织的生态位。

创新学家克里斯坦森[2]指出，价值网由“供给（技术）+需求（市场）”两个维度构成。“主流技术与主流市场”形成面积最大的“主流价值网”，“新兴技术与边缘市场”形成的是“新兴价值网”。

目前，排在前列的组织，占据了最大的“主流价值网”，它们占据了最大的资源，还拥有最多的主流技术。初创组织或者后来者很难撼动其地位。

克里斯坦森经过相关统计发现，在“主流价值网”与巨头正面竞争的成功率仅为6%，而在“新兴价值网”以创新的方式行动，其成功率可提升至37%。后者是前者的6倍。

不仅初创组织如此，巨头之间的竞争也是如此。

腾讯创始人马化腾曾经发表过感慨：“我们过去其实有很多失败的案例，比如搜索，我们的团队就完全照着百度，人家有什么我们有什么，就没有想过别的路径，比如像搜狗就很聪明，人家花的钱是我们的1/3，最后成果是我们的2.5倍。我们电子商务原来团队是照淘宝做，做来做去，越做越没希望，一模一样的东西很难。包括微博，我们下大力气做腾讯微博，也没有超越新浪微博。最后发现让新浪微博绝望的不是微博，是微信，特别是加了朋友圈之后。这个东西也给我们启发，打败微信的肯定不会是微信，而是另外更好玩的应用。”

到了今天，也许有人可以回答马化腾的最后一句话，打败微信的确实不是像微信一样的东西，而是另一个强劲的对手“抖音”（比如，现在微信

---

[1] 查尔斯·罗伯特·达尔文（Charles Robert Darwin，1809—1882年），英国生物学家，进化论的奠基人。

[2] 克莱顿·克里斯坦森（Clayton M. Christensen），“颠覆性技术”理念的首创者。

公众号一篇 3000 字的文章，在大多数情况下，阅读量比不上一条十几秒的短视频的观看量）。抖音以“视频及直播”模式跟微信的“图文及订阅”模式错位竞争，从而杀出社交网络的重围。

❸ 总结一下，错位竞争具体怎么做

最后，总结一下。怎样才能做到错位竞争呢？可以参考以下三步。

打造 10 倍强的核心能力

自己变得更强，是解决所有问题的必要前提。每个成功的组织都有其原因，有其优势。

有的擅长做产品，他们的产品与服务，人人称道；有的擅长做渠道，他们可以把自己的产品及服务通过各种渠道铺开，达到规模性效应；有的擅长做定价，他们通过各种措施，可以做到“总成本降低”，具有价格优势，受到广大用户的欢迎；有的擅长做推广，他们擅长营销与传播，能够引起很多人对他们的关注与支持。

这都取决于组织的资源背景、团队基因以及自我定位。

识别 10 倍增长的新兴市场

在埋头修炼内功的同时，也要记得抬头看路。了解、看清、洞察目前新兴的市场（领域）有哪些，哪些领域会有 10 倍增长的潜力。

比如，可以通过与服务对象的直接互动，洞察他们的最新需求；通过国家最新出台的政策了解风向；通过参与行业交流会，了解行业发展的动向。

通过组合创新，构建自己的新价值

克里斯坦森说："技术无所谓颠覆性创新，市场也无所谓颠覆性创新。只有技术和市场的新组合才有颠覆性的创新。"

要在产品创新、技术创新、市场（领域）创新、资源配置创新、组织创新中，挖掘自己擅长的优势，把擅长的要素进行组合创新，构建自己的新价值网。

比如，"蓝信封"留守儿童关爱中心，从满足留守儿童心理倾诉需求出发，通过志愿者和留守儿童一对一写信的书信陪伴方式，构建志愿者与留守儿童间的长期朋辈心灵交流平台，引导留守儿童健康快乐成长，同时关注青年人在参与过程中的自我成长，并倡导社会对留守儿童的正确认识和广泛关注。

我们可以套用一下以上理论，分析一下"蓝信封"是如何以众多关爱留守儿童机构中脱颖而出的：

产品创新：一封可以让留守儿童有心灵交流的信；

技术创新："书信陪伴"比直接陪伴可行性、规模性高；

领域创新：从关心留守儿童的"吃穿住行"升级为"心理关爱"层面；

资源配置创新：联合高校大学生志愿者等资源行动，让项目总成本降低；

组织创新："一对一"写信的书信陪伴方式。

总而言之，"蓝信封"通过"书信陪伴"这种创新方法，联合高校大学生志愿者等资源，以"一对一"的组织方式，在留守儿童心理需求关爱这个空白的领域，构建了自己的新价值网。

该组织便可以在众多关爱留守儿童的服务机构中，发挥独特的价值，占有独有的行业地位，具有一定的社会影响力。

因此，错位竞争的核心做法，不是在巨头价值网之内跟它抢蛋糕，而是寻找巨头之外的"潜在价值网"，去开拓新的天地。

错位竞争不是市场细分战略，也不是定位战略。错位竞争不是自甘弱小，而是让棋盘变得更大。因此，作为组织负责人，要开阔自己的眼界，开拓认知的边界，以退为进，退一步海阔天空。

一图读懂：组织如何错位竞争？

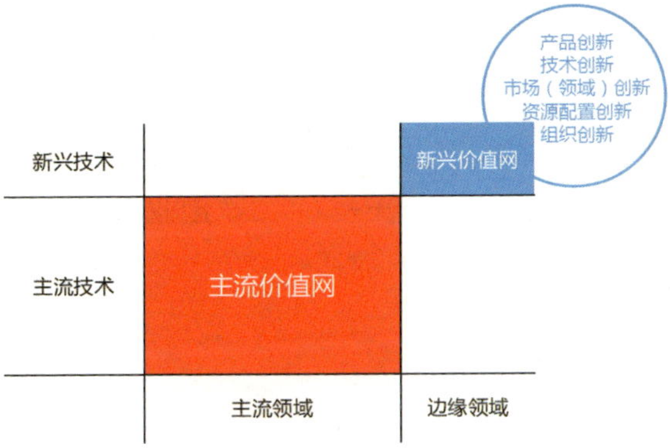

组织如何才能可持续发展？

组织机构发展到一定阶段，团队建设比较成熟，团队成员业务能力在线。组织架构以及管理制度也已经完善，组织运转顺利。业务方面也没有出现太大的波动，一直在平缓发展。

能够做到以上情况的组织，貌似已经十分难得了。但是，创业犹如逆水行舟，不进则退。有些组织即使管理得很好，最后可能还是难逃没落的宿命。

比如诺基亚公司[1]。曾经的诺基亚手机有多辉煌？相信 80 后的同学十分了解。

从 1996 年到 2011 年，诺基亚连续 15 年占据全球手机市场份额第一。但此后短短两年时间里，诺基亚就因无法跟上智能手机时代的变革而走向

[1] 诺基亚公司（Nokia Corporation），是一家总部位于芬兰埃斯波，主营移动通信设备生产和相关服务的跨国公司。

没落，甚至沦落到出售其最核心的手机业务。

组织一般会遵循“S 曲线”的发展规律，随着时间的推移，从低到高发展，中间有起伏，会经历破局点，也会遭遇失速点。这也是万事万物发展的规律，有开始也会有结束，有高也会有低，有发展也会有停滞。

如何让组织得到可持续发展，这是每个组织管理者都需要面对的议题。我们一般会说，“归零心态”“重新出发”“二次创业”，在管理创新的理论上，也叫生长出“第二曲线”。

❶ “第二曲线”，重新出发的探索

“第二曲线”由爱尔兰管理思想家查尔斯·汉迪[1]提出，核心思想是说世界上任何事物的产生与发展，都有一个生命周期，并形成一条曲线。

在这条曲线上，有起始期、成长期、成就期、高成就期、下滑期、衰败期，整个过程犹如登山活动。为了保持成就期的生命力，就要在高成就到来或消失之前，开始另外一条新的曲线，即“第二曲线”。

做好“第一曲线”是管理，做出“第二曲线”是创新。我们平时所学的大部分管理知识，都是为了把“第一曲线”做得更好，让组织在生命周期内，得到稳健的增长。比如，如何带好团队，做好业务规划，有效应对竞争对手的挑战等。

不过，我们都无法逃避时代变迁这个大的周期，还有技术革命带来的影响，比如诺基亚就因没有抓住新操作系统智能手机的机会窗口，错失了“第二曲线”的发展。

“第二曲线”不是空降之物，也不是凭空造出来的，它蕴含在“第一曲线”之中，有着“第一曲线”的基因。就像凤凰涅槃重生，获得第二次生命，它仍然是凤凰，不过重生之后更能适应现在的环境。

组织在发展的过程中，什么时候才可以生出“第二曲线”？应该怎么做？

---

[1] 查尔斯·汉迪（Charles Handy），1932 年出生于爱尔兰，欧洲屈指可数的“管理哲学家”，人们把他评为仅次于彼得·德鲁克的管理大师。

首先，提前识别“第一曲线”的极限点。

“第一曲线”过了增长拐点，业务虽然还在增长，但增长速度开始下降，在增长的极限点来临之前，要开始启动“第二曲线”，否则就会丧失机会，一路猛跌，刹车都刹不住。

俗话说，未雨绸缪。要在天晴的时候修缮房子，如果等到下雨的时候才修门窗，就来不及了。

其次，创造性的自我破坏。

是的，没有看错，是自我破坏，不要等外界的挑战，要先自我破坏。正如有句名言所说：“鸡蛋从外面打破是食物，从里面打破是生命。”凤凰涅槃，也是在满500岁后，集香木自焚，又从死灰中更生。

也许，我们曾经无数次想突破，不断地寻找新的出口，然而，大多数的尝试并没有成功，只是一朵泛起的小浪花，还没有形成“第二曲线”就已经消失了。小浪花要成为下一个浪潮，可能要经过无数次的尝试，才能在千万个小浪花中脱颖而出，成为巨浪，最后形成浪潮。

同理，要从“第一曲线”中生长出“第二曲线”，也是需要很多条“小曲线”的尝试，经过无数次的试错后，有一条小曲线脱颖而出，最后成长为“第二曲线”。

比如，苹果公司在创新变革的过程中，做过很多尝试，才探索出各个时代有代表性的革命性产品：首先从iMac开始，到iPod，再到iPhone……由这些极致的产品，生长出多条“第二曲线”。

❷ 分形创新，萌发“第二曲线”

一花一世界，一叶一菩提。“第一曲线”和“第二曲线”，都是S曲线，具有同构性、自相似性。“第二曲线”曾经是“第一曲线”的一部分，也是部分和整体的关系。

当时代变化来临，在某种意义上，上一代的产品或者业务已完成其使命。也即“第一曲线”已经历了完整的周期，也算功德圆满。组织若想继续发展，需要学会进化，进化成新的物种。

在进化论的理论中，一个物种要进化成另一个新物种，需要具备两个基本条件：个体基因突变，外界环境选择。

个体基因突变是指个体非常规的变化，是一种例外，还有可能是一种异类。而这种异类刚好可以在变化的环境中生存下来，“物竞天择，适者生存”，它就成为新的物种。

在《物种起源》[1] 中，达尔文指出，长颈鹿是由一些四肢和脖子变长的反刍动物进化来的，而这种反刍动物其实就是早期的鹿科动物。在当时的竞争下，一部分的鹿科动物在竞争中出现了变异，它们的四肢和脖子比较长，这样可以让它们吃到更高的树叶，凭借着这样独特的优势，它们生存了下来，并逐渐进化成现在很高的长颈鹿。

回归到组织发展的生命周期上看，如何让组织实现“二次创业”成功，可能也需要两个基本的条件：内部创新、外界选择。

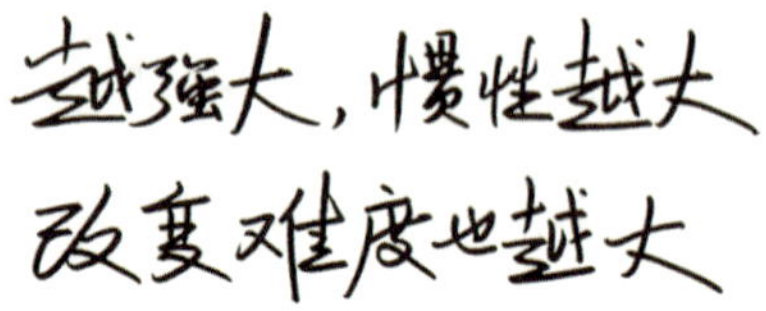

做好“第一曲线”靠管理，做出“第二曲线”靠创新。能够把“第一曲线”做好的组织很了不起，需要在平时就做好精细管理，规避风险，降低成本，保持业务平稳发展。不过如果总是按部就班，无法生出“第二曲线”，旧的做法，只会得到旧的结果，甚至被淘汰。

[1] 《物种起源》，是英国生物学家查尔斯·达尔文系统阐述生物进化理论基础的生物学著作，1859 年 11 月 24 日在伦敦出版。

内部创新，是指组织内部要营造一种相对自由的环境，容许试错，有时要走错路，才会发现新路。

外界选择，是指在社会变迁，或者行业变革的情况下，以往旧模式的组织可能由于不适应环境而被淘汰。

❸ "分形创新"具体怎么做?

组织如何从以往的业绩中走出来，实现"二次创业"的飞跃，逃离没落的宿命，或者说，没落的宿命是一定的，如何把组织的生命周期延长一些呢?"分形创新"是其中一个方法，可以尝试一下。

李善友[1]曾提出"分形创新"三步法。

夯实主航道

这里说的主航道，指原本组织的主业务，也即"第一曲线"。虽然我们要创新，要变革，要谋求新出路，不过原本的主业不能忘了。在主航道上，我们清楚自己从哪来，具备哪方面的基因及优势，还可以从中获取足够的资源，进行下一轮的创新。

比如，从事长者服务的F组织，他们深耕长者居家安全领域多年，有相应的技术与设备，在评估需求、设备安装、工作流程、相关知识体系，以及与利益相关方的联动等方面，具备独特的优势及资源。经过梳理及沉淀，该组织在主业上聚集了巨大的能量。

打造核心引擎

航道确定之后，需要找到或者打造核心引擎，也即打造组织的核心竞争力，拎出最强、最厉害的那个点，以其作为突破重围的先锋队。

比如，F组织的核心竞争力可以从"提供长者居家安全服务"提炼为"提供居家安全的解决方案"。

如此，这个核心能力不仅可以应用到长者领域，还可以应用到其他人群或场景，这种做法叫"核心能力迁移"。

---

[1] 李善友，曾任搜狐公司高级副总裁。

独立小分队创新

这是所有变革或者创新中最关键的一步，很多组织尝试的创新没有成功，原因往往是这一步没做好。这些组织一般是在组织内部设立一个创新部门，或者其他部门的人员兼任，这样自然很难成功。

进化论指出，在原来的大种群中，变异很快就会被稀释掉，有一定的隔离措施与条件，才能进化出新物种。

重复旧的做法，只会得到旧的结果。原本的团队在旧的工作模式下，也会形成路径依赖，很难走出新的道路。

可以参考以下具体操作：

成立独立创新小分队：如有条件，最好做到物理隔离，比如独立办公，从物理环境上，避免干扰。

形成独立管理体制：原有组织的项目不能和新项目争夺资源，新的团队最好有独立的成本结构，独立的决策机制，独立的组织文化和心智模式，独立的价值网。给予新团队足够的空间，让其自由成长。

专注边缘创新：于外部而言，与其他组织错位竞争；于内部而言，寻找“第一曲线”“第二曲线”之间的空间，避免路径依赖。在现有的、主流的价值网之外，构建新的价值网。

不断试错，迭代反馈，组织进化：通过不断试错，探索出新的路径，通过反馈不断迭代，从而生成“第二曲线”。

再以 F 组织为例，可以成立独立创新小分队，他们独立于原来的团队工作，在独立的空间里研发新的项目。

原有的长者服务项目不与新项目争夺资源。不过，他们拥有同样的基因，具备相同的核心竞争力：提供居家安全的解决方案。

因此，新的团队可以在儿童居家安全，或残障人士居家安全等领域进行探索，通过不断试错，迭代反馈，也许可以探寻出新的路径。

一图读懂：组织如何才能可持续发展?

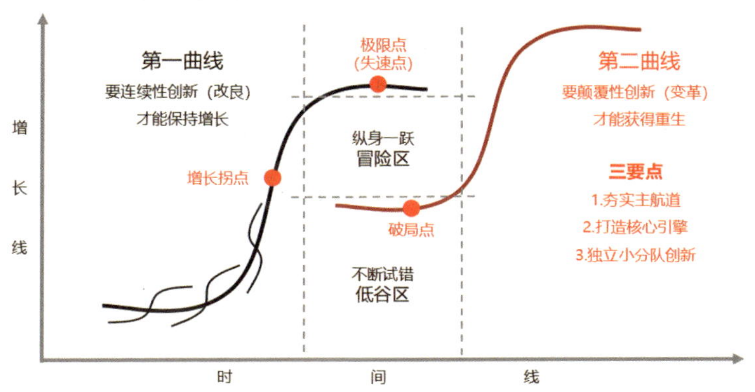

寒冬将至，社会组织如何更好地“活下去”？

2022 年 8 月，华为在内部发布了一篇题为《整个公司的经营方针要从追求规模转向追求利润和现金流》的文章。

华为创始人任正非在文中指出，全球经济将面临衰退、消费能力下降的情况，华为应改变思路和经营方针，从追求规模转向追求利润和现金流，保证度过未来 3 年的危机。要把活下来作为最主要的纲领，边缘业务全线收缩和关闭，把寒气传递给每个人。

听到任总这么说，不仅华为的员工在打寒战，很多人即使在当下三四十摄氏度的高温下，也感到寒气逼人。

强如华为，都要把“活下去”作为最主要的纲领。作为社会组织，我们要如何准备才能度过寒冬呢?

❶ 屯余粮，注重健康的现金流

现金流，也称现金流量。这是每个组织财务管理的一项重要职能，建立完善的现金流量管理体系，是确保组织生存与发展、提高组织竞争力的重要保障。在特殊时期，现金流更是直接关乎组织的生死存亡。

家有余粮，心里不慌。保持良好的现金流，让组织走过寒冬。

现金流量管理的主要作用在于保证组织经营资金的安全，缩短现金循环周期，提高资金使用效率。

现金流量一般分为三大类：经营活动现金流量、投资活动现金流量和筹资活动现金流量。

比如，社会组织在开展某个项目活动时，在确保品质的情况下，要尽量减少不必要支出，加速现金的回收，缩短现金的回收期。

在投资活动方面，要估算投资风险，保证资金安全，停止一些高回报、风险大、周期长的投资项目。

在筹资活动方面，要预测现金流量，制订筹资计划。根据组织自身情况及环境条件，开拓筹资渠道，分别在政府购买、企业赞助、基金会资助、大众捐赠等方面开源。

❷ 精业务，避免资源浪费

有时，组织看起来所向披靡，好像任何业务都可以做，其实是虚胖的情况，看起来规模很大，业务量很多，其实收益很少，也没什么竞争力。

艰难时期给组织发展带来挑战的危机，同时也是组织“减肥健身”的机会。与其开展不熟悉没把握的业务，不如对自己熟悉的优势业务深耕细作，提升主营业务的竞争力。这不仅可以降低多元业务发展的成本，也可以有效规避不确定性风险。

首先，果断删减收益低、可有可无、回报周期长、不直接产生现金流的项目。比如，周年庆活动举办从简，可去掉繁复的环节，节约成本，达到周年纪念意义即可，不需要为向外界证明而搞得铺张浪费。

其次，谨慎精简需要长线投资，短期内没有现金回流，又跟本组织定位关联不大的项目。比如，有个合作单位想跟本组织合作项目，而对方没有直接的现金投入，仅有场地、人力、物资等需要再次变现的资源，而这个项目跟本组织的核心业务关联性也不大，则可考虑精简，以免组织的精力及资源被耗散掉。

最后，重点深耕自己的核心业务。曾国藩喜欢“结硬寨，打呆仗”，艰难时期，大家都会使出浑身解数，以谋求生存发展，我们也只能通过聚焦业务，以自己最厉害的长处在激烈的竞争中争取一席之地。

比如，本组织的核心业务是做长者服务，那么，可以在此领域深耕下去，通过“产学研”战略，精通长者服务的关键环节，针对当下的长者需求，创新服务与产品，增强核心竞争力。

❸ 拓渠道，多维度拓展资金来源渠道

在社会经济衰退时期，资方的财政支出也会有所压缩。为化解资金来源单一性的脆弱性，增强组织生存的韧性，组织的资金来源渠道可以从以下几个方面的业务寻求拓展。

TO G 的业务

这部分业务一般指面向政府部门的业务，这也是当前社会组织的主营业务。据不完全统计，大多数的社会组织资金来源 90% 以上来自“政府采购”。

政府每个部门有不同的业务范围，每个年度也会有不同的工作重点。组织可以通过相关部门印发的关于政府采购的文件，了解其需求及动向。

TO B 的业务

这部分业务泛指面向企业或其他社会组织的业务。主要有以下三种类型。

第一，关于基金会资助的项目。

每个公益基金会均有其独特使命及专注的领域。比如，壹基金专注于灾害救助、儿童关怀与发展、公益支持与创新三大领域。如果项目方想获得壹基金的资助，那么，项目服务内容最好要与以上三大领域相关。

第二，关于企业赞助的项目。

企业赞助某个公益项目，一般基于以下需求：履行企业社会责任，树立良好的公共形象，追求可持续发展战略等。作为项目方需要深入了解企业的业务及其履行企业社会责任的动向，寻找结合点。

第三，关于社会组织合作的项目。

各社会组织之间，也可以有互相合作的项目。比如，专业型组织可以向其他组织输出顾问、督导、培训、调研及评估等方面的服务。资源型组织可以向其他组织提供场地租赁、人力支持、资源共享等方面的服务。

TO C 的业务

该部分业务是指面向个人的业务，一般涉及两种情况。

第一，关于社会捐赠的项目。

通过公开募捐，为项目获得资金来源。公开募捐的组织要具备公募资格，或者由具有公募资格的组织认领进行公募。因为是公开募捐，所以项目的基本信息要清晰透明，让公众明了项目的服务对象、回应的问题、解决的方案、预期成效以及项目实施方真实的信息。

第二，关于面向个人收费的项目。

面向服务对象，适当收费，一定程度上，可以精准定位需求，避免资源浪费，促进服务对象的有效参与及反馈，同时还可以弥补资金来源的不足。此外，在项目成效评估上也会更加直观。如果服务好，服务对象会继续买单；如果服务不好，服务对象就不会买单了。

④ 练团队，提高团队人效

人效是指“人力资源效能”，提高团队人效，是指调动团队成员的主动性、积极性。增强团队成员的应变能力是提升人效水平的关键点。

艰难时期，社会组织负责人可能也需要像任正非一样，向团队伙伴说明严峻趋势，分析行业环境，与团队同步认识与理念方针，把寒气传递给每个人，激发大家的危机意识，促使大家以主人翁的角色及态度做好工作。

加强团队的协作能力，提高人均产出水平。优化组织的人员结构，精兵简政，提高效率。非必要的岗位停止招募，避免人浮于事。通过工作流程优化，提升每个岗位的工作效率。通过组织创新，促进各部门高效协作，降低内部交流与交易的成本。

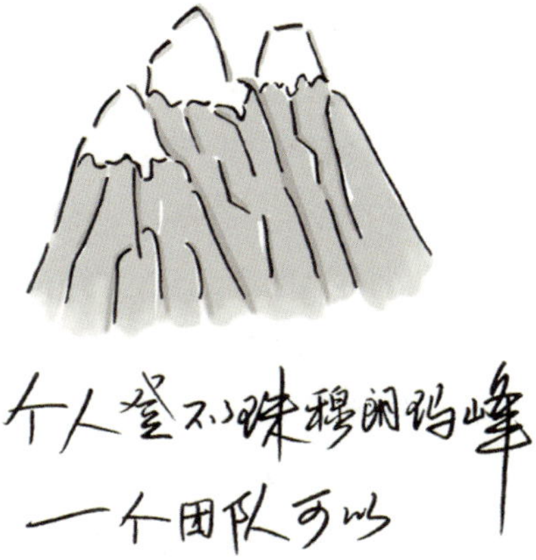

⑤ 学新知，提升应对挑战的能力

时代在变，面对新的问题与挑战，最好的应对方式莫过于提升自我能力。经济衰退期，有哪些能力需要提升呢？

共情力

社会在变化，人也在变化，敏锐洞察当下人们的需求，以需求为导向开展工作，解决确切的社会问题并满足服务对象需求，这也是组织的生存立足之本。比如，通过学习经典著作，了解经济衰退周期的规律；通过合适的方式开展对外交流活动，获取最新的信息。

应变力

面对不确定性，没有万试万灵或者一成不变的应对措施与方法，我们只能提升自己的应变能力，处理各种突发的情况。比如，如果资方由于战略调整停止资助，我们应该怎么办；原本确定了项目开展的方案，结果因为疫情影响不得不取消或延期，是否有后备方案。

协作力

无论任何时候，与他人协作都是我们必须要具备的素质与能力。而在特别时期，我们还要提升远程的协作能力，掌握各种线上协作的平台功能与方式。比如，为了降低成本，或者避免疫情影响，我们的工作方式需要从线下转变成线上，这样即使没有实际碰面，我们也能把一个项目做成。

⑥ 新开源，为其他可能性留一个出口

既然是寒冬，那么，也会有春天。经济衰退也有周期性的规律。面对危机，也许我们可以有这样的态度：在战术上重视，在战略上蔑视。

我们遇到的挑战，别人同样也会遇到，做好准备，良好应对，“危机”也会变成“转机”。作为一个创业者，一个社会工作者，须对未来保持乐观，为其他的可能性留一个出口。

躬身入局，回应当下的社会需求，创新服务内容与形式，为解决当下的社会问题，发挥本组织独特的社会功能，这也是社会组织存在的价值。

一图读懂：组织走出困境的 6 个对策

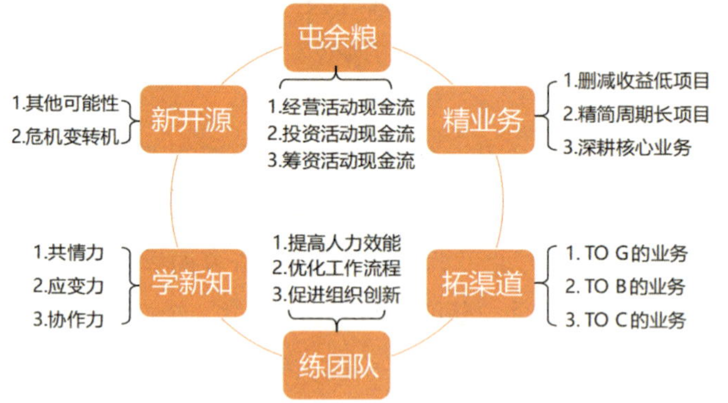

组织管理者可以从《孙子兵法》中学到什么？

花了两年的时间，断断续续地终于读完了《孙子兵法》[1]，原文是文言文，读起来有些吃力，但内容让人觉得荡气回肠，不乏醍醐灌顶之时。

这是一本值得无数次学习的书籍，我这一次断断续续的零星阅读，未能得其一二，当然不敢说自己领悟多少。通篇读下来，有 4 个字令人印象深刻：先胜后战。

在拿起这本书之前，我曾刻板地认为，这是一本教人打仗的书，只有好战之人才会喜欢。而自己并非好战之人，心想恐怕是读不下去的。然而，读着读着，发现了自己的浅薄。

人生难免竞争，但并非一定是为争胜利之功，也可以是为了将利益损失降到最低。不能“战”时，就尽量不要“战”，古语有云：“杀敌一千，自损八百。”非得要“战”，也要审时度势，考虑天时地利人和因素，让我方处于“不败”。这是一个博弈的过程。

❶ 孙子的敬畏心

孙子曰：“兵者，国之大事，死生之地，存亡之道，不可不察也。”

这是孙子的敬畏心。他说，军事是国家的大事，生死存亡系于此，不可轻举妄动，一定要仔细考察。所以，孙子兵法不是战法，是不战之法；不是战胜之法，是不战而胜之法；不是战而后胜之法，是先胜而后战之法。

一个企业、一个组织、一个家庭，作为负责人，也需要有这个敬畏心，自己的一举一动，都会对个人、家庭、单位产生很大的影响。

[1] 《孙子兵法》被誉为“兵学圣典”和“古代第一兵书”。它在我国古代军事理论和战争实践中，都起过极其重要的指导作用。

《孙子兵法》强调："夫用兵之法，全国为上，破国次之"，它意味着百战百胜并非用兵之法的最高境界，未战先胜，不战而胜才是最高境界。

这么一看，《孙子兵法》追求的是和平主义，又与社会工作者的理念殊途同归。

❷ "以少胜多"是例外

历史上，有不少"以少胜多"的案例，但这是极小概率的事情。为什么人们都喜欢"以少胜多"这样的英雄故事，因为这样的故事动听，是一个例外。

这是人认知选择上的偏好："以多胜少"太正常了，没什么值得称扬的。但是，"以多胜少"才是常态，它是大概率存在的，这样的案例远远多于前者。

《孙子兵法》里有提到"故用兵之法，十则围之，五则攻之，倍则分之，敌则能战之，少则能逃之，不若则能避之。"

意思是我方兵力十倍于敌方，就可以实施围歼；五倍于敌方，才可以实施进攻；两倍于敌方，可以设法分散敌方，各个击破；如果我方与敌方兵力相当，势均力敌，那就要好好做好战斗的准备了；如果我方兵力弱于敌方，那就逃吧，适当的时候，要懂得认输，要学会接受失败。

所以，不要以为可以"以少胜多"，如果我方兵力少于敌方，硬上的话，大概率是我方会输。除非这里的"输"是为了更大战略上的"胜"。

《孙子兵法》也并不是劝弱小的一方放弃抵抗，同时还指出强大的一方仍然要对弱小的一方抱有敬畏心，"穷寇莫追"，人会置之死地而后生，历史上也有"破釜沉舟""背水一战"的典故。人在绝境中爆发出的力量十分强大，所以，凡事要懂得网开一面。

❸ 先胜后战，赢了再打

先胜后战，这句话，乍一看，好像有些逻辑不通，都还没“打”，怎么会有“赢”呢？如果把时间线拉长，这句话就容易理解了。

作战并不是在“开打”时才开始，在“开打”之前，我们就要分析，知己知彼。分析我方所强在哪里，敌方所弱在哪里，什么时间和地方开战合适，双方的士气如何，等等。

分析这些关键要素，制定出合适的战略战术，经过严密的推演，我们有胜算了才开打，而不是到了战场上才开始想怎么打。

《孙子兵法》主要强调自强之法，首先是修炼自己，而不是老惦记着打败别人。孙子说，“善战者，先为不可胜，以待敌之可胜。不可胜在己，可胜在敌”，“胜可知，而不可为”。又说“胜兵先胜而后求战，败兵先战而后求胜”，要胜中求战，不要战中求胜。

反过来思考，“我方”是谁，“敌方”又是谁，谁不是“我方”呢，谁都是一个个“独立的个体”呀，谁都是“我方”，谁想输呢，所以，我方和敌方未必是二元对立。

兵家经典书籍《孙子兵法》都在强调不战之法，强调博弈，强调利益的平衡。我们更要凡事先做好自己，非必要不“开战”，非得“开战”，就尽力把利益损失降到最小，“先胜而后战”。

一图读懂： 管理者，可以从《孙子兵法》学到什么？

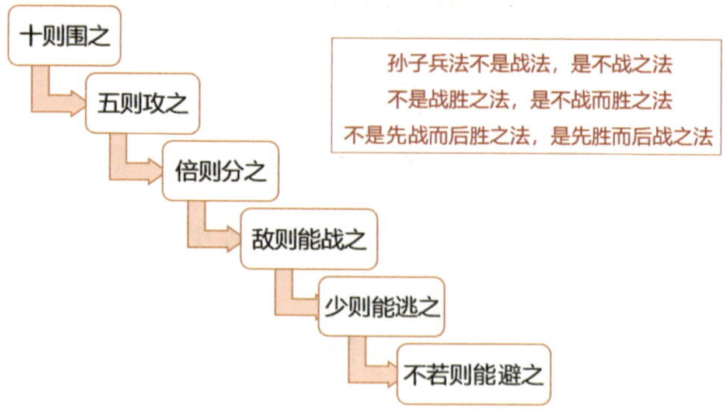

社工机构如何面对转型的挑战？

前几天，一篇关于社工机构转型的文章《社会工作机构何以向劳务公司转变》，受到大家的关注。这两年，跟业界的很多朋友聊天，时不时也会谈到这个话题：下一个 10 年，社工机构如何发展？

社工职业化发展，在国内已经走过了十几年。社工机构经过不断发展，加上外界环境的变化，很多管理者纷纷表示，机构到了发展的瓶颈期。

我们简单回顾与梳理一下社工机构发展的沿革，仅作一个概要式的探索，不作严谨的学术考究。

❶ 机遇与挑战

国家全面推动社工职业化发展，始于 2006 年，党的十六届六中全会提出建设宏大社会工作专业人才队伍的决策部署。此后，上海、深圳等地区先行先试，开始出台相应的政策及配套文件，为当地专业社会工作发展提供重要保障。

2008 年，这一年发生了几件重要的事情。2008 年 8 月 8 日，北京奥运会开幕，举国同庆，这是国人等待了多年的激动一刻，不过那时还多了一种情感，因为在 3 个月之前，我们遭遇了一场重大的灾害。

5 月 12 日 14 时 28 分，汶川地震突发，这是几十年来破坏性最强、波及范围最广、灾害损失最重、救灾难度最大的一次地震，牵动着全国人民的心，人们有钱出钱，有力出力，众志成城，抗震救灾。

在灾害救助的过程中，成千上万热心公益的人们纷纷赶往汶川，当然这里也有社工的身影，这一年也被业界称为“中国公益元年”。2009 年，经国务院批准，每年 5 月 12 日为全国防灾减灾日。

此外，这一年对于社工来讲，还有一件特别重要的事情。2008 年 6 月 28 日，首次全国社会工作者职业水平考试举行，这标志着我国社会工作人才评价制度建设进入实施阶段。

那年夏天，我们 04 级社会工作专业的同学们本来都已经做好找其他工作的准备。听到这个消息后，大部分同学留下来参加了这个考试，同时有部分同学相约赶往广东地区，做起了职业社工。

为响应民政部的相关要求，各地政府分别从社工人才队伍建设、机构扶持、项目采购、监测评估等方面，给予极大的支持。各地社工机构犹如雨后春笋一样涌现，呈区域化发展态势。

各区域社工机构不断发展，各具特色，主要分布在以深圳、广州为中心的珠三角地区，以上海为中心的长三角地区，以成都、重庆为中心的西南地区，以武汉、长沙为中心的华中地区。

《民政部　财政部关于政府购买社会工作服务的指导意见》《国务院办公厅关于政府向社会力量购买服务的指导意见》和《财政部　民政部关于通过政府购买服务支持社会组织培育发展的指导意见》等国家部委相应政策的出台，以及各地政府响应的举措，为各地社工机构带来前所未有的发展机遇，使社工机构可以得到资金的支持，开展相应的服务。

随着业务的拓展，服务领域的扩大，有些社工机构员工人数可以达到上百，甚至上千的规模。

然而，随着机构规模与业务激烈扩张，部分机构在内部治理、人才储备、业务发展等方面出现力不从心的情况，并逐渐显露出短板。

有些机构经过不断努力，能确保业务、人员规模基本稳定，不过也难逃被质疑：人员流动性大，专业能力不足，行政事务与专业工作无法很好平衡等。

❷ 面对变化，如何突破瓶颈

面对不断变化的现实，社工机构该何去何从？

从组织类型看，社工机构属于社会组织的一种，较多为社会服务机构（以前被称为民办非企业单位）。在政府扶持红利期过后，“政府购买”模式变化的情况下，也许这才到了社工机构“修内功，谋发展”的时候。

从组织发展的“S 曲线”看，部分地区的社工机构发展可能临近峰值（有人说：“不对呀，有些地区的社工机构还在大幅度上升呢。”这是行业发展时间差与地域差的区别）。因此，社工机构要想转型成功，需要找到自己的“第二曲线”，俗称“二次创业”。

这里有极大的挑战，犹如凤凰的涅槃重生。对于大型的社工机构而言难度更大，过往的优势会成为变革的负担。

查尔斯·汉迪曾指出，如果组织能在“第一曲线”到达巅峰之前，找到带领组织二次发展的“第二曲线”，并且“第二曲线”必须在“第一曲线”达到顶点前开始增长，以弥补“第二曲线”投入初期的资源（资金、时间和精力）消耗，那么组织持续发展的愿景就能实现。

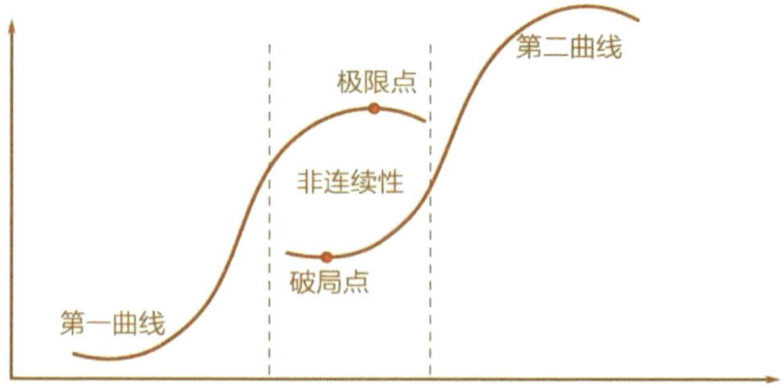

“第二曲线”创新模型图

大型机构转型难，在于几个方面：

一是有“偶像包袱”。一直以来，我们都是行业老大，还有必要像一些初创机构那样拼吗？

二是“船大不好掉头”。大船在行驶的过程中，由于体量及排水量大，其惯性也大，有路径依赖，要拐弯掉头，不太容易。

三是“糖果的诱惑”。现在的业务常规发展，资金量也不错，员工也在按部就班地工作，这些就在手中的诱人糖果，谁愿意放弃呢？

清醒的机构负责人已经意识到，完全依靠“政府购买”一个资金来源的机构是十分脆弱的。接下来社工机构可能要面临“二次创业”的挑战，需要“反脆弱创业”。“反脆弱”即组织要谋求多维发展，多维度是为了加强抗压韧性。

为打造新时代共建共治共享的社会治理格局，政府各部门也在一直呼吁，社会组织、社工机构要自我造血，良性发展。不少机构也已把多路径发展提上日程，进入探索阶段。

③ 组织转型的可能性探索

关于社工机构转型发展方向，可能面临以下选择。

综合型 or 专业型

综合型社工机构涵盖社会工作服务的各个领域，比如青少年服务、长者服务、家庭服务、社区发展服务、精神康复服务等，多领域齐头并进。他们要追求规模效应，以跨领域网络合作效应取胜。

专业型社工机构一般选择专注于某一个领域，深耕发展，比如有专注于长者服务的机构，有专注于青少年服务的机构。他们追求在垂直领域的探索与实践，追求“产学研”结合，把这个领域上下打通，以服务品质取胜。

社工机构是多领域的“综合型”发展，还是专注某一领域的“专业型”发展，取决于该机构领导者的决心、掌握的资源以及团队的基因。

一般而言，处于初创期的机构，采取专业型机构发展的路径更容易“单点突破”，突出竞争重围。

服务型 or 支持型

随着行业发展，行业环境日益完善，行业竞争逐步规范，机构转型还可以从服务型或支持型的方向进行战略调整：要成为直接服务的提供者，还是间接服务的支持者？

如果机构有很好的执行团队，而且有丰富的落地服务资源与经验，可选择直接服务型战略。

比如，机构里有一批优秀的青少年服务实务团队，他们精通青少年服务理念及各种实务手法，同时他们乐在其中。此外，机构掌握多家学校、社区以及合作单位的落地实施资源。那么，成为本土最好的青少年服务机构，可以是这一机构的愿景。

而如果机构的主创团队，在某一个领域深耕多年，同时有相关的课题研究，擅长理论研究，那么可以选择间接支持型战略。

比如，机构可以通过研讨青少年当下的心理与行为特征，探索最新且有效的解决方案，为一线青少年服务者提供支持。可以输出关于青少年的研究报告，青少年服务技能的培训、督导及顾问，青少年服务项目的评估等服务。

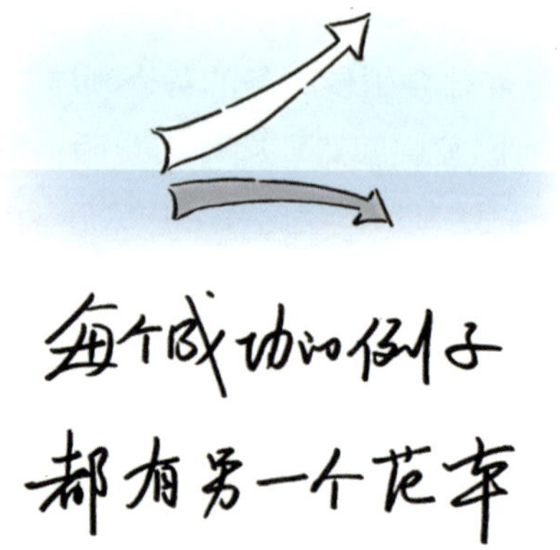

一图读懂：社工机构如何面对转型的挑战？

创业需要考虑清楚的 6 件事情

7 年前，一个突发的想法，我开始了自己的创业之旅。之前我跟不少人分享过一个心得，创业首先是一个自我修行的过程，先把自己做好了，才能做好其他。

但随着业务的不断发展，我逐步发现，创业不仅是个人的事，不但要把自己整明白了，还要想清楚很多事情。

很多前辈也不断告诫我们，创业要想好业务模式，做好团队管理、产品设计、产品营销、公共关系等。

今天，跟大家分享一个 6P 营销理论，这一理论是在 4P 理论：产品（Product）、价格（Price）、渠道（Place）、推广（Promotion）的基础上，增加两个 P：政府支持（Political Power）、公共关系（Public Relations）。

这个理论在 20 世纪 80 年代中期，由营销学界的泰斗菲利普·科特勒（Philip Kotler）所创立，到今天仍然适用。一个好的理论可以做到逻辑三恰"自恰、他恰、续恰"，而且尽量简洁，还有穷尽性。下面我们一起展开来看看。

❶ 产品（Product）

产品是我们要考虑清楚的第一个事件。如果这个事情没做好，后面所做的事情可能只是泡影。

关于如何研发设计一个产品／项目，我在前面的章节中已有详细介绍，在这里就不展开了。

具体来讲，产品要以消费者（服务对象）的需求为导向，开发功能时，要求产品/服务有独特的卖点，把产品的功能诉求放在第一位。当然，有的机构不太强调产品质量也能活得很好，这是因为影响一个创业项目成功与否，有好几个要素，一个短板，可以用其他方面来补齐。

然而，这种现象有时间窗口，只适用于竞争初期对手不多的时期。随着后面的竞争增多，秩序逐步规范，产品／服务质量需要不断提升，短板补齐的机构才有保持优势的机会。

比如，拼多多在前期售卖的产品质量不行，但他们用自己的优势“推广营销”来弥补，主推微信拼团的营销模式，让合适的产品找到合适的人。后来随着秩序的规范，他们也在打假，逐步把产品质量提升了上来，这才有了今天的业绩。

那些忽略产品质量，却因公关做得好而不断拿标的机构，其实他们也深知自己的优劣势。随着行业竞争的逐步规范，清醒的领导者也会意识到品质提升的重要性。

砍柴时想着砍柴，
挑水时想着挑水。

❷ 价格（Price）

我们已经做好了产品，在卖出去之前，还有一件事情要做，那就是“定价”。

定价格，这个要素也很重要，也许很多人觉得，价格很简单啊，拍脑袋决定就好。我自己的东西想定高就定高，想定低就定低，你爱买不买。

定价是个技术活。要根据不同的需求定位，考虑成本控制，制定不同的价格策略，产品的定价也是组织的品牌战略。

首先，我们要先了解产品的成本构成：研发费、物料费、人工费、运营费等。一般定价规则可以参照：定价≥研发费＋物料费＋人工费＋运营费。

其次，定价同时也是组织的品牌战略。根据品牌调性以及目标用户，我们可以选择“高定价策略”，或者“低定价策略”。

比如，LV 包如果只卖 200 块，恐怕富太们就不买了，因为这个价格，显示不出自己的身份。

比如，喜茶的目标客户群体是关注时尚、品质和健康的年轻消费者，因此价格较一般茶饮高。而起家于四五线城市的蜜雪冰城，只卖七八块，大家觉得很实惠，它的目标用户也认为饮料是用来喝的，不是用来拍照的。

而在公益界，当然也涉及“定价”。

最后，再重申一下，定价是个技术活。举一些具体的例子，根据消费心理学，9.9 元跟 10 元，19.9 元跟 20 元，199.9 跟 200 元，虽然只是相差 1 毛钱，但是在消费者看来可能有天壤之别。

还有，在线上移动支付的时代，200 元是一个分水岭，因为微信红包最多可以发 200 元。在大众的一般心理预期中，200 元及以下是零钱，可以冲动消费，所以，快消品一般定价都在 200 元以下，大家觉得好像图个乐也亏不到哪里去。而定价如果高于 200 元，我们就会启动理性分析思考：这个东西到底值不值。

❸ 渠道（Place）

渠道，是指产品从生产方（服务提供方）流转到消费者（服务对象）手上的全过程中所经历的各个环节和推动力量之和。目前有线下及线上两大渠道。具体内容参见“聚焦的力量，组织发展的“单点突破”战略”一节，在此不再赘述。

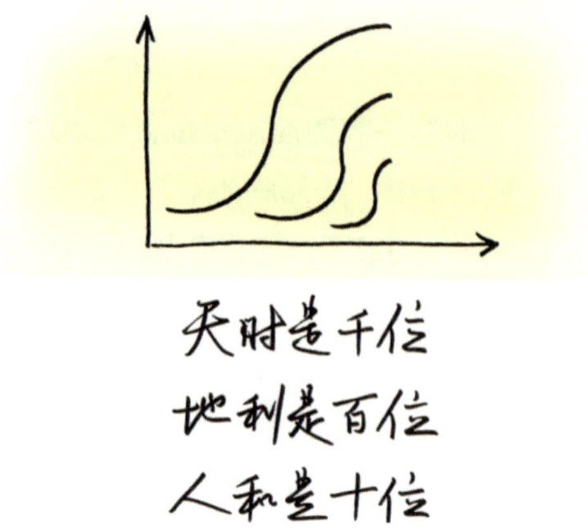

❹ 推广（Promotion）

前三步已经做好了：产品做好了，价格定好了，渠道也找好了。就摆在货架上，没人知道，也没人了解这产品。结果，产品还是没卖出去，怎么办？

第四步，就是我们要做宣传推广，让用户认识、了解、喜欢并愿意为产品买单。因此，推广是指为获取更多潜在消费者（服务对象），而进行品牌宣传（广告）、公关、促销（募捐）等一系列的营销行为。

常见的品牌宣传方式，既包括借助各大媒体做广告，也包括通过自媒体、新媒体，进行自我发声与品牌传播。

❺ 政府支持（Political Power）

其实，前面四步已经是一个创业项目的闭环。能厘清各阶段的工作重点，并付诸实践，便可以检验这个项目是否可行。

后来，科特勒补充了政府支持（political power）、公共关系（public relations）两个要素。

政府支持，是指项目需要与政府部门合作，需要取得官方的支持以便项目有效开展。政府支持，通常在政策、资源、信息等方面发挥重大作用。比如，政策上的扶持条例，或者禁止条例，都会对项目产生极大的影响。

特别是公益组织的项目，更加需要思考：是否有相关部门及单位的支持者，是否可以提供相关资源，助力项目落地。

❻ 公共关系（Public Relations）

很多人可能误以为"公共关系"仅是组织与政府的关系，这是片面的看法。"公共关系"是社会组织同构成其生存环境、影响其生存与发展的那部分公众的一种社会关系，是一个组织为了达到一个特定目标，在组织内外部员工之间、组织之间建立起一种良好关系的科学。

项目人员需要与公众进行良好互动沟通，在公众心中树立产品或服务的良好形象。所以，公共关系包括组织与内部员工的关系、与服务对象的关系、与政府部门的关系、与合作单位的关系、与志愿者的关系以及相关大众的关系等。评估检测的方法如下：

内部员工的认同度：工作环境、薪酬福利、团队氛围等方面是否受到员工的认同与喜爱。

服务对象的好评度：项目提供的产品或服务，是否解决服务对象的痛点，满足其需求，品质是否过关。

政府部门的支持度：组织自身是否具有公信力的资质、程序的合法性，项目服务内容是否符合该部门的业务方向等。

合作单位的配合度：合作单位是否愿意跟你一起走、配合你的工作开展，是否可以达到双赢的局面。

志愿者的参与度：是否有人愿意以志愿者的身份，不计回报地跟你干这件有意义的事，他们的参与程度怎样，是否持续保持热情参与。

公众的美誉度：公众对组织大体什么看法，大家是否信服这个组织，是否称赞这个组织做得好的地方。

总结一下，以上就是一个创业者需要经历的 6 道门槛：产品、价格、渠道、推广、政府支持、公共关系。

产品是创业路上最重要的要素，相当于是“火车头”，要拉动后面的“车厢”。好产品会有自己的定价权，渠道会开绿色通道，好产品本身就是好推广好广告，而政府与公众也会喜欢。当然，前提是产品真的是好产品。

专注打造好产品，美好自然会发生。

一图读懂：创业需要考虑清楚的 6 件事情

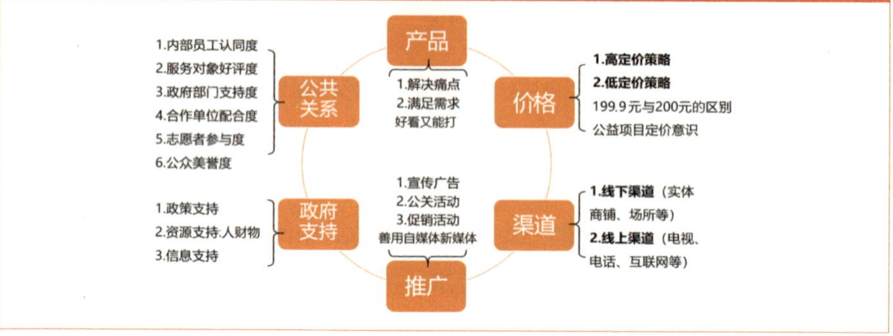

组织规模超过 150 人后，越来越难带领？

“组织”是一个管理学上的术语。组织是由若干个人或群体所组成的、有共同目标和一定边界的社会实体。可以说“组织”是“个人”的另一面。

某种程度上说，人一出生，就在一个组织之中，我们把它叫作“家庭”。人有社会属性，“家庭”是社会的最小单位，而两个人就可以成立一个家庭。

随着组织规模的变化，人与人之间的互动也会产生变化。有相关研究表明，人际互动的强度与组织人数有关，且成反比的趋势，即人数越多，人际互动强度就会越弱。

❶ 一对一，深入的互动

一个人的时间与精力有限。一对一的人际互动形式，可以让人更加聚焦于交流。

比如，两个朋友在咖啡馆交谈，相对于多人的朋友聚会，他们可以聊更加深入、私密的话题。

一对情侣的热恋期，一般是在两人的社会关系尚未卷入太深的时候，此时与彼此的七大姑八大姨都还没互相认识。

一对新婚夫妻，他们的蜜月期一般是在孩子还没出生的时候。此刻，他们眼里只有对方，全世界好像只有他们两个人一样。

在工作的场景中，我们跟同事聊比较深入的话题时，一般也是采用一对一的形式，比如绩效面谈。

而在社会工作者三大工作方法中，个案工作一般也是强调“一对一”的服务形式。相对于其他两种工作方法（小组工作与社区工作），有部分社会工作者认为个案工作最具挑战性与专业性。

他们可能认为，个案工作虽然面对和互动的人数较少，但是其更强调深入的互动，如果没有足够准备，不敢轻易尝试。

因此，个案工作让很多新手社会工作者望而却步，他们更愿意选择互动较弱、人数较多的小组工作或社区工作。

❷ 6人，最优的小组形式

6 人，也许是最优的小组规模。为什么说是 6 人呢？

在日常生活中，我们常看到一些与“六”相关的人际关系。比如，俗话说“六亲不认”，“六亲”是指与自己密切相关的亲属关系。

在人际关系网络的研究上，有一个“六度分隔”理论。1967 年，哈佛大学的心理学教授斯坦利·米尔格拉姆（Stanley Milgram）做过一次“连锁信”实验，结果发现了“六度分隔”现象。

即，“你和任何一个陌生人之间所间隔的人不会超过 6 个，也就是说，最多通过 6 个人你就能够认识任何一个陌生人”。

此外，在其他领域我们也可以发现“六”的有效应用。比如，蜂巢是“六角形”，为什么不是“三角形”“五角形”呢？

后来，有人研究，因为“六角形”最节省材料／空间，同时又能够构建出最大面积与空间的形状。这是蜜蜂这个物种经过千万年进化，不断优化自己巢穴的结果。

而人类也在不断优化自己的人际网络，因此，基于最优原则，六人小组／团队是小组人际互动的最优解，能够确保互动效果最大化。当然，这里说的六人是一个参考值，不是标准答案。

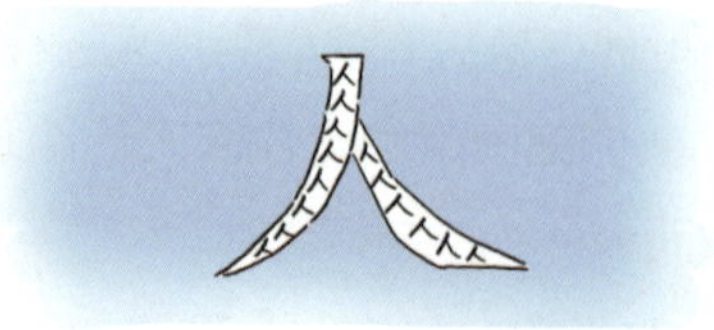

初创时，一个人活成一支队伍
壮大时，一支队伍活成一个人

❸ 150 人，一个高效组织的边界

一个组织规模的有效边界是 150 人，依据在哪？“邓巴数字”可以带来一些参考。这个数字是英国牛津大学的人类学家罗宾·邓巴（Robin Dunbar）在 20 世纪 90 年代提出的。

罗宾·邓巴让一些居住在大都市的人们列出一张与其交往的所有人的名单，结果他们名单上的人数大约都在 150 名。

他表示，大脑认知能力限制了特别物种个体社交网络的规模。邓巴根据猿猴的智力与社交网络推断，人类智力允许人类拥有稳定社交网络的人数是 148 人。四舍五入大约是 150 人。

“邓巴数字”对我们日常工作也有指导意义。特别在策划社区活动以及组织团队建设方面，150 人是我们需要考虑的规模边界。

比如，我们要做一场社区交友活动，目的是促进大家的互动交流，那么参与人数最好不要超过 150 人，超过这个规模，人际的有效互动就难以得到保证。

比如，如果我们要打造一个高效的组织团队，人数规模最好也不要超过 150 人，超越这条边界，团队关系就会变得松散，沟通成本随之增加，管理者也鞭长莫及。

然而，现实总不会按照“完美数字”出牌。如果我们要面对超出 6 人的小组活动规模，甚至超出 150 人的庞大组织规模，我们应该怎么办？

这是带领者需要面对及解决的问题，一般的做法是，把大规模切分成小规模。

比如 18 人的小组活动，可以适当切分成 3 个 6 人的小小组，小组长可以紧密连接其他 5 名组员，而带领者可以紧密连接 3 名小组长，这样可以确保一定程度的人际互动。这也是我们在大型培训现场设置分组讨论的原因。

同理，成千上万人的组织规模，可以适当切分成“邓巴式”事业群（150 人左右的组织），如需要，再切分成 6 人小组，也有助于提升组织效率。

一图读懂：人际的强关系与弱关系

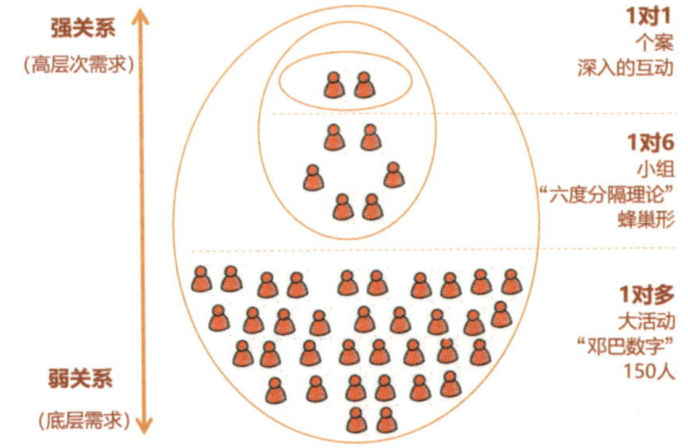

稻盛和夫的“阿米巴”经营模式，可以化解“大机构病”吗？

团队初创阶段，成员人数不多，管理者有足够的时间与员工进行互动交流，大家基本可以做到较好的团队协作。

然而，随着团队壮大，成员人数不断增加，管理范围、维度以及业务的复杂程度也会随之增加，如果组织管理不当，可能会出现以下状况：

员工工作没有动力，没有目标感，在岗位上消极怠工；管理者也无所适从，感觉有心无力，鞭长莫及，天天在做“救火队长”。整个组织团队处于内耗的散漫状态，犹如一潭死水，很难激起半点涟漪。

为破解以上难题，在组织经营上，有个“阿米巴”经营模式应运而生。

“阿米巴”（Amoeba）在拉丁语中是单个原生体的意思，是一种变形虫。变形虫最大的特性是能够随外界环境的变化而变化，不断地进行自我调整来适应所面临的生存环境。

这种生物由于其极强的适应能力，在地球上存在了几十亿年，是地球上最古老、最具生命力和延续性的生物体。

在“阿米巴”经营模式下，组织也可以随着外部环境变化而不断“变形”，直到调整到最佳状态，能够适应社会变化。

❶ “阿米巴”经营模式的优势

据说，最早提出“阿米巴”经营理念并付诸实践的是日本企业家稻盛和夫。他被誉为日本企业经营之神，他一生当中创办过两家世界500强企业。那么，“阿米巴”经营模式到底有什么优势呢？

化解“大机构病”

组织团队变大之后，可能导致管理架构臃肿，人浮于事，员工消极怠工，管理者力不从心的弊病出现。

“阿米巴”经营模式倡导把大团队拆分成具有同构属性且有活力的小团

队，认为把小团队经营好，大团队也会经营好，从而化解“大机构病”的问题。

为全体员工赋权

“阿米巴”经营模式，主要是通过组织划分，把大团队分成类似“阿米巴”的小团队，培养具有自主管理意识的领导，让全体员工参与经营管理，最大限度激发员工的潜能。从而实现“全员参与”的赋权式经营方式。员工具备更强的主观意识与权利，从事组织的业务开发、推广、运营等方面工作。

尽可能地激发员工的潜能

“阿米巴”经营模式希望培养员工的主人翁意识，让员工把组织当成自己的组织，把组织的业务当成自己的业务。

使用相对独立的财会核算方式，促使员工从消极被动的“打工人”转变成积极主动的“经营者”。组织与个人荣辱与共，组织收益高时，员工收益也高；组织面对风险时，员工也会面临相应的风险。

❷ “阿米巴”经营模式的要点

“阿米巴”经营模式倡导把大团队拆分成具有同构属性且有活力的小团队，其背后的理念来自生物学，即把组织当成一个生命体，生命体由无数的细胞组成，而细胞具备类似的同构性，在主体基因的影响下，可以裂变成无数的细胞。

“阿米巴”经营有一套比较系统的模式及内容，具体应用须根据组织的实际情况而展开。其中有以下几个要点可参考。

设置“阿米巴”的工作机制

划分好总部与各小组之间的功能角色，总部担任支持者角色，提供资源、空间及运作规则，建立明确的授权体系，建立有效的监督、审计机制，助力各小组有效开展工作。小组处理好内部分工，独立研发工作、核算成本及收益、运营相关工作等。

拆分与组建小组

小组划分要明确、合理，组员的角色分工具有独立完整性，既可促进小组独立运营，也可促进组员高效协作。小组成员人数，一般是三人以上，六七人较为适应。这样组员之间可以有充分沟通与互动的机会，也能够避免因成员过多而让团队失去灵活性。

比如，可以根据实际情况，分别设置组长、研发、运营、行政等岗位，组长负责小组统筹管理的工作，研发员负责服务 / 产品研发的工作，运营员负责服务 / 产品的具体运作，行政员负责小组的行政、后勤等事务。

量化小组目标及各项工作指标

可参考“SMART”目标管理原则，量化小组目标，促进组员达成共识。根据目标完成情况评价组长和组员的表现，并用数据体现出来。避免因主观判断而影响评估各组员的实际工作成效，或出现互相推诿、互相扯皮的情况。

建立独立核算的财会机制

每个小组的收支单独核算，便于了解各小组的运营效益，核算各小组的投入成本、收入及利润等。小组再根据组员各自的贡献值，设置与组员绩效相匹配的激励比例，包括相应的奖金与荣誉等。

促进全员参与经营

小组成员可制定自己的目标，通过实现这一目标，他 / 她能够感到工作的意义，他 / 她能够在工作中找到乐趣和价值，感受到人生的意义和成功的喜悦，从而实现“全员参与的经营”，达到从经营工作到经营人生的高度与厚度。

❸ “阿米巴”经营模式的局限

任何理论及模式有其优势，也有其局限性。“阿米巴”经营模式也不是万试万灵、一劳永逸的工作模式。如果运作不当，还有可能陷入“利益导向，唯利是图”的歧途。“阿米巴”的有效经营需要突破相关局限。

面临贯彻同一理念的挑战

当大团队划分成无数小团队之后，灵活性得到了较大的提升，个人潜能也得以激发，不过，组织所倡导的理念是否得到所有人的贯彻落实，这是一个有待商榷的问题。除利益共享之外，更重要的是要让每名员工与组织成为“精神共同体、命运共同体和目标共同体”。

“阿米巴”经营是以人心为基础，而不是以冰冷的业绩为导向，重点是激发员工对工作及人生的价值感。“阿米巴”经营也蕴含着稻盛和夫的“敬天爱人”理念，“敬天”是尊敬天道，遵守自然规律；“爱人”是关爱他人，要有利他精神。

容易掉入“各自为政”的陷阱

组织经营细化之后，各小组独立运营，支出与收益单独核算，奖金及激励与各自的业绩相挂钩。这容易导致小组为了各自利益，各筑高墙，各自为政，从而忽视组织整体的利益。

容易变成老总成为“甩手掌柜”的借口

有些老总觉得，划分小组之后，小组便可独立运作，自己不用太操心，就可以坐享其成。“阿米巴”经营模式不是总部与领导甩手不管的借口，“不管”比“管”更需要智慧。

无论哪种经营模式，组织有效经营的精髓在于“实事求是，不断改善”。我们要根据组织的现实情况，选择适合的模式及方法，不生搬硬套教条主义，在实际的工作中不断优化，改善不足，促进组织可持续发展。

一图读懂：“阿米巴”经营模式

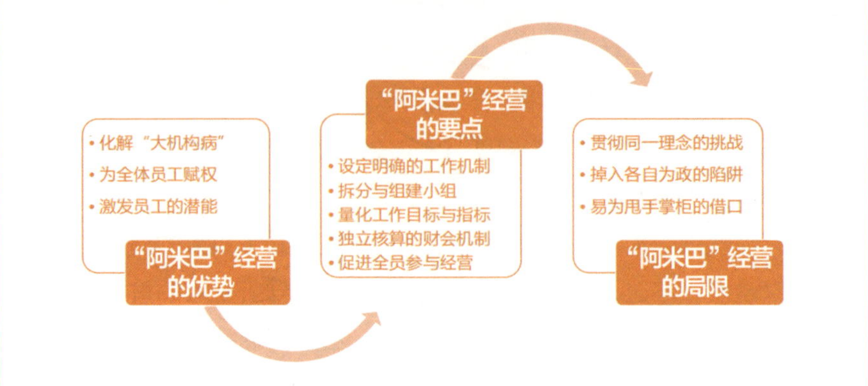

放风筝的老人，给我上的一堂 MBA 课

前些天，秋高气爽，天清气朗。我和孩子一起到公园去放风筝。

一直以来，我们都很羡慕那种可以把风筝放得高高的，然后云淡风轻地看着它随风飘扬的人，就像在旷野上放牧一匹野马，让它随意驰骋那种感觉。

儿子很喜欢放风筝，他好像不在乎风筝飞得有多高，而是喜欢拉着风筝一直跑，跑呀跑，掉下来，整理一下，再跑着让风筝飞上去，就这样玩得撒欢儿。

而今天，他突然问：“爸，风筝能不能飞高一点，就像那个一样。”

我一看，哇！那个很高啊！一位 60 岁左右的大叔在不远处拉扯着线。于是，我跟儿子上前攀谈。

这位大叔叫老陈，来自东北，到深圳已有 30 多年，现在退休了，所以有空就会到公园里放风筝，玩风筝已有 20 多年。

看他娴熟的技术与那套牛气的设备，就知道应该是个专业玩家，于是，我请教了一个疑惑已久的问题：风筝要飞得多高，才能自由地飞翔？

有空，就放空一下
没空，那就算了

❶ 150 米的高空，风筝自由飞翔

老陈说：“风筝要自由飞翔，起码要飞到 150 米的高空。”

“我天！ 50 层楼那么高，相当于我们住的地方两倍高了。”我转头跟儿子说。

老陈边叼着烟，边娓娓道来，“150 米高空，气流才比较稳定，这时，风筝就可以乘风飞翔了。

“如果高度不够，你需要不断地奔跑，自己创造气流让风筝起飞，但是低空的风速和风向都很容易受到附近环境的影响，风筝就很容易掉下来。

“所以，专业玩家放风筝的第一步是让风筝不断地爬升，不断地爬升，一直到达 150 米的高空。”

原来，放个风筝还有这么多学问呀！这时的老陈让人感觉不是一位退休大叔，而是一位行业大咖。

做事情要达到一定的高度，过程中可能会遇到很多挑战，但一旦超越了这个临界点，很多问题就会迎刃而解。

在生活工作中，我们都想追求这 150 米高空的自由飞翔，而不是总在低空来回奔跑，满头大汗地却依旧起起落落。

❷ 想飞得高，要借力专业设备

“我们都想飞得高，但是怎样才能飞得高呢？”我又追问老陈。

老陈一脸嫌弃：“你那是小孩儿的玩意儿，要飞得高，得有专业的设备。”

“您这套设备得花多少钱呢？”

老陈回答：“上下得有 1000（元）多吧。”

我笑着说：“呵呵，好吧，我们这个才几十块。”

老陈边指着绷紧而嗡嗡作响的风筝线，边说：“你看，飞得这么高，风筝的拉力很大，一般的绳子是根本拉不住的！”

是的，凭赤手空拳的匹夫之勇难以到达新的高度。做事要想提高效率，还是得靠工具。

在做业务的过程中，我们需要对专业设备进行适当的投资，特别是对一个组织的业务发展来说，设备的工具属性尤为重要。

③ 打动别人之前，先做好自己的手艺

与老陈聊到这，我自然而然地问："您这有适合的设备吗？"

"有啊！你们用这个就够了。"老陈回答得很爽脆，随手从包里拿出了一个小号的风筝滑轮设备。

我心想，好家伙，还真有！这销售厉害了！既然气氛都到这程度了，那就买吧。"多少钱呢？"我问。

"20 块。"

换作以前，可能在这种场合，我还是要还一下价的，但是看到老陈如此专业，还价显得对手艺人很不尊重，只好作罢，而且这个价格也还好，可以接受，于是我们就愉快地成交了。

很多时候，我也特别反感一些推销人员，强行在我面前说一堆有的没的，我会很抗拒，心想：小样儿，哪有这样的好处，你在骗人吧。

不过，这一次，老陈并没有给我这样的感觉，他没有刻意地强行推销自己的东西，而是以自己的手艺吸引人，以专业素养待人，有人欣赏，有人需要，销售自然而来。

总而言之，自己先做好业务，是打动客户的第一步。

老陈看我爽快，于是赠送了一项增值服务。

他说："你拿着风筝去那边，我来拉线，帮你飞一次。"果然，风筝很快就飞到了高空。

在此过程中，我完整地看到一次职业玩家是如何放飞风筝的。

"学会如何判断风向。"老陈说，"再好的设备，也要等风来。"

他还说，"初学者，最好有人协助，一人拿风筝，一人拉线，而且要有足够的距离起飞，还有，放飞过程中，要学会如何收放线，有风时多放线，没风时就要适当收线。"

这个增值服务是超值的。